Angèle Mumssen

Erinnerungen

Luxemburg – Hamburg – Theresienstadt

Bibliografische Information der Deutschen Nationalbibliothek:
Die Deutsche Nationalbibliothek verzeichnet diese Publikation
in der Deutschen Nationalbibliografie; detaillierte bibliografische
Daten sind im Internet über http//dnb.dnb.de abrufbar

Herausgeber: Hans Ulrich und Irene Sieveking geb. Mumssen
Leverkusen 2016

Umschlagbild: Hamburg, Krugkoppelbrücke, vom Eichenpark aus gesehen.
Motiv vom Deckblatt der bei Fa. Hermann Schreiber erworbenen Schreibblocks,
die Angèle Mumssen für die handschriftlichen Fassungen verwendete.

© Irene Sieveking

Herstellung und Verlag: BoD – Books on Demand, Norderstedt

ISBN 978-3-7412-7645-3

Inhalt

	Vorwort	5
I.	Meine Kindheit	7
II.	Sternstunde des Seins	41
	Nachwort	51
III.	Wie ich Theresienstadt erlebte	53
	Vorwort	53
	Erster Teil: An meinen Enkel Matthias	54
	Zweiter Teil: Theresienstadt	61
	Frühling 1944	79
	Sommer 1944	90
	Herbst 1944	106
	Winter / Frühling 1945	111
IV.	Ergänzende Bilder und Dokumente	121
	Hamburg	121
	Die Nachkommen	122
	Die Schwestern Ladenburg und ihre Ehemänner	123
	Dokumente	124
	Zehn Jahre nach dem Krieg: Familienleben	129
V.	Anhang	131
	Lebensdaten von Angèle Marguerite Mumssen, geb. Bonne	131
	Personenverzeichnis, Biographisches	132
	Abbildungsverzeichnis	135
	Anmerkungen	136
	Dank der Herausgeberin	136

Luxembourg Faubourg du Grund et Ville Haute.

Vorwort der Herausgeberin

Meinem Bruder, Matthias Mumssen, ist es zu verdanken, dass meine Großmutter berichtet hat, was die Zeit in Theresienstadt für sie bedeutete. Eindringlich schildert sie ihre Erlebnisse, um ihm eine Vorstellung von dem Schrecken dieser Zeit zu geben. Ihre Kindheitserinnerungen, die Episode mit Gustav Mahler und ihr Bericht aus dem Konzentrationslager zeigen die Höhen und Tiefen ihres Lebens.

Wir Enkelkinder hatten täglich in der Küche den Blechteller aus Theresienstadt vor uns und erdachten uns unsere Geschichten, die von Hunger und Durst, verschwundenen Freunden und wiedergefundenen Verwandten berichteten. Ich erinnere mich an den großen Schreibtisch meiner Großmutter am Fenster. Sie schrieb an ihre Freundinnen in Amerika und Luxemburg. Im Winter saßen wir dicht am schwarzen Ofen um den runden Esstisch, über uns der Kronleuchter, der von besseren Zeiten erzählte. Am schönsten war das Auspacken der Care-Pakete aus Amerika. Meine Großmutter wirkte gern in der Küche. Im warmen Wasser abwaschen, täte ihren Händen gut, behauptete sie. Bewegen mochte sich meine Großmutter nicht so gern. Nur weil die Ärztin es ihr verordnet hatte, ging sie die Blumenstraße jeden Tag einmal hinauf und herunter. Mein heranwachsender, drei Jahre älterer Bruder diskutierte mit Leidenschaft über Politik und die Vergangenheit, und so entschloss sich meine Großmutter, über die Zeit in Theresienstadt zu schreiben.

Meine Großmutter, Angèle Mumssen, 1873 geboren, war eine Europäerin von Herkunft und Einstellung. Sie entstammt einer jüdischen Familie mit Wurzeln in Luxemburg, Belgien, Frankreich, Deutschland und Polen. Sie wächst auf in der deutsch-französischen Familie ihres Vaters Eugène Bonne in Luxemburg. Im benachbarten Larochette ist ihr Großvater Inhaber einer mittelständischen Färberei, die von den Onkeln Leopold Kahn und Louis Goldmann geleitet wird, während der Vater in Brüssel eine eigene Firma gegründet hat.

Nach dem frühen Tod ihrer Mutter durch eine Gasvergiftung wird Angèle im Hause Goldmann bei Onkel und Tante aufgezogen und erlebt eine eigenwillige Erziehung zwischen Privatunterricht und Pensionat – bis sie mit 18 Jahren zu ihrem Vater nach Brüssel zieht. Sie besucht gelegentlich die Familie ihrer Mutter, die in Hamburg auf großem Fuße lebt. Der Großvater, Daniel Hertz, ist Makler, seine Frau Helene stammt aus Polen. Zu ihrer ersten Ballsaison reist Angèle mit 21 Jahren nach Hamburg und kommt Gustav Mahler, der im Hause Hertz verkehrt, näher, als es der Familie genehm ist.

Sie heiratet bald darauf den Juristen Max Mumssen, der einer Hamburger Lehrer- und Pastorenfamilie mit Wurzeln in Pellworm entstammt. Bis 1910 bringt sie vier Kinder zur Welt, die beiden ältesten sterben früh. Der Sohn Erwin studiert Jura und heiratet 1938 Irmgard Vortmann, die – wie er – eine jüdische Mutter und einen „arischen" Vater hat.

Nach 1933 gerieten beide Familien ins Visier nationalsozialistischer Verfolgung, wobei „Halbjuden" und „Juden aus bestehenden Mischehen" vorläufig noch geschützt sind vor Verschleppung in Konzentrationslager. Angèle, durch den frühen Tod ihres Mannes (1935) zunehmend gefährdet, emigriert 1939 nach Luxemburg. Nach Kriegsausbruch und deutscher Besetzung Luxemburgs wird sie 1941 auf Antrag ihres Sohnes vor der Einlieferung fast aller luxemburgischer Juden in Vernichtungslager gerettet und kommt zurück nach Hamburg, wo sie zusammen mit ihrer Tochter Irene das Dachgeschoss ihres ansonsten vermieteten Hauses in der Blumenstraße bewohnt. Nach und nach verschärft sich der nationalsozialistische Druck, und Angèle kommt Anfang 1944 nach Theresienstadt, wo sie Freunde und Verwandte trifft. Auch die Familie ihrer Schwiegertochter ist betroffen, drei ihrer verwitweten badischen Tanten werden eingeliefert.

Meine Großmutter übersteht das Konzentrationslager, lebt noch fast zwanzig Jahre in Hamburg und bleibt geistig frisch und voller Lebensmut.

Die Autorin: Angèle Mumssen, geb. Bonne

Der Adressat: Enkel Matthias Mumssen (ca.1955)

I. Meine Kindheit

Mein lieber Matthi,

ich sitze hier vor einem leeren Blatt und denke nach … Ich habe Dir ja versprochen, Aufzeichnungen aus meiner Jugend zu machen, damit Du vertraut wirst mit einem Teil Deiner Vorfahren aus dem Zweig der Familie, der in Europa beinahe ausgestorben ist. Es ist keiner mehr da oder vielmehr in Reichweite, der Dir irgendetwas aus der Luxemburger Familie erzählen könnte, und solltest Du die Nachkommen in Paris einmal kennenlernen, so werden sie wahrscheinlich keine Sippenkenntnis mehr aufweisen.

Ich werde Dir die Familie aus dem Blickfeld des kleinen Mädchens beschreiben, das ich damals war.

Du weißt, dass ich meine Mutter, deren großes Portrait bei uns hängt, nicht gekannt habe. Sie starb durch einen Unfall, als ich acht Monate alt war.

Abb. 1 Meine Mutter und ich (1874)

Was sollte aus dem mutterlosen Baby werden? Mein Vater, Luxemburger von Geburt, lebte in Brüssel, war Geschäftsmann, Leinenfabrikant. Er hatte dort keine Familienangehörigen, die ihn bei der Pflege und Erziehung eines solchen kleinen Wesens hätten unterstützen können.

Abb. 2 Meine Mutter (ca.1870) Abb. 3 Mein Vater (ca.1870)

Da erboten sich seine Schwester und sein Schwager, Louis und Louise Goldmann, die in Luxemburg wohnten, das Kind zu sich zu nehmen, bis es, wie man im Volksmund sagt „aus dem Gröbsten heraus sei". Damit war also keine Adoption geplant, nur eine Übergangsunterkunft. Goldmanns hatten keine eigenen Kinder, sie waren wohl schon vierzehn Jahre verheiratet, und sie hatten keine Aussicht mehr, Kinder zu bekommen. Meine Tante Louise, ältere Schwester meines Vaters, war aber mehr als kinderlieb, man konnte es schon kindernärrisch nennen. Kein Wunder, dass sie sich so stark an das ihr anvertraute Kind anschloss, dass sie bald mit Grauen daran dachte, es wieder hergeben zu müssen. Außerdem war in ihren Augen mein Vater, der sechs Jahre jüngere Bruder, immer noch der kleine Junge, unpraktisch und weltfremd, dem sie die Fürsorge, deren ein kleines Mädchen bedurfte, gar nicht zutraute. Und mein Onkel Goldmann, der meine hübsche, gütige, reizvolle Mutter tief in sein Herz geschlossen hatte, sah in mir ein Vermächtnis der verehrten geliebten Schwägerin, und somit wuchs allmählich – ihm selbst unbewusst – seine Freude an mir in väterliche Gefühle hinein. Väterlich in dem Sinn von unangreifbarem Besitz und von absoluter Autorität. In meinen frühesten Erinnerungen steht der Kampf um diesen Besitz. Ich war wohl vier oder fünf Jahre alt, als er anfing.

Mein Vater liebte mich als das Einzige, was ihm aus seiner kurzen Ehe geblieben war. Er forderte mich zurück. Goldmanns weigerten sich, ich sei noch zu klein, meine

Gesundheit zu zart, die tantlich-mütterliche Pflege sei unentbehrlich! Mein Vater gab nach. Als ich schulpflichtig wurde, entbrannte der Kampf aufs Neue. Es muss wohl mit einer Niederlage von Seiten meines Vaters geendet haben, denn ich kam in die Luxemburger Schule. Kaum war ich ein paar Wochen Schulmädchen, als ich mich dort an einer schweren Diphtherie ansteckte, die mich in Lebensgefahr brachte. Meine Tante pflegte mich Tag und Nacht mit unermüdlicher Aufopferung, ohne Hilfe einer Krankenschwester. Ich blieb lange reconvalescent und schonungsbedürftig. Damals schien selbst mein Vater einzusehen, dass er diese schwere Fürsorge nicht allein übernehmen konnte.

Abb. 4 Tante Louise Goldmann (ca.1870)   Abb. 5 Onkel Louis Goldmann (ca.1870)

So wuchs ich auf zwischen Onkel und Tante, die für mich keine gewöhnlichen Onkel und Tante waren, auch keine Eltern, wie meine Freundinnen sie hatten, sondern etwas Apartes, wie nur ich es besaß. Ich nannte sie „Licot" und „Dedsie", von mir geprägte Namen, deren Etymologie ich nicht mehr weiß. Die Entstehung meines eigenen Namens „Dodi", der keine Abkürzung von „Angèle" bedeutet, ist bekannter: Vor meiner schweren Erkrankung war ich so rotbackig, dass man mich „coquelicot" nannte (auf deutsch „Mohnblume"), daraus stammelte ich „Doredido", und dieses abgekürzt ergab „Dodi", wie Deine alte Omi auch jetzt noch von allen genannt wird. Meinen Vater, der häufig zu Besuch kam und den auch wir oft in Brüssel besuchten, nannte ich zwar Papa, aber es war kein Papa für mich, wie andere Kinder einen Papa hatten: Er war etwas wie ein junger Onkel, hübsch, jugendlich angezogen, lustig, der mich neckte und verzog. Ihm verdanke ich die spaßigsten Geschichten und die schönsten Spielsachen. Die Puppe Berthe, die Du noch erlebt hast, und die damals für meine Begriffe einzig in ihrer Art war, denn es war im Freundinnenkreis die erste Gelenkpuppe, die es gab, stammte auch von Papa. Licot und Dedsie waren viel älter als die Eltern meiner Freundinnen, aber sie waren vor allem an sich alte Leute in Lebensauffassung und Gewohnheiten. Daher der Kontrast mit dem jungen Onkel-Papa, der Großstadtluft in unsere Provinzenge brachte.

Abb. 6 Dodi, vierjährig (1877)

Zu meinen frühen Erinnerungen gehört der Bau unseres Hauses. Ganz dunkel weiß ich noch von der ersten Wohnung, einer engen Etage, in einem belebten Stadtviertel. Nachts hörte man oft das Klappern einer Tür im Erdgeschoss, wo es ein Café gab. Davon wachte ich dann unter schrecklichen Träumen auf. Ich weiß es noch, wie wenn es gestern gewesen wäre. Eine Hexe kam auf mich zu, sie sah aus wie die Inhaberin des Cafés, und ich warf mich auf die Erde und hielt die Augen zu. „Für das Kind müssen wir ausziehen", hieß es dann, und da wurde der Plan gefasst, ein Haus zu bauen außerhalb der Innenstadt auf dem Boulevard Royal. Ja, unser Haus! Es steht noch immer auf dem damals so vornehmen, heute durch eine Bahn entwerteten, Boulevard Royal und ist auch heute noch äußerlich eine der schönsten Villen der Stadt. Licot hatte einen Architekten aus Brüssel dafür kommen lassen, der sich nicht um Bedürfnisse und Lebensgewohnheiten des Auftraggebers kümmerte, sondern ganz nach eigenem Ermessen waltete.

So entstand ein Prunkhaus, geschaffen für das gesellschaftliche Leben mondäner Menschen, in dem in keiner Weise die Wünsche einer sehr einfachen, bürgerlichen Hausfrau bedacht waren. Für meine kleinen Freundinnen war unser Haus ein Palast aus dem Märchenland, ich selbst empfand früh die Mängel. Schon allein der Eingang! Eine Halle, in weißem Marmor gehalten, der Fußboden Marmorplatten, weiße und schwarze. Die schwarzen Platten waren empfindlich, sie bedurften einer besonderen Pflege, daher für mich die Anweisung, ja nicht darauf zu treten, vorsichtig mit meinen Füßchen nur die weißen Platten zu berühren. Das musste auch den Freundinnen beigebracht werden. Die breite, vornehme Treppe zur ersten Etage war mit hellen Treppenläufern belegt, die auch geschont werden sollten. Infolgedessen benutzten wir alle häufiger die zweite Treppe des Hauses, die sogenannte „Dienstbotentreppe", die zu den Mansarden führte, wo Dienstmädchen und – oh, mangelnde Gastfreundschaft – die seltenen Hausbesuche untergebracht wurden. Im Parterre gab es einen großen Esssaal, vor dem eine geschlossene Glasveranda lag mit vielen Palmen, unbequemer Sitzgelegenheit und unerträglicher Hitze im Sommer, dafür aber nicht bewohnbar im Winter. Dann gab es zwei Salons: den roten Salon und den blauen Salon, Decke und Wände mit reichlichem Stuck verziert, mit schönen Kaminen und bis zur Decke eingebauten Spiegeln alles im Stil Ludwigs XVI. Im roten Salon war eine eingebaute Konsole mit sehr hübschen Reliefs. Ich erinnere mich besonders an ein Relief von Marie-Antoinette, der schönen hingerichteten Königin, deren Geschichte ich früh erzählt bekam. Ich glaube, dadurch kam es, dass ich später in der Geschichte gerade für die Periode der französischen Revolution besonderes Interesse zeigte. Der blaue Salon war ganz in Hellblau und Gold gehalten, die Sessel mit hellblau gemustertem Damast bezogen. Das Modell zu diesem Raum entdeckte ich 30 Jahre später in Weimar im Wittumspalais. In der ersten Etage waren unsere Schlafzimmer und Badezimmer, so unbequem ganz mit Parkett belegt, dass nur ja kein Wassertropfen darauf gespritzt werden durfte! Ein Gasbadeofen explodierte zweimal, als meine zerstreute Tante ihn anzündete, ohne vorher den Wasserhahn aufzudrehen. Ich blieb mein Leben lang bange vor Gasbadeöfen. Daneben war ein Garderobenraum mit eingebauten Schränken, auch als Nähzimmer benutzt, und unser Hauptraum, das Wohnzimmer. Da lebten wir, denn zu meiner Kindheit betrat man die Salons fast nie. Das Wohnzimmer entsprach allein dem mehr spießbürgerlichen Sinn der Eigentümer. Da waren kein Stil und keine Marie-Antoinette-Reliefs, lediglich zusammengewürfelte Möbel aus dem früheren Besitz: ein großer ovaler Tisch, an dem ich später, als ich meinem kleinen verstellbaren Mahagonipult entwachsen war, meine Schulaufgaben machte und an dem auch Abendbrot gegessen wurde, denn der prunkhafte Esssaal wurde nur zum ersten Frühstück und zum Mittagessen beehrt; ein langer, verstellbarer Liegestuhl mit Lesevorrichtung diente meinem Onkel mittags zu seiner Siesta. Diese Siesta war heilig, da musste ich auf Zehenspitzen gehen und Türen behutsam schließen.

Noch sehe ich Licot abends immer halb sitzend in einem grauen Schlafrock, einen roten Fez auf dem Kopf und eine lange Pfeife rauchend. Dedsie, die den ganzen Tag mit ihrem Schlüsselkorb treppauf, treppab lief, den Mädchen nachspürend, ob sie ihre Arbeit taten, und die vielen verschlossenen Schränke öffnend, wo sie Kaffee, Tee, Zucker verborgen hielt, war abends todmüde und lag zusammengekrümmt auf einem unbequemen Sofa, auf dem die Kissen fehlten. Trotz des Schlafrocks war aber Licot gar nicht müde, sondern kolossal interessiert für alles, was in der Welt passierte, und was ihm seine geliebte „Kölnische Zeitung" brachte. Er, der gebürtige Deutsche, war deutsch geblieben, und wie indifferent er auch zeitlebens für alle Luxemburger Belange blieb, so verfolgte er in allen Einzelheiten die Reden des Berliner Reichstages.

Goldmanns waren vermögende Leute. Das Geschäft, Leinen en gros, das mit der Fabrik, die mein Vater betrieb, in enger Verbindung stand, blühte in den Jahren nach dem Krieg von 1870/71 auf. Luxemburg stand damals im Zollverein mit Deutschland. Es machte mir Eindruck, dass wir seidenfeines Leinen für die Aussteuer mancher deutschen Prinzessin lieferten. Und die Luxemburger Bauern trugen auf dem Lande noch dunkelblaue Leinenkittel, das war ein Bombengeschäft für die Firma, die darin keine Konkurrenz hatte. Leider hörte aber beides bald auf. Durch die besseren Verkehrsbedingungen wurden die Bauern von der städtischen Kultur infiziert und legten die Kittel ab, und die Fortschritte der Hygiene verurteilten plötzlich das Tragen der Leinenwäsche. Plebejische Baumwolle ward Trumpf, Baumwolle ward hoffähig, in sie hüllten die Prinzessinnen ihre zarten Glieder und glaubten sich vor Rheuma geschützt. Am schlimmsten dran war ich, die richtige Prinzessin auf der Erbse. Ich weiß noch genau, wie ich, gewohnt an die seidigste der Seidenleinenwäsche, das erste Baumwollhemd wie eine kratzige Bürste empfand, die scheuerte und juckte, und ich riss es mir vom Leib. Schließlich, da Goldmanns auch der Hygiene huldigten, musste ich es doch ertragen. Aber dem Geschäft gaben diese Veränderungen einen argen Stoß, von dem es sich nie ganz erholte. Licot und seinem Sozius-Schwager fehlte die kaufmännische Initiative, um sich auf einen anderen Zweig der Textilbranche umzustellen. Nicht dass man gezwungen wurde, die Lebenshaltung wesentlich zu ändern, aber das bis dahin erworbene Vermögen vergrößerte sich nicht mehr, und noch markanter wurde der Gegensatz zwischen dem prunkvollen Haus und dem in kleinstädtischer Enge und bürgerlicher Behäbigkeit schmorenden Geschäft.

Die Firma, gegründet durch meinen Großvater Bonne, hieß nach ihm und seiner Frau, geb. Sichel: Bonne-Sichel. Sie bestand noch unter diesem Namen bis 1941, als mein Vetter Raymond Kahn, der letzte Inhaber, den Nazis weichen und in den USA ganz mittellos eine neue Existenz gründen musste.

Abb. 7 Briefkopf der Firma Bonne-Sichel

Damals in meiner Kindheit waren Licot und sein Schwager Leopold Kahn die beiden Chefs. Beide hatten in die Firma des alten Bonne (meines Großvaters) eingeheiratet. Leopold hatte die älteste Tochter Eulalie geheiratet und Louis Goldmann die zweite, *Louise.* Es gab noch eine dritte Tochter, Valentine, die heiratete später den jüngeren Bruder Leopolds, Adolf Kahn, einen ungewöhnlich geschäftstüchtigen jungen Mann, der sich aus eigener Kraft als Agent emporgearbeitet hatte, zeitlebens nur Agent, also Reisender für fremde Firmen blieb, aber, wie seine Frau sich ausdrückte, der König der Agenten wurde. Er brachte es dabei zum Millionär. Die Anfänge waren schwer und hart. Die ersten 15 Jahre seiner Ehe arbeitete er unermüdlich Tag und Nacht, fast dauernd auf Reisen, die Nächte in der Eisenbahn zubringend, um keine Zeit zu verlieren. In ihm waren Intelligenz, Fleiß und Sparsamkeit vereint. Letztere Eigenschaft wirkte sich merkwürdig aus: Großzügigkeit, gepaart mit Kleinlichkeit: am Pfennig sparen – auch als reicher Mann – neben dem Verschleudern von Tausenden. Er ist der Onkel, von dem ich Dir erzählte, dass er mich 1904 zur Riviera-Reise einlud und mir die Fahrt im Luxuszug dazu spendierte. Die Großeltern Bonne hatten ursprünglich in Luxemburg gelebt. Er stammte aus einem französischen Dorf nahe der Luxemburger Grenze, sie aus Belgien. Er erwarb später die luxemburgische Staatsangehörigkeit, blieb aber im Herzen Franzose und schwer begeisterter Bonapartist.

Abb. 8 Onkel Adolf Kahn (ca. 1900)

Von den vier Kindern war die Älteste, Eulalie, hausbacken, gesellig und ein Scheuerteufel. Die dritte, Valentine, war die Mondäne, Elegante, mit einem feinen Sinn für äußere Kultur. Sie war unter Durchschnitt klein und erweckte doch nie einen zwerghaften Eindruck, so geschickt wusste sie sich zu kleiden, so grazil waren bei ihr Haltung und Bewegungen. Als ich sie bewusst kennen lernte, in den Jahren des Erfolgs ihres Mannes, war sie der Typ der vornehmen Dame der großen Welt. Louise (Dedsie) und Eugène, mein Vater, waren die Wunderkinder der Familie. Beide ungewöhnlich musikalisch, wurden sie früh aufgefordert, in Konzerten aufzutreten.

Abb. 9 Die vier Geschwister Valentine, Louise, Eulalie und Eugène [ca. 1900]

Als zwölfjähriges Mädchen hatte Louise ein schweres, mühsam erarbeitetes Stück zu spielen. Das Auswendigspielen gehörte damals noch nicht zur musikalischen Pädagogik. Im Moment des Auftretens versteckte ihr eine bösartige, neidische Cousine das erforderliche Notenheft. Alle suchten vergebens. Louise erstarrte vor Schreck, es war ein grauenhafter Augenblick. Aber sie fasste sich schnell und vermochte das komplizierte Klavierstück fehlerlos aus dem Gedächtnis zu spielen, bei stürmischem Applaus der Zuhörer. Sie würdigte die Cousine, diesen Inbegriff von Schlechtigkeit und Falschheit, nie mehr eines Blickes. So groß war bei Louise das Ressentiment, dass ich vierzig Jahre später, als ich die berüchtigte Cousine als ältere Frau zufällig kennenlernte, sie auf der Straße in Gegenwart meiner Tante nicht grüßen durfte. Überhaupt wurde die Vergebung der Sünden bei Licot und Dedsie nicht praktiziert. Sie waren unerbittlich in ihrem Hass, den sie sich bemühten, mir einzuimpfen. Ich verglich es immer mit der korsischen „Vendetta", über die ich gelesen hatte; aber es verfing nicht bei mir, und ich habe als Erwachsene ganz pietätlos einer ähnlichen Erbfeindschaft ein Ende bereitet. Von der Kindheit meiner Tante weiß ich nur noch, dass sie eine glänzende Schülerin war. Es gab damals ein sehr gutes französisches Lyceum in Luxemburg, an dem es später in meiner Jugend mangelte. Louise überragte alle Schülerinnen in Begabung jeder Art. Sie schrieb ein literarisches Französisch in schönster Schrift, und, was ich sonst nie gehört habe, Orthographie und Grammatik waren ihr wie angeboren. Sie hat nie weder im Französischen noch im Deutschen einen einzigen orthographischen Fehler gemacht. Es kam wahrscheinlich von der vielen Lektüre, die sich wie die Noten in der Musik unbewusst ihr eingeprägt hatte. Ich habe ihre alten Schulhefte später noch wie Wunder bestaunen können. Auch zeichnerisch war sie begabt; der Unterricht bestand damals allerdings nur im Nachzeichnen, aber die von ihr nachgezeichneten alten Stiche, die umrahmt das großelterliche Haus schmückten, zeugen, wenn auch nicht von Kunst nach unseren Begriffen, so doch von äußerster Geschicklichkeit.

Als die Kinder erwachsen waren, übersiedelte die Familie aus der Stadt aufs Land, nach Larochette, ein an einen Felsen angebautes Dorf, wo Großvater Bonne seine Fabrik hatte und ein malerisches, am Hügel gelegenes Landhaus besaß, von dessen erstem Stock man direkt in einen großen Garten kam.

Abb. 10 Der Garten zu Larochette/Luxemburg (1935)

Eulalie, die älteste Tochter, war damals schon verheiratet und lebte in Luxemburg. Die beiden anderen Mädchen, plötzlich abgeschnitten von ihren Freundinnen, von jeder städtischen Anregung, waren recht unglücklich. Während Valentine, die Praktische, der Mutter zur Seite ging und sich mit Küche, Gemüsegarten, Tieren und Blumen beschäftigte, hatte der Vater Louise die Buchführung seines Geschäftes übertragen, die sie mit peinlicher Gewissenhaftigkeit ausführte, aber mit wehem Herzen, mit Sehnsucht ihrer unterbrochenen musikalischen Studien gedenkend. Aber Louise hatte noch eine andere Sehnsucht. Zwischen den jungen Leuten, die abwechselnd als Lehrlinge oder als Volontäre in dem Geschäft ihres Vaters in Erscheinung getreten waren, hatte es einen bildschönen, mit ihr gleichaltrigen siebzehnjährigen Jüngling gegeben. Tief verborgen in ihrem Herzen trug sie eine heimliche Liebe zu diesem jungen Mann, der längst ihrem Gesichtskreis entschwunden war, und mit ihrer sentimentalen Veranlagung nährte sie diese Liebe an allen Romanen, an allen Gedichten, die sie in den Jahren ländlicher Abgeschiedenheit verschlang. Obgleich Valentine die Nüchternere war, wartete auch sie auf den Prinzen, der sie, wie im Märchen, einmal erlösen würde. Oft nach getaner Arbeit zogen beide Mädchen schöne weiße Kleider an, flüchteten an den felsigen Rand ihres Gartens und warteten und hofften. Es wurde mir erzählt, dass mein Vater, damals ein dreizehnjähriger Junge, ihnen immer wieder nachrief: „Werft euch vom Felsen hinunter, der Prinz kommt nicht!" Und als Jahre vergingen und der Prinz für Louise in Gestalt von Louis Goldmann nicht gekommen war, gab sie dem Antrag des Sohnes eines Geschäftsfreundes ihres Vaters nach und verlobte sich mit ihm. Aber nach kurzer Zeit der Korrespondenz mit diesem ihr wesensfremden Mann fühlte sie sich doch unfähig, eine Ehe mit ihm einzugehe, und löste brieflich ihre Verlobung. Und sie träumte wieder ihren Traum eines Wiedersehens mit Louis Goldmann und wartete wieder und hoffte weiter.

Und dann geschah es! Er kam zurück nach siebenjähriger Abwesenheit, er kam, da er für seine jetzige Firma in die Gegend reiste, ganz ahnungslos zu Besuch. Er war 24 Jahre alt, gereifter, männlicher, sicherer und bewusster, aber für Louise dasselbe Ideal wie damals. Da sprach mein Großvater, der längst Louises Herzensnot erraten hatte, ganz offen mit ihm, vertraute ihm an, wie seine Tochter für ihn empfand, wie sie jede Bewerbung dadurch ausgeschlagen hatte, und bot ihm an, als Schwiegersohn in seine Firma einzutreten. Und Louis Goldmann nahm an. Ob angezogen durch das starke Gefühl eines hübschen, begabten Mädchens oder nur gerührt durch ihre Treue, oder ob auch die Aussicht, in die damals gut fundierte Firma aufgenommen zu werden, eine Rolle spielte, ich weiß es nicht.

Ob nun diese Ehe glücklich wurde? Ich weiß es nicht. Es ist nicht gut, wenn dem Mann das Mädchen, um das er werben sollte, auf dem Präsentierteller angeboten wird; es ist besonders schädlich, wenn in des Mannes Charakter schon Herrschsucht liegt. Die ersten 15 bis 20 Jahre habe ich ja nicht miterlebt. Früh aber stand ich schon kritisch dieser Ehe gegenüber und nahm mir in meinem noch kindlichen Sinn vor, nie meine eigene zukünftige Ehe in dieser Art zu gestalten. Licot herrschte despotisch über die zu nachgiebige Gattin. Nur sein Wille galt, nur seine Interessen standen im Vordergrund; seine Sympathien und Antipathien machte sie zu den ihren; nie hörte ich je von ihr die Äußerung einer anderen Meinung als der seinen. Und ich vernahm dann später die Verwandten und Freunde der älteren Generation, wie die starke Persönlichkeit meines Onkels alles Selbstständige in ihr erstickt hätte, wobei die vorhandenen Gaben nie zur Entwicklung kamen, so dass sie mir in der Erinnerung nur als gedrückter, verschüchterter, unsicherer Mensch vorschwebt, ganz dem Mann untertänig. Denn auch den Haushalt leitete er. Ihre romantische Verträumtheit war schnell seinem überaus praktischen Sinn unterlegen gewesen. Beide können dabei nicht wirklich glücklich gewesen sein. In Louise mag sich später eine innere Rebellion eingenistet haben, die sich in Verschlossenheit gegen alle Menschen, auch Verwandte, auswirkte. Licot mag nach Jahren des häuslichen Autokratentums doch eine ebenbürtige Gefährtin entbehrt haben. So erkläre ich mir, dass er, als ich erwachsen war und mir aus längerem Aufenthalt bei Verwandten in Frankfurt, Berlin und Hamburg häusliche Kenntnisse angeeignet hatte, mir ganz willig die Zügel unseres Hauswesens überließ, das ich dann gründlichen Umwälzungen unterwarf, wobei Dedsie all meine Bestimmungen mit der gleichen bewundernden Passivität entgegennahm. Doch diese Selbstständigkeit und Eigenwilligkeit wurde mir von Licot in der Kindheit nicht zugebilligt. Ich musste aufs Wort gehorchen. Wenig wurde verboten, aber diese Verbote oder Gebote waren streng einzuhalten.

Abb. 11 Louise und Louis Goldmann (ca. 1865)

Ich galt in der Familie als verhätschelt, verwöhnt, mit Spielzeug und Naschwerk überhäuft, aber das war nur eine halbe Wahrheit. Dedsie verzog mich, Licot erzog mich. Ich tyrannisierte die zu liebevolle Dedsie, die ich zu meiner Sklavin machte, aber vor Licot behielt ich lange eine ängstliche Scheu. Ich fürchtete seine Stimme, die recht laut werden konnte, und den Jähzorn, den ich an anderen, glücklicherweise nicht an mir erlebt hatte. Erlebt hatte ich ihn, als er in Wut geraten war über einige freche Gassenjungen, die sich einen Spaß daraus machten, an der Gartenpforte, wo eine Glocke angebracht war, zu klingeln. Er kam nun gerade des Wegs, als ein kleiner Übeltäter sich unbeobachtet glaubte und an seine Missetat heranging. Da ergriff er ihn und haute ihn ganz unbarmherzig durch. Ich war damals noch sehr klein, aber die im Jähzorn begangene Brutalität des Vorgangs machte mir einen unauslöschlichen Eindruck und beeinflusste meine ganze Haltung Licot gegenüber. So jung ich war, bewirkte es in mir doch eine beinah unnatürliche Selbstzucht. Nie, so nahm ich mir vor, wollte ich etwas Verbotenes tun, nie irgendeinen Anlass geben zu solchem gefürchteten Ausbruch. Wie ich schon gesagt habe, wurden nur wenige Dinge von mir verlangt. Neben dem absoluten Gehorsam war es die Pünktlichkeit, auf die Gewicht gelegt wurde. Nie bin ich eine Sekunde zu spät zu einer Mahlzeit oder zu einer Verabredung erschienen. Auch die Sorgsamkeit gehörte zu den Geboten, und gewisse Dinge wurden streng überwacht, wie zum Beispiel meine reichhaltige Kinderbibliothek. Nie habe ich mit ungewaschenen Händen eines meiner Kinderbücher angefasst, nie bin ich auf einen Sessel getreten, nie sah man auf einer Tapete oder einem Möbelstück einen Fleck von meinen Kinderfingern. Hand in Hand damit ging aber die Verwöhnung. Gegenüber meinen Speiseantipathien war man sehr großzügig. Wenn ich irgendetwas nicht mochte, wurde für mich ein anderes Gericht bei der Köchin angeordnet. Suppenfleisch, eine Goldmann'sche Lieblingsspeise, war mir zuwider; an den Tagen gab es für mich ein gebratenes Küken. Von Spargeln, deren es bei uns in der Spargelzeit eine Unmenge gab, wurden mir nur die Spitzen zugeteilt. Nie hieß es: „Du hast genug", wenn ich von einer Süßspeise mehr und mehr verlangte. Kein Wunder, dass die Magen- und Darmkatarrhe sich wie ein roter Faden durch meine Kindheit zogen. Dagegen hatte ich nie die freie Verfügung über irgendein Konfekt. Pralinengeschenke, mit denen Verwandte oder Besuche meine kindliche Naschhaftigkeit zu erfreuen suchten, wurden auf Licots Initiative von Dedsie in Gewahrsam genommen und rationiert. Sie erstreckten sich auf Wochen, denn es wurden mir nur ein oder zwei, und nur nach der Mittagsmahlzeit, zugebilligt. Auch Taschengeld habe ich nie besessen. Als ich einmal danach fragte, hieß es: „Du bekommst doch von uns alles, was du haben willst." Die Wonne, die manche Freundin genoss, selbst erstandene Bonbons nach Herzenslust zu verzehren, blieb mir unbekannt. Einladen durfte ich meine Spielgefährten, so oft ich Lust hatte; ich brauchte auch nicht um Erlaubnis zu fragen, um eine Einladung anzunehmen. Aber meine kleinen Gäste durften im Garten nicht auf den tadellos gepflegten Rasen treten, weder Obst noch Blumen pflücken, nicht einmal im Eifer des Spiels den gestreuten Kies unansehnlich machen. Das musste ich ihnen klarmachen. Und so spielte ich viel lieber in ungezwungener Weise in den ungepflegten Gärten oder Höfen meiner Freundinnen.

In den Stunden, die Licot im Büro verbrachte, feierte ich wahre Orgien der Selbstherrlichkeit bei Dedsie, die all meinen Launen nachgab, die mich liebkoste, umsorgte und in jungen Jahren meine unermüdliche Gespielin war. Auch bei den Schularbeiten der späteren Jahre erleichterte sie mir alles durch ihre reichen Kenntnisse in Grammatik, in Sprachen, in Literatur. Sie war mein lebendiges Nachschlagebuch. Die Schule spielte bei uns keine wesentliche Rolle. In der ersten Schule, die keine richtige Schule, war sondern ein Kursus, geleitet von einer Französin, die alle Fächer bis auf Deutsch und Englisch selbst unterrichtete, war ich musterhaft. In einem Zimmer mit Mädchen und Jungens verschiedenen Alters bestand mein Jahrgang doch nur aus mir selbst und Gabrielle, einem Wunderkind an Gedächtnis, Fleiß und Wissen. Obgleich ich neben ihr in jedem Fach an zweiter Stelle stand, genügte ich doch allen Anforderungen. Mein Ehrgeiz war eben angespornt, und dazu kam eine ziemlich schnelle Auffassung.

Wenn ich Licots gefürchtete und unbequeme Seiten geschildert habe, so muss ich gerechterweise auch die vielen liebenswerten erwähnen, denn er war eine reiche, komplizierte Natur, mit viel Licht und Schatten, für die ich als Erwachsene erst volles Verständnis bekam. Er war voller Lustigkeit und Humor, er konnte so herzlich lachen, dass man davon angesteckt wurde; er war ein glänzender Erzähler, die Geschichten aus seiner Kindheit und seine Jungensbücher interessierten mich mehr als alle Märchen. Auch an der Gegenwart nahm er den regsten Anteil und hatte das Bedürfnis sich mitzuteilen. Was in der Welt vorging, wurde berichtet und dabei meinem Verständnis angepasst, auch seine witzige und manchmal recht bissige Kritik an vielen Familienangehörigen wurde mir nicht vorenthalten. Seine wahre Natur war gesellig. In meiner Hamburger Familie, die ihn sehr schätzte, wurde er mir später als amüsanter Plauderer geschildert. Es lag wohl mehr an Dedsie, dass die beiden ein so einsames Leben führten, dass Gäste eine Seltenheit waren. Dedsie hatte einen oft von ihr zitierten Wahlspruch, der allerdings nicht von ihr erfunden war, den sie sich aber zu eigen gemacht hatte: „Ceux qui viennent me voir me font honneur, ceux qui ne viennent pas, me font plaisir." Auf deutsch: „Die mich besuchen, beehren mich; die mich nicht besuchen, erfreuen mich!"

Licot las auch gern und sehr gut vor. Monatelang war es „Robinson Crusoe", von Kampe bearbeitet, den er noch aus seiner eigenen Kindheit besaß. Und dann Wilhelm Busch: „Knopps Wanderjahre" und „Julchen". Wie konnte er selbst darüber lachen! Da ich nicht genug davon bekommen konnte, war er unermüdlich, es mir immer wieder vorzulesen. Ich kannte es auswendig, und späte, in meiner jungen Ehe, meinte mein Mann, es sei das Einzige, was ich von deutscher Literatur kannte. Das habe ich aber gründlich nachgeholt. Licot selbst, der mit 14 Jahren aus der Schule kam, um in die Lehre zu gehen – sein Vater war nämlich früh gestorben, und sie waren viele Geschwister –, hatte als Autodidakt die mangelnde Schulbildung ersetzt, hatte mit dem wenigen ersparten Geld unendlich viele Bände einer ganz billigen Ausgabe der Klassiker erstanden, und so gründlich, wie ich Wilhelm Busch kannte, wusste er seine Klassiker auswendig.

Abb. 12 Leopold Kahn (ca. 1880)   Abb.13 Eulalie Kahn geb. Bonne (ca. 1880)

Licot und Dedsie waren nicht meine einzigen Verwandten in Luxemburg. Da war Eulalie, Dedsies ältaste Schwester, und ihr Mann, Leopold Kahn. Diese hatten drei Kinder: Stella, deren romantischer Name von Dedsie ausgesucht war und die neben mir auch Dedsies ganzes Herz besaß, die aber elf Jahre älter als ich als Spielgefährtin nicht in Betracht kam; dann Edgar und Berthe, die vier und fünf Jahre älter als ich waren, jedoch immer bereit, sich im Spiel mir anzupassen. Wir waren Nachbarn, unsere Gärten stießen aneinander, Kahns Garten mündete in unser Geschäftshaus mit dem Kontor, wo die beiden Schwäger als Partner saßen. Die großen Leinenlager dort voller Stoff-Ballen waren für uns Kinder herrlich zum Versteckenspielen. Die Schwäger waren wohl Associes, aber leider keine Freunde. Häufige Familienzerwürfnisse arteten in ausgesprochene Feindschaft aus. Wahrscheinlich hatte Licots despotisches Temperament sich auch in der weiteren Familie auswirken wollen, wahrscheinlich waren Ratschläge seiner überlegenen Klugheit auf Starrköpfigkeit gestoßen, und das Nichtbefolgen seiner gut gemeinten Ratschläge hatten ihn zur Raserei gebracht. Wie selten habe ich diese verwandtschaftliche Nachbarschaft genießen dürfen! Nach dem ersten Zwist, den ich erinnere, pflegte man überhaupt keinen Verkehr mehr miteinander, und mir wurde der Umgang mit den Kahn'schen Kindern untersagt. Die Partner saßen sich grimmig gegenüber und redeten nur noch das notwendigste Geschäftliche miteinander.

Ja, die Fehde! Welche Rolle spielte dies unselige Zerwürfnis in meiner Jugend! Ich liebte Berthe und durfte jahrelang nicht zu ihr. Von einem kleinen Seitenbalkon aus konnte ich hinüberblicken in den Kahn'schen Garten, wo Berthe und ihre Freundinnen, oft auch unsere drei heiteren Frankfurter Cousinen, die ihre Ferien da zubrachten, sich vergnügt tummelten und herüber winkten zu der Verbannten. Da empfand ich so recht meine Einsamkeit, mein Ausgeschlossensein aus der Freude, aus der jugendlichen Ausgelassenheit. Was bedeuteten mir da meine vielen Puppen und Bücher und Spielsachen! Ich empfand nur die quälendste Sehnsucht, und die Stille in unserem Haus lastete schwer auf mir. Man hat als Kind nicht die Fähigkeit sich auszusprechen, und Licot und Dedsie haben nie erfahren, wie unglücklich ich war. Licot, der mich so liebte, hätte sich sicher überwunden und mir den Zutritt zu meinem Garten Eden erlaubt. Später, als ich Dramen las und mit Shakespeare bekannt wurde, zog ich Vergleiche mit „Romeo und Julia", nur dass mein biederer, nüchterner Vetter Edgar kein Romeo in meinen Augen wurde. Diese Feindschaft wurde im Laufe der Jahre mehrmals unterbrochen. Bei einem Todesfall – die Großeltern starben während meiner Kindheit –, da erweichten wohl die Gemüter, oder bei einer Hochzeit. Die neue Familie sollte keinen schlechten Eindruck bekommen. Da gab es jedes Mal einen Waffenstillstand, und der redliche Versuch zur Ko-Existenz wurde gemacht. Das war für mich eine glückliche Zeit, besonders wenn die drei lebhaften Frankfurter Cousinen zu Besuch kamen, die Töchter von Valentine, Dedsies jüngerer Schwester (die Adolf Kahn, den Bruder Leopolds geheiratet hatte). Da war Irma, die lustigste, die amüsante Verse machen konnte und später bei Familienanlässen mit meinem Mann um die Wette dichtete; da war Elvire, die stillere, künstlerisch begabte kleine Malerin; da war Jenny, Berthes Unzertrennliche, die am hübschesten zu werden versprach und so jung an einem furchtbaren inneren Leiden sterben musste. Mit allen Cousinen verband mich eine innige Freundschaft, die sich, als wir erwachsen waren, nur noch vertiefte. Doch aus der Glückseligkeit des Kahn'schen Gartens, wo man Blumen und Obst pflücken durfte, den Kies in Unordnung bringen und so viel toben, wie man wollte, wurde ich immer wieder herausgerissen. Durch ganz geringfügige Anlässe setzte der Verwandtenkrieg wieder ein, und das Verbot erneuerte sich für mich.

Dadurch lernte ich auch meine Großmutter Bonne sehr wenig kennen, die aus ehelicher Disharmonie sich im Alter von ihrem Mann getrennt hatte und im Hausstand ihrer Tochter Eulalie lebte. Die Großmutter, „bonne-maman" genannt, wurde von allen Kindern der Familie sehr geliebt. Sie konnte so herrlich Märchen erzählen und, aus der eigenen Phantasie schöpfend, sich auch Märchen ausdenken; sie konnte wundervoll Puppenzeug nähen, sie war mit jedem freundlich – nur nicht mit mir! Ihre ganze Abneigung gegen den verhassten Schwiegersohn Louis Goldmann hatte sich auf mich unglückliches Opfer geworfen. Ich war für sie nicht das Kind ihres zärtlich geliebten Sohnes, nicht das Kind ihrer sehr geschätzten, jäh hingerafften jungen Schwiegertochter, ich war für sie Licots Besitz, das Ergebnis seiner Erziehung. Ich erinnere mich, dass sie einmal in meiner Gegenwart mit Tante Eulalie über mich sprach, allerdings in der Luxemburger Mundart, in der Meinung, ich verstände es nicht. „Das Kind ist ja zu hässlich!", hörte ich sie sagen. Ich war damals sicher absolut unschön, schnell gewachsen und ungraziös, unvorteilhaft frisiert, hatte zu kleine Augen, einen zu großen Mund, abstehende Ohren und immer rote Hände, die ich zu verstecken suchte. Ich quälte mich selbst um mein Aussehen, aber so jung ich war, das Gefühl hatte ich doch: Eine richtige bonne-maman, wie sie in Büchern beschrieben wird, müsste die hässliche kleine Enkelin so lieb haben, dass sie sie sogar hübsch fände. Es muss mir sehr weh getan haben, sonst hätte ich jetzt, nach siebzig Jahren, diese Bemerkung längst vergessen. Ich habe weiter keinen Eindruck von ihr, sah sie ja nur in den kurzen Pausen Des Familienwaffenstillstandes! Mir erzählte sie keine Märchen, und mir kleidete sie keine Puppen an. Sie starb, als ich elf Jahre alt war.

An meinem unschönen Äußeren hatte, so komisch es klingt, zum Teil Licots eigenartige Geschmackrichtung Schuld. Die damalige Haartracht der meisten Kinder bestand in Pony-Frisur. Ob Zöpfe oder Locken, die Stirn wurde durch eine dicke Haarfranse bedeckt. Licot aber mochte nur eine freie Stirn. So ging ich glatt gescheitelt, und hinten hing ein besonders stramm geflochtener Zopf, was mein Aussehen nicht gerade begünstigte. Auch kniefreie Kleider und bloße Beine waren ihm verhasst. „Circusmädchen", „Balletteusen" nannte er meine kleinen Freundinnen, die in kurzen Kleidern, in ausgeschnittenen Schuhen und Socken anmutig herum sprangen, Und Dedsie blies in dasselbe Horn, da sie von Socken verderbliche Erkältungswirkungen befürchtete. Ich trug lange Strümpfe, immer nur Stiefel und zu lange Kleider. Dies alles und das Bewusstsein, anders angezogen zu sein als die anderen Kinder, trug nicht dazu bei, mich unbefangen und graziöser zu machen. Es gab damals eine Karikatur, die ich von mir selbst zeichnete und die den Beifall meiner Freundinnen fand. Die war ungefähr so:

Abb. 14 Dodi, dreizehnjährig (1886)

Daher war es ein wirkliches Erlebnis für mich, als ich in einer Kindergesellschaft bei Berthe, wo man lebende Bilder, und zwar Schneewittchen, darstellen wollte, einstimmig zum Schneewittchen ausgesucht wurde.

Der stramme Zopf wurde aufgelöst und mein langes, welliges Haar malerisch um mich gelegt, Stirn und Ohren verschwanden darunter, hübsche Tücher drapierten mich, und als man mir einen Spiegel vorhielt, erkannte ich mich gar nicht wieder. Da entstand wohl im Keim die Revolte, die ich viele Jahre später ausführte, als ich mir kurz entschlossen den Zopf abschnitt. Kreuz und quer war meine Schere dazwischen gefahren, aber der Friseur versuchte den Bubikopf zurechtzustutzen. Bubikopf ist ein späterer Ausdruck, damals hieß es „à la Titus".

Abb. 15 Großmutter Bonne-Sichel (ca. 1870)   Abb. 16 Großvater Bonne

Alle vierzehn Tage, am Sonntag, kam Großvater Bonne zu uns zum Mittagessen. Er wohnte in Larochette, wo er seine Fabrik leitete. Ich weiß nicht, ob das seine Lieblingsspeisen waren, aber es gab dann regelmäßig ohne je eine Abwechslung eine kräftige Bouillon mit Einlage, Geflügel mit Salat und eine Schlagsahnespeise mit „Baisers", die man dort „meringue" nennt. Und es gab auch immer dieselbe Unterhaltung. Jedenfalls mündete jede Unterhaltung in die gleiche eifrige Diskussion über den Krieg von 1870. Ich möchte es mehr Disput als Diskussion nennen, denn beide Herren ereiferten sich dermaßen, als ob die Meinungsverschiedenheiten zwischen ihnen zum ersten Mal aufgekommen wären. Der Großvater war ganz Bonapartist, seine glühende Verehrung für den ersten Napoleon hatte sich auf den dritten Napoleon übertragen, der war für ihn unfehlbar. Ebenso unfehlbar erschien Licot Bismarck, der ihm zeitlebens das höchste Ideal der Staatskunst und menschlicher Vollkommenheit blieb. Der oft sehr laut werdende Streit war meinen übersensiblen Kindernerven schrecklich, ich verstand nicht viel von den Argumenten; Bismarck und Licot verschwammen für mich in eins, und den Großvater vermutete ich in verwandtschaftlicher Beziehung zu diesem Napoleon, dem dritten. Beide hatten zwar die Luxemburger Staatsangehörigkeit angenommen, aber Großvater, der gebürtige Franzose, und Licot, der gebürtige Deutsche, konnten sich nicht verstehen. Noch zehn bis zwölf Jahre nach diesem Krieg waren die Gemüter so erhitzt, dass die Gehässigkeit von Seiten der Franzosen oder Luxemburger Französlinge bis in unsere Spiele drang. Auch Mädchen spielten damals viel mit Bleisoldaten, und wenn ich mit Freundinnen von nur „französisch angehauchten" Familien spielte, schob man mir gerne die „Preußen" zu. „Dein Onkel ist ja Deutscher", hieß es, was mich sehr demütigte. Es tut mir jetzt noch leid, dass es mir nicht einfiel, mich mit dem französischen Großvater zu brüsten!

Gekümmert hat sich der Großvater nicht viel um mich, er war nicht kinderlieb, das fühlte man. Zu Hause hatte er ein strenges Regiment geführt, aber mit kluger Einsicht für die Ausbildung seiner Kinder gesorgt. Die drei Mädchen hatten guten Unterricht erhalten. Neben der Schule gab es Zeichen- und Musik-Unterricht. Louise und Valentine spielten Klavier, mein Vater Cello, Eulalie wurde sogar ein Jahr in ein vornehmes Pensionat in die benachbarte Stadt Metz geschickt, zur Vervollkommnung ihres mondänen Schliffs.

Es kamen dann Zeiten, in denen der Großvater uns seltener besuchte. Ich hörte alles Mögliche munkeln von fehlgeschlagenen Unternehmungen, von Prozessen, von Liquidation. Ich wurde nicht eingeweiht, schnappte nur manches auf. Es wurde mir so nebenbei mitgeteilt, der Großvater habe seine Fabrik aufgegeben, seinen Besitz verpachtet, habe sich mit seinen 75 Jahren zur Ruhe gesetzt und lebe jetzt in Brüssel. Es wunderte mich nicht weiter, da ich ihn uralt fand. Ich entbehre ihn auch gar nicht; es war mir kein Schmerz, als er nach ein paar Jahren – ich war 18 Jahre alt – in Brüssel starb.

Glücklicherweise besaß ich ja noch andere Großeltern von Seiten meiner Mutter. Die wohnten zwar sehr weit weg, in Hamburg, aber sie ermöglichten es doch jedes Jahr, entweder mich in Luxemburg zu besuchen oder mit Goldmanns eine Verabredung zu treffen zu gemeinsamer Sommerreise. Großmama Hertz war ein Mensch, der, nach Aussage aller, Güte ausströmte. Mich hatte sie nun besonders lieb als das Kind ihrer früh verstorbenen Tochter. Ich kann sagen, dass ich ihre Liebe direkt physisch fühlte, die Wärme ihres Herzens. Als gebildete Polin sprach sie fließend französisch, und das heimelte mich an in den Kinderjahren, in denen, obgleich ich deutsch gut verstand und auch sprach, die deutsche Sprache für mich etwas Kaltes und Fremdes blieb. Großpapa Hertz, sehr lustig und witzig, quälte mich oft mit Neckereien, denen ich nicht gewachsen war. Die Neckereien waren am aggressivsten, wenn es um meine Schüchternheit ging. Diese Schüchternheit war vielleicht angeboren – auch mein Vater litt daran –, wurde aber intensiviert durch den Mangel an Verkehr im Goldmann'schen Haus, wo die Seltenheit der Gäste meine Befangenheit verstärkt hatte, mit der andere Kinder sich zwischen Erwachsenen bewegen. Um diesen Sticheleien ein Ende zu bereiten, fasste ich eines Tages einen heroischen Entschluss. Es war in Bad Wildbad, wo ein hübsches Sommertheater auch mich öfters erfreuen durfte. Eines Morgens rief mich Großpapa und sagte mit ernster Miene: „Das Stück, das heute Abend gegeben wird, passt mir nicht. Bitte, mein Kind, geh' zur Theaterkasse und bestelle einen schönen Gruß von Deinem Großvater Daniel Hertz, und man möchte heute Abend ein anderes Stück zur Aufführung bringen." Er sah mich dabei verschmitzt an. Mir war diese Zumutung entsetzlich, aber ich überwand mich, und mit der Energie der Verzweiflung entledigte ich mich des Auftrages. Der Kassierer lachte natürlich laut auf, fasste sich aber schnell zu einem höflichen Ausdruck seines Bedauerns, den ich dann dem erstaunten und auf ewig kurierten Großpapa bestellte. Wir machten noch manche Reise zusammen nach Wiesbaden oder Kissingen, wo ich die sagenhafte Gestalt Bismarcks öfters zu Gesicht bekam. Zwischenfälle gab es nicht mehr, Großpapa hatte Respekt vor seiner Enkelin bekommen, und er war für mich nur noch der galante, geistvolle alte Herr.

Abb. 17 Dedsie, Großpapa Hertz, Großmama Hertz, Licot, Dodi (ca. 1885)

Wenn ich von dem Einsiedlerleben des Ehepaares Goldmann erzähle, muss ich der Wahrheit gemäß Einiges berichten. Licot war im Grunde nicht ungesellig, aber mit den Luxemburger Ehepaaren hatte er nicht den richtigen Kontakt gefunden. Er war Mitglied des Kasinos, einem Club des gehobenen Bürgertums, wo die Herren sich täglich zwischen 6 und 8 Uhr zu Billard oder Whist-Partien einfanden. Whist war damals (wie heutzutage Bridge) das modische Kartenspiel, und Licot als Whistspieler war täglicher Gast. Da wurde politisiert und geklatscht wie üblich bei solchen Veranstaltungen, und dadurch kannte er auch alle Herren der Luxemburger Gesellschaft und somit die Väter meiner kleinen Freundinnen, was mir den Verkehr erleichterte. Auch Dedsie konnte sich selbst in ihrer Funktion als Kinderfräulein der kleinen Dodi nicht ganz der Geselligkeit entziehen. Einmal im Jahr gab sie eine große Kaffeegesellschaft. Da erschienen wohl 12 bis 15 Damen. Die Bewirtung war nach Luxemburger Brauch über die Maßen reichhaltig. Heute, wo der „Linie" geopfert wird, versteht man nicht mehr, wie man damals solche Massen an Gebäck jeder Art verschlingen konnte. Das Schönste waren aber nicht die Kuchen für mich, die übrig blieben, sondern es war die Erlaubnis, vor den Damen nicht zu erscheinen, die Dedsie mir gern gab, da sie im Gegensatz zu Großpapa das größte Mitleid mit meiner Schüchternheit hatte. Die Erwiderungen dieser Einladung waren auf das ganze Jahr verteilt; sie wurden von Dedsie zum größten Teil aber abgelehnt, und bei den seltenen Ausnahmen vertraute sie mich der Aufsicht von Köchin und Hausmädchen an.

Eine Ausnahme in der Ungeselligkeit machte aber auch der Monat Januar. Es war Sitte in Luxemburg, dass man sich gegenseitig im Bekanntenkreis zum neuen Jahr besuchte, und diese Besuche konnte man auf den ganzen Januar ausdehnen. Auch da brauchte ich mich nicht zu zeigen.

Wie stand es aber mit meiner eigenen Geselligkeit? Man darf nicht glauben, dass ich immer nur am Balkonfenster stand und sehnsüchtig in den Nachbargarten blickte. Ich hatte andere gleichaltrige Nachbarskinder, mit denen ich draußen auf unserem unbelebten Boulevard spielen durfte: Fußball wie die Jungens im Sommer; Schneeballschlachten und Glitschen im Winter. Zur Schule gingen wir von 8 bis 11 Uhr Vormittag und nachmittags von 2 bis 4 Uhr. Nur der Donnerstag Nachmittag war schulfrei, und der gehörte den vielen Kindergesellschaften oder auch nur dem Zusammensein mit der einen oder der anderen Freundin. Einsam waren vor allem für mich die Sonntage. Noch jetzt in der Erinnerung legt sich mir solch langer, öder Sonntag bleiern aufs Herz! Alle meine Spielgefährtinnen verbrachten den Sonntag im Familienkreis, meistens bei Großeltern mit Vettern und Cousinen; manche unternahmen mit Eltern und Geschwistern Ausflüge in die bewaldete Umgebung. Jedenfalls war am Sonntag die Straße bei uns tot, tot auch das große stumme Haus. Ich musste regelmäßig mit Licot und Dedsie spazieren gehen auf irgendeiner Landstraße, ganz ziellos und genau nach der Uhr, da Licot sich immer eine Zeit vorgenommen hatte. Unbeschreibliche Langeweile empfand ich bei diesen Spaziergängen! Wenn ich Glück hatte, trafen wir manchmal unterwegs meine liebste Freundin Louisette mit ihren Eltern und Geschwistern, und da die Familien sich gut kannten. wanderten wir gemeinsam. Das war dann die Oase in der Wüste dieser einförmigen Sonntage.

Zum Inventar des Hauses Goldmann gehörte während meiner ganzen Kindheit die Köchin „Stupp". „Stupp" heißt „Zwerg" in der Luxemburger Mundart, ein Gemisch von schlechtem Deutsch mit noch schlechterem Französisch. Sie war winzig klein, von bäurischem Aussehen und undefinierbarem Alter; eigentlich hieß sie Marie. Sie hatte ihren Spitznamen schon aus der bäuerlichen Heimat mitgebracht und nahm keinen Anstoß daran, von jedem so tituliert zu werden. Sie kochte gut mit sehr üppigen Zutaten, aber mit kleinem Repertoire. Beiden, Dedsie und ihr, mangelte es an kulinarischer Phantasie. Manchmal, wenn Licot von einem Besuch bei seiner Schwester in Ems zurückkam, die er als perfekte Hausfrau bewunderte, brachte er ein interessantes Kochrezept mit, das Stupp mit Geringschätzung ausführte. Im Allgemeinen war mir der Besuch der Kellerräume, wo sich die Küche befand, untersagt. Dedsie wünschte für mich keine Dienstbogen-Unterhaltungen. Aber, wenn sie einmal – was selten geschah – eine Einladung nicht ablehnen konnte, wurde ich Stupps Gesellschaft ein paar Stunden überlassen. Sie erzählte mir dann unter anderem Schauergeschichten von der preußischen Besatzung, an der sich bis zu ihrer Auflösung 1857 der Hass der Luxemburger entzündet hatte. Ein Hauptverbrechen in ihren Augen war, dass diese Preußen alle Uhren gestohlen hatten und manche vergraben, um sie erst beim Abzug mitzunehmen. So sollte unter unserem Haus noch eine solche Uhr vergraben liegen und dort vergessen worden sein. Stupp vernahm noch immer ihr Ticken, nährte ihre Preußenwut daran, und ich musste mich auf die kalten Fliesen legen, um das Ticken auch zu vernehmen. Aber so sehr ich die Ohren spitzte (die noch nicht mit meiner heutigen Schwerhörigkeit behaftet waren), zu meinem großen Bedauern hörte ich absolut nichts, und das Argument, dass eine Uhr nach Jahrzehnten nicht mehr ticken konnte, fiel mir als Entschuldigung damals nicht ein. Fünfzehn Jahre war Stupp im Dienst bei Goldmanns, also lange vor meiner Geburt eingetreten, fünfzehn Jahre stumpfsinniger Eintönigkeit, als auf einmal der Teufel des Aufruhrs in ihr lebendig wurde. Viele Dienstmädchen, heute Hausangestellte genannt, wanderten damals nach Paris aus, wo ihnen höhere Löhne zuteilwurden und manches Mädchen durch ein hübsches Gesichtchen ihr Glück machte. Stupp erschien eines Tages vor den ahnungslosen Goldmanns und kündigte ihnen ihren Dienst, sie wolle nach Paris! Vergebens versuchten Licot und Dedsie sie von dem Vorhaben abzubringen – nicht nur aus egoistischen Gründen –, vielmehr weil sie das arme Ding vor entsetzlicher Enttäuschung bewahren wollten. Stupp gab nicht nach, Stupp zog nach Paris! Man fand bald Ersatz, und zwar sehr guten, und Stupp lebte bei uns nur noch in der Erinnerung, einer Erinnerung, der bei Goldmanns neben dem Groll über ihre Untreue eine gewisse Besorgnis über ihr Schicksal beigemischt war. Es vergingen etwa sechs Wochen, da stand Stupp wieder vor uns, dieses Mal mit Empörungstränen. Alles in Paris hatte ihr missfallen: der Verkehr, der Lärm, die Sprache, die sie nicht verstand, und die einzige kümmerliche Stelle, die man ihr schließlich vermittelte und die ihr gleich gekündigt wurde, weil sie den Ansprüchen nicht genügte. Sie bat wieder aufgenommen zu werden, aber da blieben Goldmanns unerbittlich. Sie waren sehr zufrieden mit der neuen Akquisition, hatten genug gewarnt, jetzt müsse sie die Konsequenzen ziehen und eine andere Stelle suchen. Und Tränen der Reue nützten ihr nichts. Vielleicht wären Goldmanns weniger hart geblieben, hätten sie geahnt, dass die feindlichen Verwandten nebenan, die gerade eine Köchin suchten, sich begeistert Stupps annehmen würden, um die sie lange Goldmanns beneidet hatten. Und weitere fünfzehn Jahre blieb sie im feindlichen Lager und gab dort wohl zum Gaudium der Familie Kahn die ganze Chronik ihrer langjährigen Beobachtungen der internen Angelegenheiten ihrer früheren Brotherrn preis.

Neben den Hausmädchen, die kamen und gingen, sich verheirateten oder sich mit ihrer Herrschaft erzürnten und mir keinen weiteren Eindruck hinterließen, gab es noch ein Faktotum, Daniel, den Hausknecht des Geschäfts, Zankapfel zwischen Kahns und Goldmanns, da er abwechselnd bei den einen oder den anderen gewisse Dienste zu verrichten hatte. Noch viel länger als Stupp blieb Daniel im Amt. Zu seinen Obliegenheiten gehörte das Bohnern der vielen mit Parkett belegten Räume. Das Polieren tat er, indem er in Filzpantoffeln darauf tanzte, wobei er mich manchmal mitschwang, mir aber nie den familiären Namen „Dodi" gab, sondern selbst, als ich noch klein war, mich „Sie" nannte und „Joffer Angèle"! „Joffer" heißt Fräulein und ist wohl eine Abart von „Jungfrau".

Auf die „Joffer" war ich nun sehr stolz. Ob unser Daniel wohl gelauscht hatte, als Dedsie mir kleinem Mädchen eine Erklärung über meine Entstehung gab? Das Märchen vom Storch, das in anderen Ländern kursiert, existierte nicht in unserer Gegend. Hier wurden angeblich die Babys unter Kohlköpfen gefunden. „Die anderen Kinder wachsen unter ganz gewöhnlichen Kohlköpfen", sagte Dedsie, „du aber wurdest unter einem

Blumenkohl entdeckt!" Ich war sicher noch sehr klein, als diese Unterhaltung stattfand, aber in meinem Bewusstsein markierte es doch die Ausnahmestellung, die man mir gab.

Noch eine andere, eigentümliche Ausnahme bleibt in meinem Gedächtnis haften. Weihnachtsbescherungen waren noch nicht in Mode damals. Das Hauptgeschenkfest für Kinder war der 6. Dezember, der Tag von St. Nikolaus. Dieser Heilige unterscheidet sich äußerlich wenig vom Weihnachtsmann: ein freundlicher oder drohender alter Mann mit weißem Bart, mit einer Rute und einem Sack voller Spielsachen für artige Kinder, so stellten ihn die Bilder vor, und in dieser Maske erschien auch mancher Onkel oder Hausfreund. Bei anderen – bei uns nie! Auch da muss ich noch sehr jung gewesen sein, als ich, in fieberhafter Erwartung der ersehnten Geschenke, vielleicht auch in Spannung vor der Erscheinung des Heiligen Nikolaus, mich so aufregte, dass ich eine schlechte Nacht verbrachte. Mag sein, dass ich im Schlaf geschrien habe, was ich zuweilen tat, jedenfalls alarmierte es Dedsie dermaßen, dass sie am anderen Morgen mit der nüchternen Wahrheit mir den Glauben an St. Nikolaus raubte und von da an mich jedes Jahr Anfang Dezember in die Läden mitnahm und mich selbst meine Geschenke aussuchen ließ! Damit war alle Aufregung, alle Furcht, aber auch alle Poesie dahin!

Meine Erinnerungen wären nicht komplett, wenn ich nicht die vielen kleinen Freundinnen erwähnte, die ich liebte und die mich liebten und die mir das ganze Leben hindurch trotz Zeit und Trennung die Treue hielten. Von den Überlebenden teils in Luxemburg, teils in Belgien weißt Du, wie verbunden wir geblieben sind. Die allererste kleine Spielkameradin war Nelly. Es war noch keine selbst ausgesuchte Freundin. ihre Eltern waren alte Bekannte von Goldmanns. Nelly, die ein erstaunliches Gedächtnis für unsere ersten Lebensjahre hatte, in denen wir noch im Garten aus Sand und Wasser Kuchen formten, erzählte nach 65 Jahren, dass ich immer anders spielte als die übrigen Kinder und dass ich ganz besondere Einfälle hatte. Unter anderem, sagte sie, hätte ich anstatt Kuchen einen kleinen Mann geformt, und den blies ich an mit der ganzen Kraft meiner Lunge und behauptete, das sei Adam und ich der liebe Gott, und nun würde Adam lebendig. Dann mussten wir ein großes Loch graben, und ich sagte ihr, wenn wir noch tiefer bohrten, kämen wir nach Australien. Nellys Eltern lebten in sehr einfachen Verhältnissen, aber in den kleinen Kindern (es war noch ein kleiner Bruder da) wurde ein besonderer Familienstolz hochgezüchtet. Vater Kreins behauptete, aus einem edlen Geschlecht zu stammen und das Recht zu haben, sich „Marquis" zu nennen. Den Titel hatte sein Großvater, der einen einfachen Beruf ausübte, abgelegt, aber der Sohn, Nellys Bruder, dürfte sich, wenn er zu Geld und Ansehen käme, Kreins VIII. nennen. Was darin Illusion oder Großtuerei war, das weiß ich nicht; traurig aber, dass, so tapfer und erfolgreich sich Nelly durchs Leben schlug, der faule Junge, diese Hoffnung der Dynastie, so kläglich als Taugenichts endete.

Die zweite Freundin war Gabrielle, die Wunderschülerin, von der ich schon sprach. In ihrem Familienkreis erlebte ich den ersten Weihnachtsbaum, für mich ein unvergessliches Ereignis. In Luxemburg war der Tannenbaum keine allgemeine Sitte wie in Deutschland. Der Lichterglanz, die bunten Kugeln, der Tannenduft und lauter kleine Gegenstände aus Filigran, die ich für meine Puppenstube mitnehmen durfte, das alles erfüllte mich mit Entzücken. Über dieses für mich poetische und lustige Haus verbreitete sich aber bald Trauer und Sorge. Der Vater, der ganze Stolz der Kinder, der als Anwalt und Abgeordneter eine große Rolle spielte, starb plötzlich und hinterließ kein Vermögen. Gabrielle verließ unsere mehr dilettantisch aufgezogene Schule von Mlle Lamodière, um in einem Lehrerinnenseminar eine gründlichere Ausbildung zu genießen, und nahm, sehr jung noch, eine Stellung als Erzieherin in Frankreich an, wo sie dreißig Jahre in derselben Familie blieb. Wir haben uns nach 55 Jahren erst in Luxemburg wiedergefunden, als ich 1939 dorthin emigrierte, und sind seitdem in ständigem Kontakt geblieben.

Nachbarskinder und Freundinnen aus der frühesten Kindheit waren *Nini* und *Deeken,* die eigentlich Jeanne und Marthe hießen, aber nie so genannt wurden. Nini war ein Jahr älter als ich, Deeken ein Jahr jünger. Sie sahen aus wie Zwillinge, immer gleich gekleidet, zierlich, hübsch und graziös, mit langem blonden Haar und Kleidern bis zum Knie. Ich sehe sie noch vor mir in weißen, duftigen Stickereikleidern und einer breiten, bunten Schärpe, wie man sie damals trug, so recht die Balletteusen, die Licots puritanischen Sinn schockierten. Die Eltern lebten in sehr guten Verhältnissen, reisten viel mit den Kindern, die verwöhnt, verhätschelt, ähnlich bevorzugt wie ich selbst waren, nur mit dem Unterschied, dass sie in einem geselligen, anregenden Milieu lebten und als beinahe gleichaltrige Geschwister nie die drückende Einsamkeit und Langeweile kannten, die auf mir wie eine Krankheit lasteten.

Abb. 18 Vier Freundinnen im Park von Teroneren (Brüssel) 1925
(Louisette, Deeken, Dodi und Nini)

Aber die ich am liebsten von allen hatte, das war Louisette. Es war auch keine erwählte, es war wie Nelly eine durch Familienbekanntschaft vermittelte Spielgefährtin der frühen Kindheit, auch mit Nini und Deeken sehr befreundet. Sie war ein ungeheuer aufgewecktes, phantasievolles, originelles Kind, auch äußerst verschieden von allen, mit ihrem kohlschwarzen Haar, ihrer dunklen Hautfarbe, ihren großen sprechenden Augen. Sie war die älteste von drei Kindern und sah nicht nur den kleinen Brüdern, sondern auch den Eltern ganz unähnlich. Die reinste kleine Zigeunerin! Und weil sie zu Hause streng und lieblos behandelt wurde, fortwährend Verbote, Schelte, Strafen und Schläge auf sie nieder rasselten, hatten meine Freundinnen und ich, die so etwas nicht kannten, das größte Mitleid mit ihr. Wir hatten gehört, dass es manchmal vorkam, dass Zigeuner

Kinder stahlen. Nun dachten wir, es könnte auch umgekehrt sein, und Louisettes vermeintliche Eltern, die uns so grausam erschienen, müssten sie als Baby von wandernden Zigeunern geraubt haben. Der Zweck solchen Kinderraubs war uns rätselhaft, und das Unlogische dieser Vermutung wurde uns mit unserem wachsenden Verstand erst klar. Jedenfalls hatten wir sie ob ihres Unglücks doppelt lieb. Wir hatten uns noch nicht zu der Weisheit durchgerungen, dass Glück gar nicht so sehr von äußeren Umständen abhängt, dass die Glücksquelle eines Menschen sich in seinem Naturell befindet. Wir staunten damals nur, denn so lebenslustig, so heiter, so ausgelassen, zu jedem Spaß aufgelegt war keine wie Louisette. Und diese Fröhlichkeit, dieser Übermut, diese trotzige Lebensbejahung begleiteten sie durch ihre lange, von grausamen Schicksalen heimgesuchte Existenz. Über ihre Eltern möchte ich auch noch sprechen, denn dies Haus, in dem ich jahrelang intim verkehrte, hat in gewisser Weise einen entscheidenden Einfluss auf mich ausgeübt. Der Vater führte nur ein Schattendasein. Er war sozusagen der Prinz-Gemahl einer geistig überragenden, herrschsüchtigen Königin. Die Mutter, die ich in meinem Innern des Raubes am Zigeunerkind bezichtigte, war eine merkwürdige Erscheinung. Sie sah vornehm, kalt und unnahbar aus, galt bei den Erwachsenen als kolossal gebildet, sogar geistvoll. Sie war leider in Schuldingen so gebildet, dass sie Louisette bis zu ihrem elften Jahr nicht zur Schule schickte und sie allein unterrichtete, was das schon in ganz jungen Jahren arg getrübte Verhältnis zwischen Mutter und Tochter mit den Schwierigkeiten und Konflikten belastete, die zwischen Lehrerin und Schülerin bestehen. Und doch hatte diese seltsame Frau ihre anziehenden Seiten. Keine Mutter konnte wie sie eine Kindergesellschaft leiten und anregen. Lebende Bilder stellen, Scharaden ausdenken, unsere Phantasie an allem Gelesenen oder Gelernten entzünden, das verstand sie. Szenen aus der biblischen Geschichte wurden sehr geschickt dargestellt. In Betttüchern und anderem Kram orientalisch drapiert, führten wir „Abrahams Opfer", „Rebekka am Brunnen", „Salomos Urteil" und Ähnliches den Zuschauern vor. Nirgends unterhielt man sich besser, sie selbst amüsierte sich dabei und konnte dann heiter und liebenswürdig sein. Eine Fülle von Anregungen nahm ich mit nach Hause; und was noch mehr war, diese strenge, rigorose Erziehung, die Louisette unter Tränen und Aufsässigkeit über sich ergehen lassen musste, diese Dressur, die Louisette bei den Erwachsenen zum besterzogenen Kind stempelte, machte ich mir halb unbewusst zu eigen. Die einfachsten Formen der gesellschaftlichen Höflichkeit waren mir von Dedsie nie beigebracht worden. Bei Louisettes Mutter lernte ich Manieren, und nur aus Nachahmungstrieb, denn sie machte nie eine Bemerkung. Bei dem Kult, den die gute Dedsie mit mir trieb, die alles gut hieß, was ich sagte und tat, wäre ich sicher ganz verwildert und überheblich geworden. In ihren Augen war ich doch etwas ganz Besonderes, und ohne Gegenwirkung wäre ich es auch in den meinen geblieben – die einzigartige kleine Dodi, unter einem Blumenkohl entdeckt!

Zu Louisette gehörte eine kleine Cousine aus Paris, die alljährlich die Sommerferien bei der Luxemburger Großmutter zubrachte. Das war Alice, gleichaltrig mit uns, aber überlegen durch den französischen Schliff und eine ausgesprochene dichterische Begabung. Mehr als mit Louisette harmonierte Alice mit mir. Es war ein eigentümliches Verhältnis. Wir wussten kaum etwas von unserer häuslichen Umgebung, von unserem Alltagsleben. Wir schwebten zusammen in höheren Regionen, in Abenteuer- und Ritter-Romanen, die sie meisterhaft zu erzählen verstand. Später war es das Reich der Poesie, das uns verband. Sie dichtete selbst allerliebst. Noch heute, nach dreißigjähriger Trennung, gehört die Korrespondenz mit ihr zu meinen größten Freuden. Sie war es, die Eurem Baba den Pariser Aufenthalt bei Jacques Sabatiers Mutter vermittelte.

Meine Liebe zu Louisette, der dringende Wunsch, noch mehr mit ihr zusammen zu sein, bewogen mich, Licot-Dedsie flehentlich zu bitten, den Versuch zu machen, mich in Louisettes Schule aufnehmen zu lassen. Sie war angeschlossen an das Kloster St. Sophie, die einzige staatliche höhere Schule, die es in Luxemburg gab. Von Nonnen geleitet, war die Schule doch von einem städtischen Schulinspektor überwacht, so dass Ausgeburten an Intoleranz oder fanatische Versuche, Proselyten zu machen, in Schach gehalten wurden. Goldmanns gaben meinem Wunsch sofort nach, und ich wurde dorthin zum Examen zitiert, um geprüft zu werden, ob ich befähigt sei, in die Klasse, die meinem Alter entsprach, einzutreten. Die Prüfung fiel kläglich aus. Die Fragen, die an mich gerichtet wurden, konnte ich nicht beantworten; die Aufgaben, die mir gestellt wurden, vermochte ich nicht zu lösen. Was nützte mir die ganze Bildung, die Mlle Lamodière mir beigebracht hatte, was nützten mir meine Kenntnisse in französischer Geschichte, in Mythologie, mein guter Vortrag im Deklamieren französischer Klassiker, mein frühreifer gewandter Stil in französischen Aufsätzen. Hier galt es: rechnen können, deutsche Grammatik beherrschen, die mir verhasste Erdkunde bewältigen und noch manches andere – alles mir böhmische Dörfer! Ich war ein Versager auf der ganzen Linie und erhielt die Mitteilung, ich könnte nur in eine untere Klasse aufgenommen werden! Das wollte ich nun auf keinen Fall, ging es doch um Louisette! Das Examen hatte Anfang der großen Ferien stattgefunden, Ferien, die von August bis Oktober dauerten. Ich war bei Mlle Lamodière noch nicht abgemeldet, und mit schwerem Herzen machte ich mich mit dem Gedanken vertraut, dorthin wieder zurückzukehren. Da geschah ein Wunder, das ich mir bis zum heutigen Tag nicht erklären kann. Nach etwa drei Wochen kam ein Schreiben von der Vorsteherin der Nonnenschule, es lautete ungefähr so: Nach reiflicher Überlegung seien sie zu dem Entschluss gekommen, es doch mit mir in der meinem Alter entsprechenden Klasse zu versuchen. Ich schiene intelligent, und der Mangel an notwendigen Kenntnissen sei wohl das Resultat eines ganz verkehrten Systems im Unterricht meiner früheren Schule. Ich müsse natürlich durch Nachhilfestunden die vielen Mängel allmählich beseitigen. Ich war beseligt und dachte nur an die erstrebte Schulgemeinschaft mit Louisette; gleichzeitig nahm ich mir vor, durch gutes Betragen und Fleiß mich der Gnade dieser Aufnahme würdig zu zeigen. Anfangs war ich ganz eingeschüchtert durch den äußerst disziplinierten Schulbetrieb. Da waren die gefalteten Hände, der Zwang der langen schwarzen Ärmelschürzen, die verblüffende Anstandslehre der gänzlich weltfremden Nonnen, die wir „Mutter" nennen mussten; ich blieb das brave, strebsame Kind. War ich doch täglich mit Louisette zusammen, hatte ich in der Klasse auch Nelly, die allererste Gespielin wieder gefunden, und hatte ich mir dazu eine neue Freundin erworben, Jeanne [de Saint Hubert]!

Gleich am ersten Tag fühlte ich mich zu ihr und ihrer Schwester, die eine Klasse tiefer saß, hingezogen. Beide stachen von allen anderen durch ihr aristokratisches Aussehen ab, und beim näheren Kennen lernen entdeckte ich auch viel Gleiches in unseren Interessen. Es wurde daraus eine Freundschaft fürs ganze Leben, die sich später sogar auf meine Kinder übertrug. Sie wurde die kunstsinnige, die ästhetisch-elegante Tante Jeanne, von der Du oft gehört hast, die Deinen Baba fest ins Herz geschlossen hatte, bei der er öfters zu Besuch war; und die jüngere Schwester wurde die Tante Aline [Mayrisch de Saint Hubert] auf Schloss Colpach, bei der Dein Baba sich nach der Misere des Ersten Weltkrieges wie in einem Märchen von Tausendundeiner Nacht fühlte. Sie hat ihn literarisch stark gefördert und beeinflusst, nannte sich selbst seine literarische Patentante. Die vielen französischen Bände von Marcel Proust, die Dein Baba im Zweiten Weltkrieg unter den Bomben aus dem brennenden Haus rettete, stammen alle von ihr.

Abb. 19 Freundin Jeanne (ca.1888)

Ich bekam also Nachhilfestunden, und bald war ich ungefähr auf dem Stand der Klasse bis auf Rechnen – was ich bis zum heutigen Tag meinem Gehirn nicht einzuverleiben vermochte. Dafür aber rührte sich in mir der anfangs unterdrückte kritische Sinn. Der Unterricht, der mich bei Mlle Lamodière gefesselt hatte, war hier unglaublich öde, die Literatur gleich Null; die Weltgeschichte, von der wir in unserem katholisch gefärbten Geschichtsbuch nur ausgesuchte Sätze auswendig lernen mussten, war nach Aussagen mancher Eltern durch und durch gefälscht. Auch Licot und Dedsie hielten mit ihrer Entrüstung über den historischen Standpunkt dieser Schule nicht zurück und klärten mich auf. Ein Satz, der die intolerante Anschauung besonders kennzeichnet, ist mir im Gedächtnis geblieben. Das Einzige, was wir über die Reformation und die Renaissance wissen sollten, war so formuliert: „La Réforme et la Renaissance furent une déviation des idées et de l'art chrétien et un retour vers le paganisme, qui ainsi rentra dans les arts et la litterature et par consequent dans les moeurs." Übersetzt heißt es: „Die Reformation und die Renaissance waren eine Abweichung von den Anschauungen und der Kunst des Christentums und ein Rückfall ins Heidentum, das so wieder in Kunst und Literatur und folglich auch die Sitten Einzug hielt."

Auch in unser Privatleben mischten sich die Nonnen. Selbst unter unserer schwarzen Uniformschürze durften wir der damaligen Mode nicht folgen. Die Modelinie erforderte nämlich, um den richtigen Schwung herzustellen, ein kleines Polster an einer gewissen Stelle, wo der Rücken aufhört. Man war einfach lächerlich, wenn man „flach" war! Wir waren inzwischen 14 Jahre alt, meine Eingliederung in diese Schule währte schon über ein Jahr, die Versetzung in die oberste Klasse hatte stattgefunden, mir kam ein Einfall, und ich hatte Mut. Dieses Polster unter dem Kleid war uns untersagt worden, aber ich war stolz auf den Einfall, um wenigstens auf der Straße der Lächerlichkeit zu entgehen, mir ein kleines Kissen in den Mantel hineinzunähen. Das gab einen Klassenskandal, als unsere Lehrerin, Mère Marguerite, die anscheinend in der Garderobe geschnüffelt hatte, wutschnaufend mit meinem Mantel hereinplatzte, mir den Mantel zuwarf und mir befahl, sofort dieses Kissen des Anstoßes loszutrennen. Die Strafe, die diesen Befehl begleitete, Hauen war nicht erlaubt, ist mir nicht in Erinnerung geblieben. Eine andere Einmischung der Nonnen war ein plötzliches Verbot der sonst üblichen Kindergesellschaften. Wer darin straffällig wurde (erfahren konnten es die Nonnen, die nie aus ihren Mauern herauskamen, nur durch Zwischenträgerei), musste neben der schlechten Zensur für Betragen 50 Centimes bezahlen! Der Vater einer der Schülerinnen, ich glaube es war Jeannes Vater, ärgerte sich dermaßen, dass er seiner Tochter 50 einzelne Centimes mitgab und ihr empfahl, sie mit langsamer Gründlichkeit der Lehrerin vorzuzählen. So hatten wir immer die Eltern auf unserer Seite und erlaubten uns manche Frechheit. Eine der Dreistesten war Louisette. Wenn nach einem Aufsatz ein Teil der Heftseite leer blieb, war es Usus, irgendein Klassikerzitat nach eigener Auswahl darunter zu setzen. Wir hatten uns gerade über irgendeine Ungerechtigkeit aufgeregt, da füllte Louisette die Seite mit folgendem Ausspruch aus der Tragödie „Athalie" von Racine aus:

„Je vois que l'injustice en secret vous irrite
Que vous avez toujours le coeur israilite."

In Übersetzung ungefähr so: „Ich merke, dass Ungerechtigkeit Euch im geheimen verletzt, dass Ihr Euch Euer israelitisches Herz bewahrt habt." Mère Marguerite fraß ihre Wut in sich hinein, zu beanstanden war nichts. Ein Gipfel der Lächerlichkeit im Anstandsunterricht war die Empfehlung, beim Baden in der Badewanne immer ein Hemd zu tragen, um unsere Blicke von unserem nackten Körper abzuziehen. Dieses letzte Schul-Halbjahr ist mir nur in trüber Erinnerung. Ich wüsste nichts Markantes zu erzählen, nur das Grau in Grau der Langeweile und des Überdrusses. Die ursprüngliche Freude am Lernen, die in mir lag, hatte ich verloren, es lockte auch kein Ziel, denn das Abgangszeugnis hatte keinen Wert, da ich, für keinen Beruf erzogen, es niemanden zu zeigen hatte. Es schloss mit einer schlechten Note für Betragen und ebenso schlechter Note für Arithmetik, Erdkunde und Naturwissenschaften, deren nie ausgefüllte Lücken sich auf meinem ganzen Lebensweg fühlbar machten.

Der letzte Schultag wurde zum Freudentag. Ich weiß noch, wie ich in dem düsteren Gässchen, wo das Schulgebäude lag, diesem Abschnitt Adé sagte und im Überschwang des Jubels meine Mütze (oder war es ein Hut) hoch in die Lüfte warf. Durch viele, viele Jahre habe ich es vermieden, dieses verhasste Gässchen zu betreten, es behielt für mich etwas Gespenstisches.

Wir waren nun fünfzehn Jahre, ganz ungenügend ausgebildet, und es gab in Luxemburg keine Lehranstalt für weitere Ausbildung. Meine katholischen Kameradinnen wurden alle auf zwei bis drei Jahre nach Belgien oder Frankreich in klösterliche Internate gesteckt, die wegen guter Lehrkräfte renommiert waren. Im Gegensatz zu unseren bäurischen Nonnen, die nur eine notdürftige Seminarbildung hatten, waren die Klosterfrauen dort gründlich unterrichtet, stammten oft aus Adelskreisen und vermochten ihren Zöglingen ein vielgestaltiges Wissen beizubringen.

Für mich hatte sich Licot nun etwas ganz Besonderes ausgedacht. Man würde es heutzutage einen Dreijahresplan nennen. Eine Trennung von mir wollte er überhaupt erst mal nicht ins Auge fassen. Es sollten Lehrer aus dem Gymnasium zu uns ins Haus kommen und mich in verschiedenen Fächern unterrichten. Wenn ich dann nach zwei Jahren genug geistige Bildung in mir aufgenommen hätte, sollte ich ein halbes Jahr bei seiner Nichte in Köln, die ein kulinarisches Genie war, kochen lernen und danach ein weiteres halbes Jahr bei meiner von Licot sehr bewunderten Tante Tilly, die mit Leichtigkeit und Grazie ein geselliges Haus führte, den ihr eigenen gesellschaftlichen Schliff erwerben. Neben den Lehrern aus dem Gymnasium sollte noch ein Zeichenlehrer antreten, ferner eine Engländerin; auch der Klavierunterricht, der mich schon während der ganzen Schulzeit ohne Erfolg gemartert hatte, wurde nicht vergessen. Dedsie konnte und wollte nicht an meine „Unmusikalität" glauben, die mangelnden Fortschritte wurden auf die Lehrmethode zurückgeführt; die Lehrerinnen wurden gewechselt, die trostlosen Resultate blieben! Soweit der mit großer Sorgfalt und Liebe ausgedachte Plan von Licot.

Abb. 20 Dodi, fünfzehnjährig (1888)

Ich habe nun so viel von meiner Kindheit erzählt, von den guten, schlechten oder auch abnormen Methoden meiner Erziehung, und Du, als angehender Theologe, wunderst Dich gewiss, dass das Thema Religion überhaupt von mir nicht erwähnt wurde. Goldmanns gehörten zu den jüdischen Dissidenten. Selbst noch orthodox erzogen, hatten sie sich von den ihnen lästigen Gebräuchen allmählich abgewandt und gingen auch nie in den Tempel. Wie sie innerlich standen, das weiß ich nicht. Als ich klein war, hatte Dedsie mir vom lieben Gott erzählt und mir auch ein kindliches Gebet beigebracht. Sie hatte mir gesagt, dass der liebe Gott jedem Kind immer gegenwärtig sei und in dessen Herz hineinblicken könnte. Das war eine sehr einfache Formel einer Religion, aber vielleicht durch die Einfachheit desto eindrucksvoller und einprägsamer. Ich wurde ein sehr religiöses Kind mit intensivem Gebetsleben, weit mehr als manche meiner katholischen Freundinnen, die durch Kirchgangszwang und Katechismus oft gelangweilt waren. Dedsie hat später das Thema nie wieder berührt. Als mit 12 Jahren andere jüdische Kinder sich auf die mosaische Einsegnung vorbereiteten und sich dabei mit Hebräisch quälen mussten, hatte Licot eine Unterredung mit dem damaligen Rabbiner und bat ihn, mich privat in die Grundzüge der jüdischen Religion einzuführen, mir aber das Studium des Hebräischen zu ersparen. Der Rabbiner erklärte das für unmöglich, für unvereinbar mit der Lehre. Licot bestand auf seinem Standpunkt, keiner gab nach, und Licot, tief verletzt, im Rabbiner einen Rebellen gegen sein Autokratentum zu finden, erklärte kurz und bündig, er verzichte dann für mich auf den Unterricht. So kam es, dass ich ohne die geringsten Kenntnisse der jüdischen Religion aufwuchs. Auch Louisette wurde nicht eingesegnet, obgleich ihre Eltern dem jüdischen Glauben näher standen und sie an den großen Festtagen die Eltern zum Tempel begleitete, was bei uns nie der Fall gewesen war. Ihre jüngeren Brüder dagegen wurden eingesegnet. Ich machte eine dieser Feiern mit, die ich wunderschön fand. In jüdischen Familien war nämlich die Einsegnung für Knaben unumgänglich, für Mädchen ganz willkürlich, und hing vom Grade der Orthodoxie der Angehörigen ab. Aber Louisette war erfüllt von einem stolzen Rassebewusstsein, war intolerant, sogar herausfordernd anderen Religionen gegenüber, obgleich sie sieben Jahre mit einem arischen Katholiken verlobt gewesen war – die Heirat scheiterte an dem Widerstand der streng katholischen Familie – und obgleich sie im reifen Alter die Gattin eines einsamen Witwers wurde, der Organist an der anglikanischen Kirche in Gibraltar und streng kirchlich gesinnt war, blieb sie kompromisslos.

Im Oktober 1888 fing nun der Dreijahresplan an. Ich wurde natürlich eine Musterschülerin. Denn wie soll man zerstreut und unachtsam sein, wenn man ganz allein angesprochen wird; wie soll man Unfug machen, wenn es keine Mitschülerinnen gibt, vor denen man sich aufspielen kann? Da war es schon besser, den Versuch zu machen zu glänzen. Ich habe nur eine ganz verschwommene Erinnerung an die Lehrer der Fächer, die mich nicht besonders interessierten. In meinem Gedächtnis profilierten sich nur zwei dieser Herren. Der eine, Monsieur d'Huart, kultiviert fein sinnig, mit einem Wissen, das ich bewunderte, und einer melodiösen Aussprache, gab französische Literatur und begeisterte mich dafür. Er bearbeitete mit mir das Pensum seiner Gymnasialklasse, gab mir dieselben Aufsätze auf, die ich, die Vielbelesene, in meiner einsamen Kindheit natürlich besser zu formulieren wusste als die noch ganz verspielten Jungens meines Alters. Dass er meine Aufsätze den Jungens zum Ansporn vorlas, war vielleicht richtig; dass er es mir sagte, war nicht gerade pädagogisch. Dann war da noch ein ganz junger deutscher Lehrer, der an einer deutsch-evangelischen Privatschule tätig war. Wir lebten damals mit Deutschland im Zollverein, und diese Schule war für die vielen Beamten und Angestellten gegründet worden, die in Deutschland beheimatet, berufshalber in Luxemburg lebten. Die Erziehung dort war ganz deutsch, daher gaben keine Luxemburger Eltern ihre Kinder dorthin, sie bevorzugten die minderwertige Nonnenschule. Dieser deutsche Lehrer, Herr Großkopf, sehr jung noch, vielleicht Anfang der zwanziger Jahre, war so schüchtern, dass ich dabei meine eigene Schüchternheit verlor. Es tat so wohl einen

Lehrer zu haben, der genau wie ich jeden Moment errötete und nicht wusste, wo er mit seinen Gliedern hin sollte. Er führte mich in die Schönheiten deutscher Balladen ein, er riss mich mit in seine Begeisterung für die Nibelungen. Dedsie assistierte immer bei diesen Stunden. Mit einer Stickerei beschäftigt, saß sie als Anstandswauwau in der Fensternische. Es war nämlich in jener Zeit nicht üblich, ein angehendes junges Mädchen mit einem jungen Mann allein zu lassen. Herr Großkopf war gerade dabei, mir Siegfrieds und Krimhilds keimende Liebe auseinanderzusetzen, als Dedsie durch das Hausmädchen wegen eines Handwerkers abberufen wurde., Den Augenblick nutzte ich aus und fragte ganz schnell: „Haben Sie schon einmal geliebt?" Ich sehe noch, wie er puterrot wurde und erschrocken stammelte: „Ich bin sogar verlobt!" Da kam Dedsie wieder herein ins Zimmer, und ich hatte nie wieder Gelegenheit, diese pikante Unterhaltung weiterzuführen.

Die Vormittage waren mit Unterricht und Schulaufgaben ganz ausgefüllt. Pflichten im Hausstand hatte ich nicht. Ich habe nie Staub wischen müssen, nie aufgewaschen, noch wusste ich, wie man ein Bett macht. Überhaupt stand das Wort „Pflicht" nicht in Licots und Dedsies Erziehungs-Lexikon. Alle Altersgenossinnen bis auf Louisette waren in auswärtigen Internaten. Aber Louisette war mir geblieben, und nie wuchs unsere Intimität wie in diesem Winter. Für sie selbst wurde nur Sprachunterricht weitergeführt, sonst hatte sie im Hausstand unendlich viele Pflichten. Sie musste dauernd Mädchen anlernen, die die Mutter dann nach Laune entließ. Einen solchen Konsum von Dienstmädchen (die man damals noch nicht Hausangestellte nannte und auch danach behandelte) habe ich nie sonst erlebt. Dann war neben zwei Brüdern, die auch Mühe machten, in diesem Jahr ein Schwesterchen geboren worden, das sie fast allein zu betreuen hatte. An diesem Kind hing ihr ganzes Herz, und die Arbeit, die mit der Pflege des Babys zusammenhing, nahm sie willig auf sich. An der kleinen Gabrielle hat sich ihr mütterliches Gefühl entzündet und erschöpft. Alles opferte sie diesem geliebten Kind, das mit siebzehn Jahren an Typhus starb. Sie hat sich nie eigene Kinder gewünscht.

Unsere Vormittage waren ausgefüllt, aber am Nachmittag gehörten täglich einige Stunden uns, entweder bei mir oder bei Louisette. Bei gutem Wetter sollten wir frische Luft haben, und da galt die Abmachung: ein Spaziergang mit Louisettes Mutter und Dedsie, wobei wir beide aber in genügender Entfernung bleiben konnten, um unserem Plaudern freien Lauf zu lassen. In der Einförmigkeit unserer Tage erlebten wir eigentlich nichts Wesentliches. Wir waren 15 Jahre, die Zeit des bloßen Spielens war vorbei, und so schufen wir uns eine ganze Welt der Phantasie, die wir aus Gelesenem und Erdachtem bildeten. Es gab für uns eine zweite Existenz, eine andere Persönlichkeit, oder sogar mehrere, in die wir hineinschlüpften, im gegenseitigen Austausch eine Welt aufbauend, bunt, abenteuerlich und romantisch. Die ganze Intensität unserer keimenden Gefühlswelt legten wir hinein, die ganze Skala der menschlichen Tragödien raste durch unser Gehirn. Es war eine Flucht aus der Wirklichkeit, etwas Beglückendes und doch Unheimliches, das uns Tag und Nacht durchdrang und immer nebenher ging, bei jeder Beschäftigung, jedem Unterricht, jeder Unterhaltung mit nicht Eingeweihten.

Eingeweiht war nur Deeken, die, jünger als wir, noch zur Schule ging, aber ihre Freizeit oft unseren Phantastereien widmete. Auch ihr gelang diese Inkarnation in ein zweites Ich. Nini, die Sechzehnjährige, war schon zu verständig, zu lebensnah. Sollte sie doch zwei Jahre später die erste von uns sein, die den wirklichen Roman ihres Lebens in einer glücklichen Ehe kennenlernte. Diese Heirat, beinahe aus der Kinderstube heraus, war für mich ein großes, unvergessliches Ereignis. Denn der Mann ihrer Wahl, Georges Fribourg (ein Onkel von Jean Fribourg), war eine unendlich liebenswerte Persönlichkeit, warmherzig und geistvoll, und es war das erste männliche Wesen, das in meine Intimität drang. Denn für ihn war ich so etwas wie Deeken, eine zweite kleine Schwägerin, und ich hatte das Gefühl, ein Stückchen von ihm gehöre auch mir. Und diese Freundschaft zu dreien zwischen Nini, Georges und mir währte unser ganzes Leben.

Um auf den von Louisette und mir gesponnenen Wachtraum zurückzukommen, gehörte auch dazu, dass wir Menschen, die wir nur flüchtig kannten, in diese Phantasiewelt einbezogen. Gute Bekannte waren natürlich zu prosaisch dafür. Aber fremden, interessanten Erscheinungen dichteten wir romantische Erlebnisse an und wussten oft gar nicht mehr, Wirklichkeit von Erfindungen zu unterscheiden. Menschen mit Schicksalen, nur das suchten wir, nur das hatte für uns Existenzberechtigung, alle anderen, die in stumpfsinniger Alltäglichkeit dahin vegetierten, verachteten wir.

Abb. 21 Dodi, sechzehnjährig (1889)

In dieses unwirkliche Leben des einsamen Lernens und der tollen Phantasterei platzte eines Tages der Besuch von meinem Vater, von diesem Onkel-Papa, der jahrelang um mich gekämpft hatte und immer unterlegen war. Diesmal wurde es ernst. Er war einfach entsetzt über diese Prinzen-Erziehung, über die Professoren, die mir allein ihre Weisheit verzapften, über die mangelnden Altersgenossinnen, über meine lebensfremde Verträumtheit. Diesmal trat er auf mit einer Entschiedenheit, die ich ihm nie zugetraut hätte. Er verlangte, dass ich von Ostern an in ein Brüsseler Pensionat eintreten sollte, das mich im Umgang mit jungen Mädchen abschleifen würde und dem realen Leben zurückbringen. Die Diskussion darüber wurde heftig von Seiten Licots geführt, daneben klang energisch, aber ruhig der unabänderliche Entschluss des Onkel-Papas, der über Nacht ein Papa geworden war:

Abb. 22 Der Onkel-Papa (ca. 1890)

Und ich? Pensionat, das hatte für mich einen magischen Klang! Nie hatte ich gewagt, daran zu glauben. Berauscht hatte ich mich an der Backfischliteratur der Clementine Helm und anderer ähnlichen Autoren, die meine Frankfurter Cousinen, als sie dem entwachsen waren, mir geschickt hatten. „Pensionat", das war für mich die ersehnte Gemeinschaft mit jungen Menschen, der Gegensatz zu der öden Langeweile unseres stillen Hauses; das war die Befreiung von dem Druck, der immer auf mir lastenden Autorität von Licot. Und ich durfte meine Gefühle nicht zeigen, ich schämte mich sogar dieser Gefühle. Ich empfand mich als undankbar für all das Gute, das ich empfangen hatte. So unterdrückte ich jede freudige Äußerung über das Projekt, ich bemühte mich, unberührt zu bleiben, scheinbar nur ergeben in den Beschluss. Dem Ende der Diskussion habe ich nicht beigewohnt, aber sie schloss mit dem Beschluss, mich zu Ostern in ein bekanntes Brüsseler Pensionat zu geben, wo schon meine Cousine Stella zehn Jahre vorher ein lustiges Jahr zugebracht hatte. Herzzerreißend war nur die Aussicht auf eine Trennung von Louisette, die ich voller Mitleid allein zurücklassen sollte, mit dem Versprechen, ihr jede Einzelheit meines künftigen Erlebens zu schreiben, einem Versprechen, das ich auch hielt. Unzählige Briefe, die Louisette mir später zurückgab und die ich noch besitze, zeugen davon. Die Auseinandersetzung hatte Anfang 1889 stattgefunden. Bis Ostern vergingen noch mehrere Monate, Monate einer furchtbaren Gewissensnot für mich. Ich fand mich schlecht, gefühllos; ich versuchte, mich in eine traurige Stimmung hineinzureden, mir ins Gedächtnis zu rufen, mit welch abgöttischer Liebe Dedsie meine Kindheit umsorgt hatte; wie sie alles, selbst ihr geliebtes Klavierspiel, aufgegeben hatte, um sich nur mir zu widmen; wie sie in meinen häufigen Krankheiten nachts wach an meinem Bett gesessen. Tränen wollte ich darüber erzwingen, aber es kamen keine Tränen, ich dachte an Licot, der sein ganzes Leben auf mich eingestellt hatte. Wusste ich doch, dass es sein Traum gewesen war, ehe er mich zu sich nahm, sich früh aus dem Geschäft zurückzuziehen, Luxemburg, wo er sich als Deutscher nie wohl gefühlt hatte, den Rücken zu drehen und in Wiesbaden, der Rentnerstadt, ein sorgloses, bequemes Leben zu führen. Nur für mich, um mich später gut auszustatten, hatte er sein Vermögen vergrößern wollen und die verhasste Arbeitsgemeinschaft mit dem wesensfremden Schwager weitergeführte. Das alles wusste ich und hämmerte es meinem verstockten Herzen ein. Es nützte nichts. Stärker als alle die guten Vorsätze zu Rührung und Dankbarkeit war das glühende Verlangen, dem goldenen Käfig zu entfliehen!

Abb. 23 Vater Eugène Bonne im Alter (ca. 1905)

In Brüssel war ich während meiner ganzen Kindheit sehr oft mit Dedsie zu Besuch gewesen. Der Onkel-Papa hatte ja da eine hübsche Fünfzimmer-Wohnung mit Fremdenzimmer extra für uns. Die Wohnung lag in der ersten Etage in einer der belebtesten Straßen im Zentrum Brüssels; im Parterre waren die Büros und das große Leinenlager, so dass Papa all seine Mahlzeiten bei sich einnehmen konnte. Ein älteres Factotum führte ihm den Hausstand. Er war aber selbst eine ausgezeichnete Hausfrau mit ganz verfeinerten gastronomischen Kenntnissen. Und kolossal tierliebend war er. Von seiner Hundedynastie war einmal ein Sprössling als Geschenk für mich nach Luxemburg gekommen. Er hieß Fox, war von der Gattung der Brüsseler Pinscher, ein intelligentes, schon gut dressiertes Tierchen, das ich sehr liebte. Als Papa damals noch der Onkel-Papa nach ein paar Monaten zu uns zu Besuch kam, stellte er fest, dass Fox all seine Künste vergessen hatte und ebenso tollpatschig und verzogen geworden war wie ich. Ich glaube, diese Erfahrung bestärkte ihn, mich den Erziehungskünsten von Goldmanns zu entziehen. In der Wohnung hatte er ein Vogelhaus, einen Riesenkäfig mit allerhand Vögeln, die ein fröhliches Dasein führten. Gegen meinen einsamen Kanarienvogel, den ich in Luxemburg besaß, hatte er immer schon Einwendungen gemacht, seine Tierliebe verdammte die Einzelhaft. Solche Einwendungen machte er gegen so vieles, was bei Licot-Dedsie Geltung hatte, und so hatte für ihn meine Entführung in die Pension auch den Zweck, in engeren Kontakt mit mir zu kommen und mir seine Einstellung zu den Dingen, seine Lebensauffassung, beizubringen. Gedacht war nämlich, dass ich jede Woche den Sonnabend Nachmittag bis Sonntag Abend bei ihm verbringen sollte. Ausflüge, Theater, Besuche bei Bekannten standen auf seinem Programm.

Die letzten Monate vergingen schnell. Beide, Licot und Dedsie, brachten mich nach Brüssel mit der Absicht zu bleiben, bis ich mich eingelebt habe, immer noch in der Illusion, dass mich der Kerker schreckte und die Trennung schmerzte. Ich sollte vorerst täglich in den Nachmittagsstunden von Dedsie abgeholt werden, um mich langsam einzugewöhnen. Ich wundere mich jetzt noch, dass die Vorsteherin darauf einging. Diese Ausnahmebehandlung machte keinen günstigen Eindruck auf meine zukünftigen Gefährtinnen und erleichterte meine Stellung als „Neue" nicht. Immer wieder sollte ich der Blumenkohl zwischen den Kohlköpfen sein! Doch auch das ging vorüber, und der Abschied von Goldmanns kam. Als ich dann definitiv das große Tor des Instituts hinter mir zuschlagen hörte, da kam es wie eine Erlösung über mich: endlich, endlich eine von Vielen zu sein!

Die Pensionserlebnisse waren dieselben, die man in Backfischbüchern tausendmal gelesen hat. Die seelische Befreiung, dieses „Ich-selbst" sein dürfen, schlug oft ins Hemmungslose aus. Freundschaften, schnell geschlossen und in Feindschaften übergehend, glühende Schwärmereien für Lehrerinnen, Eifersucht unter Mitschwärmenden, heimliche Briefe voller Liebesbeteuerungen an angebetete Schauspieler, hereingeschmuggelte überspannte Romane und Gedichte, an denen unsere Phantasie sich entzündete, dies alles gehört wohl zum Negativen des Einflusses eines Pensionats. Daneben gab es aber viel Positives. Denn es war eine Welt im Kleinen, die man da kennenlernte. Mädchen aus allen Ländern, aus verschiedenartigen Verhältnissen, manche unglückliche Kinder aus zerrütteten Ehen gaben mir einen Einblick in so Vieles, was meiner behüteten Kindheit verborgen geblieben war. Und es war gut, dass beim wöchentlichen Ausgang mein Papa, der meiner Wissensgier um Lebensprobleme ganz entgegenkam, alle Fragen aufrichtig beantwortete, dieses von mir Erlebte in eine vernünftige Bahn lenkte, vieles berichtigte und dämpfte.

Der Unterricht, unsystematisch aber interessant, wurde angeregt durch häufige Theaterbesuche, vor allem durch historische Dramen, die gerade das behandelten, was wir geschichtlich durchgenommen hatten, wobei es sich viel mehr einprägte als durch das nüchterne Buch. Dann wurde unser Kunstsinn an den herrlichen Brüsseler Museen gebildet, und häufige Abendgesellschaften, zu denen die Vorsteherin ihren Bekanntenkreis einlud und bei denen die Schülerinnen ihre pianistischen, gesanglichen Fertigkeiten oder Unfertigkeiten zum besten gaben – bei mir waren es deklamatorische – sollten uns die gesellschaftlichen Umgangsformen beibringen. Es gab auch Tanzstunden, aber ohne Kavaliere, und mehrere Male in der Woche durften wir uns in den Fluten einer geschlossenen Badeanstalt unseren Schwimmkünsten hingeben. Die täglichen Spaziergänge, paarweise in einer Schlange unter Führung einer Lehrerin, mündeten oft in einer Konditorei: recht unpädagogisch durften nur die hinein, deren Börse von Elternhand gut gefüllt war, was bei mir durch Licots letzte Freigebigkeit ganz besonders der Fall war.

Ich war aber weniger naschhaft als andere und verschenkte fast alles, war ich doch bei Goldmanns überfüttert worden, und das Essen spielte für mich gar keine Rolle. Wie sehr auch um mich herum beim Mittagessen die Speisezubereitung bekrittelt wurde, ich schluckte alles mit Wonne hinunter! Denn ich war unter jungen lustigen Altersgenossinnen und trotz Liebeskummer und Weltschmerz, die ich mir andichtete, war ich im Grunde frei und unbeschwert und zum ersten Mal im Leben vollauf glücklich!

Und damit sind meine Kindheitserinnerungen zu Ende. Zweieinhalb Jahre blieb ich in der Pension, und jeder Tag war ein Gewinn für meine Entwicklung.

Mit Goldmanns und meinem Papa war verabredet worden, dass ich alle Ferien in Luxemburg oder auf Reisen mit ihnen verbringen sollte, so dass der Zusammenhang, genährt durch meine häufigen und ausführlichen Berichte, bestehen blieb. Im August 1891, kurz vor meinem achtzehnten Geburtstag, kehrte ich definitiv nach Luxemburg zurück. Ich war verändert, gereift, selbständiger geworden und fähig, mich auch Licot gegenüber zu behaupten. Auch er hatte in den für ihn schmerzlichen Jahren der Trennung manches von seinem Autokratentum abgestreift. Er ließ mich als kleine Persönlichkeit neben sich gelten. Und weit mehr als in meiner egoistischen Kindheit rührte mich jetzt Dedsies zärtliche Fürsorge. Ich wirbelte die Atmosphäre des stillen, misanthropischen Hauses auf und zog Licot und Dedsie in einen Strudel heiterer Geselligkeit hinein.

Ich war kein hässliches Entlein mehr, und die Schüchternheit und Tapsigkeit der früheren Jahre hatte ich abgelegt. Ein gesteigertes Lebensgefühl erfüllte mich. Mit wachen Sinnen, aufgeschlossen allem Schönen, mit unbändigem Verlangen nach Glück, schritt ich meinem Schicksal entgegen.

Abb. 24 Dodi als junges Mädchen (ca. 1893)

II. Sternstunden des Seins

Schneegestöber! Herrlich anzusehen, wenn man aus dem molligen Zimmer hinausschaut! In meiner Jugend war es mein Schönstes, mich in solchem Schneetreiben zu tummeln. Ideenassoziation setzt bei mir ein ... ich habe damals ein Erlebnis gehabt. Du hast oft gewünscht, ich möchte diese Erlebnisse niederschreiben. Den Titel hast Du mir angegeben: „Sternstunden des Seins". Und von so einer Sternstunde will ich Dir jetzt erzählen.

Weißt Du noch? Vor ein paar Jahren erhielt ich einen Brief von Paul Nettl, Professor der Musikgeschichte, der sich mit einer Biographie von Gustav Mahler befasste und mich um eine Auskunft aus den Jahren 1894-1895 bat und zugleich auch von meinen Erinnerungen aus der Hamburger Mahler-Zeit etwas wissen wollte. Für die erbetene Auskunft war ich leider nicht zuständig, und von meinen Erinnerungen schrieb ich ihm, sie seien zu persönlich und für die Musikgeschichte hätten sie keinen Wert. Ich gab ihm aber zum Besten eine kurze, lustige Episode, die ihn anscheinend amüsierte, denn daraufhin verlangte er mehr von mir zu erfahren. Ich blieb standhaft in der Ablehnung, und so endete unsere Korrespondenz. Das, was ich Prof. Nettl nicht mitteilte, will ich jetzt preisgeben, da Du mit Deinen 21 Jahren wohl fähig sein wirst, diese der Biographie vorenthaltene Begebenheit ebenso diskret zu behandeln, wie ich es getan habe.

Es war im Februar 1895, ich war 21 Jahre alt und kam zum ersten Mal auf längere Zeit nach Hamburg, um meine dortige Familie kennenzulernen und, was ebenso wichtig war, um eine ... Ballsaison mitzumachen. Diese Deutschlandreise hatte in Berlin bei Tante Tilly angefangen, wo ich entzückende Wochen erlebt hatte. Onkel Adolf [s. Abb. 8], der gerade in Berlin weilte, begleitete mich nach Hamburg zu den Großeltern, bei denen ich wohnen sollte.

Abb. 25 Großvater Daniel Hertz
(ca. 1890)

Abb. 26 Großmutter Helene Hertz
(ca. 1890)

Die Großeltern hatten damals im Victoria Hotel am Jungfernstieg ein ganzes Appartement. Großmama, die schon immer schwerfällig war, fühlte sich im Alter einem Hausstand nicht mehr gewachsen, in dem Großpapa, der geselligste Mensch der Welt, stets Gäste um sich haben wollte und wo sie selbst, bei den plötzlichen Einladungsanfällen ihres Mannes zu blitzschnellen Bewirtungsimprovisationen gezwungen wurde. Bei dem Hotelleben war nun alles vereinfacht. Man klingelte dem Kellner, bestellte ein paar Gedecke mehr und hatte keine Mühe davon. Es war ein idealer Zustand, auch für die anderen Mitglieder der Familie, die ihre eigenen Freunde zu jeder Zeit mitbringen konnten.

Abb. 27 Adele Marcus, geb. Hertz (ca. 1920)   Abb. 28 Hermann Hertz (ca. 1925)

Es waren an diesem Sonntag Abend meiner Ankunft nicht nur die engere Familie, mit Onkel Hermann, Tante Adele und Toni und dem ihnen befreundeten Onkel Adolf, sie erwarteten auch ihre Stammgäste, den damaligen Kapellmeister Gustav Mahler und seine beiden Schwestern. Schon in Berlin hatte ich von dieser intimen Freundschaft gehört, wusste von der Verehrung, ja Anbetung, die sowohl Großmama, als mütterliche Freundin, für Mahler empfand, wie auch Tante Adele, als geistige Freundin. Beide Schwestern, Justi und Emma, waren in diese Freundschaft eingeschlossen. Man war unzertrennlich.

Vor der Ankunft der Geschwister Mahler, als Tante Adele die Tischordnung überlegte, sagte sie mir: „Du wirst jetzt unseren bedeutenden Freund kennenlernen, er wird Großmama zu Tisch führen und rechts von dir sitzen, wundere dich aber nicht, wenn er keine Notiz von dir nimmt, er interessiert sich nicht für junge Mädchen".

Ich hatte keine Zeit, diese merkwürdige Einstellung weiter zu erörtern, denn die Geschwister Mahler traten in Erscheinung und ich wurde ihnen vorgestellt. Justi, die Ältere, sehr hübsch, anmutig und gewandt, kam mir mit großer Liebenswürdigkeit entgegen. Emma war zurückhaltender und etwas scheu, der Mädchenfeind, ein interessanter Künstlerkopf, aber gar nicht mein Typ, begrüßte vor allem Großmama mit rührender Herzlichkeit. Und nun saßen wir da, mein Tischherr war Onkel Hermann, der Junggesellen-Onkel, den ich kaum kannte, den ich mir aber schon in den Stunden vorher erobert hatte. Ich war damals ein sehr vitales Mädchen, heiter, übermütig, beseelt von dem Wunsch, Herzen zu gewinnen, einerlei ob Männlein oder Weiblein, ob jung oder alt.

Und war in Luxemburg mit Huldigungen aller Art verwöhnt worden. Jetzt zeigte es sich, dass der berühmte Mann, der neben mir saß, mir quasi den Rücken zu kehrte und keinen Versuch machte, auch nur in den oberflächlichsten Kontakt zu mir zu kommen, wie es doch die einfachste Höflichkeit erfordert hätte.

Da platzte es aus mir heraus, ich redete ihn an: „Herr Kapellmeister, man behauptet, dass Sie sich gar nicht für junge Mädchen interessieren, nun beweisen Sie einmal das Gegenteil und machen Sie mir ordentlich den Hof!" Ich hatte laut gesprochen und im neckenden Ton, und die Familie rechts und links gegenüber lachte dazu. Mahler aber stutzte, sah mich erstaunt und prüfend an und, ohne auf meinen leichten Ton einzugehen, wie wenn er sich plötzlich meiner Existenz bewusst geworden wäre, widmete er sich mir, nur mir allein, während des ganzen Abends, zum Gaudium der Familie. Ich erinnere nichts von diesem ersten Gespräch, weiß nur, dass es intensiver, ernster war, so wie ich es mir immer gewünscht hatte.

An dem Abend war Onkel Hermann in besonders guter Laune, was man mir zuschrieb, und als von einer Operette, „Giroflé – Girofla" [von Charles Lecoq, 1874], die Rede war, die glänzend gegeben wurde, erbot er sich, für den nächsten Abend Plätze zu besorgen für alle Anwesenden, und natürlich als seine Gäste, was mit Freude angenommen wurde. Wir gingen nun vergnügt auseinander und sollten uns also am Dienstag wieder bei den Großeltern treffen.

Am Tage darauf, am Montag bekam Großmama unheilvollen Besuch. Unheilvoll, weil die Rede auf unsere Absicht kam, uns „Giroflé – Girofla" anzusehen, und entrüstete Damen sich in Ausdrücken wie „indezent, schlüpfrig" ergaben und vor allem ihr Urteil verkündeten: „Unmöglich für junge Mädchen!" Man muss sich die damaligen Anschauungen vorstellen, das prüde victorianische Zeitalter! Jetzt waren Großmama und Tante Adele alarmiert, sie erkundigten sich noch bei anderen Sittenrichterinnen, die ablehnende Kritik blieb dieselbe! Onkel Hermann wurde zu Rate gezogen, er erklärte, sofort die Plätze zurückgeben zu wollen, was bei dem Andrang ein leichtes war, und schlug vor, stattdessen uns alle zu Hornhardt nach St. Pauli, ein berühmtes Varieté, mitzunehmen.

Es war zu spät, Mahlers zu verständigen, sie waren nicht zu erreichen, und so erfuhren sie erst die enttäuschende Programmänderung, als sie uns abends im Hotel trafen. Mahler nahm es natürlich leicht, aber die Schwestern, vor allem Justi regte sich furchtbar auf, weil sie in Theatertoilette war, ohne Hut, der für ein Varieté aber unbedingt erforderlich war. Unterwegs erklärte sie mir, es verstöße gegen die strengen Hamburger Begriffe, sich in solchem Lokal nicht nach der Konvention anzuziehen, und sie sei, als Schwester von Mahler, zu bekannt, um irgendwo unbemerkt auftreten zu können. Es sei eben stillos, und sie mache nicht nur sich, auch den Bruder lächerlich. Emma dagegen sei in der Öffentlichkeit unbekannt, bei ihr käme es nicht darauf an. Mir tat Justi in ihrer sich immer steigernder Erregung furchtbar leid, so dass ich, als wir angelangt waren, auf einen Gedanken kam und ganz spontan sagte: „Bitte nehmen Sie meinen Hut, ich finde schon etwas", nahm meinen Hut ab, setzte ihn Justi auf, und nachdem ich das Opernglas aus meinem Opernbeutel herausgenommen hatte, pflanzte ich diesen Beutel aus rotem Plüsch mit goldenen Trotteln auf meinen Wuschelkopf. Der Effekt war großartig, ein Spiegel am Eingang bestätigte es mir: Ich sah auffallend interessant, exzentrisch aus – aber keineswegs nach Onkel Hermanns Geschmack, der in seiner Art, durch die Börse, eine ebenso bekannte Persönlichkeit wie Justi war. Die Plätze, die er genommen hatte, waren in einer ziemlich sichtbaren Loge. Ohne sich einen Moment zu besinnen, stürzte er zur Kasse, nahm zwei Parkettplätze weit ab von der Loge, dirigierte Toni und mich dorthin und wollte an diesem Abend von der verrückten Nichte nichts mehr wissen.

Mahler aber amüsierte sich köstlich über meinen Einfall, kam aus dem Lachen nicht mehr heraus. Später sagte mir Justi, so habe sie ihren Bruder noch nie lachen gesehen. Übrigens hätte ich auch Onkel Hermann in seiner Loge mit meiner Kopfbedeckung nicht blamiert. Um an unsere Plätze zu gelangen, hatten Toni und ich einen weiten Weg durch das Parkettpublikum zurückzulegen. Kein Mensch schien an meiner Aufmachung Anstoß zu nehmen, so gewohnt war man in St. Pauli an exotische Erscheinungen. Ich haschte ordentlich nach erstaunten oder empörten Blicken, zu meinem Leidwesen blieb ich unbemerkt.

Am Mittwoch wurde ich etwas abgelenkt von Familie Mahler, weil Großmama mich zu Besuchen bei Freunden und Verwandten mitnahm. Ich war ganz verwirrt durch all diese neuen Bekanntschaften, diese neuen Eindrücke.

Für den folgenden Tag, den Donnerstag, war ein vielfältiges Zusammensein mit Mahlers geplant. Vormittags sollten wir der Probe einer seiner im Entstehen begriffenen Symphonien [die Dritte] beiwohnen, die im damaligen Konzerthaus „Conventgarten" stattfand, und nach der Probe waren wir alle zum Mittagessen bei Mahlers geladen. Die Probe fand in einem kleinen Saal des Konzerthauses statt, wir Zuschauer, darunter auch andere Freunde, saßen oben auf der Galerie. Während die Instrumente gestimmt wurden begrüßte er uns von unten herauf, wobei es mich freute, dass sein Gruß etwas länger bei mir verweilte. Ich war ja auch der neueste Zuhörer. Auch beim Dirigieren sah er ein paar Mal zu mir herauf. Ich kann nicht sagen, dass ich dieser Musik viel Verständnis entgegenbrachte. Für mein ungeübtes Ohr war alles atonal, chaotisch. Symphonien waren mir überhaupt ein ganz fremdes Gebiet, wenn ich auch bei Opern und Liederabenden einen musikalischen Genuss empfand. Aber jetzt dieses Getöse einer damals benannten „Zukunftsmusik"! Ich konnte Großpapa verstehen, der zu Hause geblieben war, dem Vergangenheitsmusik, wie „Der Postillion von Longjumeau", den er auf dem Klavier klimperte, mehr bedeutete als diese Zukunftsmusik. Ich fühlte mich so hoffnungslos unmusikalisch, als ich die Begeisterung aller anderen Anwesenden vernahm, und das war auch das Erste, was ich Mahler mitteilte, als er auf dem Rückweg an meiner Seite blieb. Ich sagte ihm ganz offen, wie ungebildet ich sei, ich könne sogar die Instrumente nicht voneinander unterscheiden. „Das werde ich Ihnen mit Leichtigkeit beibringen", erklärte er mit einem Eifer, wie wenn mein Wissen darum ihm wichtig sei.

Während wir vom Conventgarten bis zum Stephansplatz gingen, Haltestelle der Bahn, die uns nach Mahlers Wohnung in der Bismarckstraße bringen sollte, fing es gerade an zu schneien, als unsere Bahn, schon ziemlich überfüllt ankam. Großmama, Tante Adele, Toni, Justi und Emma pressten sich noch hinein, da rief der Schaffner: „Besetzt!" Mahler und ich blieben zurück. Das Warten auf die nächste Bahn, die vielleicht bei dem wachsenden Schneefall auch besetzt sein würde, war nun gar nicht Mahlers Sache. „Lassen Sie uns zu Fuß gehen, es ist kaum eine halbe Stunde, oder schreckt Sie der Schnee?", fragte er. Ich willigte sofort ein, mich schreckte kein Schnee. Damals trug man noch hohe Stiefel, mein Kostüm war wetterfest, und ich fand ein Schneetreiben nur lustig. Und so machten wir uns auf den Weg in lebhafter Unterhaltung, unbekümmert um den wirbelnden Schneesturm, der unsere Schritte beflügelte und uns wie Sekt berauschte.

Ich weiß heute noch nicht, wie es möglich war, unter diesen Umständen eine Unterhaltung zustande zu bringen, wie wir sie führten. Nicht nur, dass Mahler sich selbst hergab mit dem ganzen Zauber seiner verfeinerten Geistigkeit, er wollte auch so viel von mir wissen. Was ich fühlte, was ich dachte, schien ihm wichtig; er verstand es wie nie ein Mensch zuvor, das Tiefste, das Verborgenste aus mir herauszuholen. Alles streiften wir, was uns begeisterte und was uns schmerzte, unsere Kindheit und die Lebensanschauung unserer Reife. Und manchmal war da, überraschend und beinahe unheimlich, ein Gleichklang. Es kam vor, dass der Schnee uns derartig ins Gesicht peitschte, dass wir uns umdrehen mussten und stehen blieben. Wir blickten uns dann an und lachten, weil wir aussahen wie zwei Schneemänner. Diese eingestreuten Zwangspausen in unserem Marsch waren sicher sehr ausgedehnt, den Zeitbegriff hatte ich verloren. Mir kam es so unwirklich vor in dieser Märchenlandschaft, in der Frau Holles Federn zwei Menschen entgegengesetzter Welten zusammentrieb. Ich fühlte mich so jung, so frei, so unbeschwert, so emporgehoben aus der Alltäglichkeit; in mir war ein Stolz darüber, dass dieser bedeutende Mann, dieser große Künstler, den so viele anhimmelten, die Wärme seiner Sympathie auf mich ausströmte. Ich hatte keine Nebengedanken, und diese Seligkeit des gesteigerten Lebensgefühls machte mir den Augenblick zu dem, was Du eine „Sternstunde des Seins" nennst.

Es sind jetzt 65 Jahre seit dieser Begebenheit, und ich bin heutzutage nicht mehr fähig, mich im Schneesturm zu tummeln. Aber so lange ich jung war, blieb ich schneesüchtig, und wenn die weißen Flocken mich umtanzten, wurde immer die Erinnerung an den einstigen Spaziergang wach.

Es hatte aufgehört zu schneien, und wir näherten uns unserem Ziel. Mit dem Ende des Schneegestöbers glitten unsere ätherischen Gespräche von ihrer Höhe zu den Niederungen der Gastronomie, denn Mahler freute sich wie ein Kind, mir seine Häuslichkeit zu zeigen und mir seine echt österreichische Küche vorzuführen; Suppenfleisch, wie keine deutsche Köchin es zuzubereiten versteht, und Wiener Mehlspeise!

Nun waren wir in der Bismarckstraße angelangt. Mit großem Hallo wurden wir empfangen. Justi hatte Tante Adele über unsere Verspätung beruhigt, sie hatte die Wanderung geahnt. Bald stand die dampfende Suppe auf dem Tisch. Mahler teilte aus, auch das Fleisch tranchierte er selbst, betonte dabei, als lieber, fremder Gast müsse ich das beste Stück haben. Er hatte nur Augen für mich, wandte sich in der Unterhaltung nur an mich, es war, als existiere die Umwelt nicht mehr für ihn. Großmama, Tante Adele, die sonst so Verehrten, Bevorzugten, sahen mit Wohlwollen, ja ermutigend, diesem sonderbaren Benehmen zu. Sie schienen sich nichts dabei zu denken, war ich doch das angereiste kleine Mädchen, das geehrt werden sollte! Ich aber wurde plötzlich von einem bangen Gefühl befallen, es war mir, als käme etwas Drohendes auf mich zu. Die Gedanken jagten sich … Ging nicht schon beim Spaziergang ein paarmal wie ein Wetterleuchten durch mein Bewusstsein etwas, was ich weit weg von mir schob, weil ich mir meine Hochstimmung nicht stören lassen wollte? Als von meinem französischen Werdegang die Rede war, von meiner Vorliebe für französische Literatur, hatte er da nicht gesagt: „Dann werde ich Französisch lernen müssen, denn es soll doch nichts fremdes zwischen uns sein." Und noch Ähnliches hatte ich nicht vernehmen wollen. Jetzt drängte es sich in meinen Sinnen auf, in hellsichtiger Ernüchterung und Bangigkeit. Nach Tisch bestand Mahler darauf, dass ich mich in seinen Schaukelstuhl legte, sonst sein Alleinbesitz, wie Justi lachend bemerkte. Er unterhielt sich weiter mit mir, während er mich schaukelte. Er legte Zärtlichkeit in sein Schaukeln, aber wir redeten über belanglose Dinge, und an dieser Unterhaltung nahmen auch die Anderen teil. Zwischen diesen belanglosen Dingen war auch die Rede von meinem gänzlichen Mangel an Orientierungssinn, so dass ich keinen Schritt in den mir noch fremden Hamburg allein wagte. Mahler griff schnell ein: „Ich werde Ihnen einen Plan von der Stadt besorgen und Ihnen zeigen, wie einfach es dann ist", sagte er.

Wir blieben nicht mehr lange, Mahler sollte sich ausruhen, denn er hatte an diesem Abend in Altona zu dirigieren. Als wir dann aufbrachen, riss er plötzlich ein Bild von der Wand, es war eine sehr schöne Reproduktion von Giordanos „Konzert", und gab es mir mit den Worten: „Das sollen Sie mitnehmen!"

Justi schrie auf: „Aber Gustav, das kannst Du doch nicht weggeben, es ist ja dein Lieblingsbild!" Er lachte nur und drängte es mir auf. Aber ich konnte mich schnell fassen, gab es ihm so freundlich wie möglich zurück und sagte: „Heute nehme ich es nicht mit, bei dem vielleicht wieder eintretenden Unwetter könnte es beschädigt werden, aber ich hole es mir später einmal ab." Er hatte dann ein Einsehen.

Wir fuhren ins Hotel zurück. Großmama legte sich hin, Toni hatte eine Verabredung. Ich war allein mit Tante Adele, sollte ich mich ihr anvertrauen? In mir tobte ein Aufruhr, ich konnte nicht allein damit fertig werden. Es war für mich kein Zweifel mehr, bald vielleicht würde ich vor eine Entscheidung gestellt werden und sah doch nicht klar in mir selbst. Wie konnte ich auch? Vier Tage war ich in Hamburg in der mir noch fremden eigenen Familie, verwirrt, erdrückt von all den neuen Eindrücken, war mir noch nicht einen Augenblick zur Besinnung gekommen, und nun trat ein Mann in mein Leben, der mit seiner Werbung mit Siebenmeilenstiefeln auf sein Ziel losging. Es war nicht einmal eine Werbung, es war ein Besitzergreifen, gegen das sich etwas in mir aufbäumte. Und wir waren täglich zusammen, man stieß uns quasi aufeinander, Großmama und Tante Adele schienen das, was sich entwickelte, zu sanktionieren ... Dies alles wollte ich Tante Adele sagen. Gleich zu Anfang bat ich sie, was ich ihr anvertraut, für sich zu behalten. Das, was ich wollte, war nur das Bremsen eines Tempos, das mich nicht zu mir selbst hatte kommen lassen. Denn am folgenden Tag sollten wir hier wieder zusammentreffen bei einem Kammermusikabend, den Mahler für die Großeltern inszeniert hatte. Sie sollte mir helfen! Bei den ersten Worten schon lachte sie mich aus, das könnte kein Ernst bei ihm sein, ich müsste alles missdeutet haben, er dächte nicht daran, mich an sich binden zu wollen, das sei reine Einbildung von mir, eine lächerliche Annahme meinerseits, dass die liebenswürdige Gastlichkeit und das menschliche Interesse für Großmamas Enkelin mit Heiratsgedanken verbunden sein sollten! Ich schwieg, ich wusste, dass ich mir nie solche Dinge einbildete, und doch befielen mich leise Zweifel. So verging der Spätvormittag.

Kurz vor dem Abendessen erschien der Piccolo vom Hotel mit einem großen Couvert, es sei eben durch Boten aus Altona für Frl. Bonne abgegeben. Ich brach es auf, es war von Mahler, ein Plan von Hamburg. Dazu ein Zettel mit folgenden Worten:

„Liebes Frl. Bonne,
einliegend der Plan von Hamburg,
den Weg vom Victoria Hotel zur Bismarckstraße habe ich rot angestrichen,
einen anderen brauchen Sie nicht zu gehen."

Triumphierend reichte ich das Blatt Tante Adele, nun musste sie zugeben, dass meine Befürchtungen berechtigt waren, aber auf diese Wirkung war ich nicht gefasst.

Sie war ganz außer sich. Wie von einer Tarantel gestochen sprang sie auf, ihr Gesicht war ganz rot angelaufen, nun hatte sie begriffen! Ehe ich mich versah, hatte sie Plan und Zettel an sich gerissen, raste damit in Großpapas Zimmer und erzählte ihm alles, was sie mir erst nicht hatte glauben wollen, was ich sie so gebeten hatte, für sich zu behalten! Großpapa war wütend, tobte gegen mich, die Mahler provoziert haben musste, tobte gegen Mahler, der mich überrumpelte, ohne vorher die Familie zu fragen, tobte gegen Tante Adele, die das hätte verhindern müssen. „Dem muss ein Ende gemacht werden", sagte er, er fühle eine Verantwortung meinem Onkel Goldmann gegenüber, der nie einer Verlobung mit einem Künstler seine Einwilligung geben würde. Und als erstes würde der Kammermusikabend, der am folgenden Tag stattfinden sollte, abgesagt. Ich, die vorher der Familie vorwarf, uns aufeinander zu hetzen, war jetzt in die Selbstverteidigung gedrängt, aber Großpapa war ernstlich böse und hörte auf nichts. Abendessen, Großmama und der bedienende Kellner machten einen Strich unter diese unangenehme Debatte.

Tante Adele konnte ihre Aufregung kaum beherrschen, nach Tisch nahm sie mich inquisitorisch beiseite und fragte: „Liebst du ihn?" Ich wiederholte, was sie vorher nicht hatte hören wollen, meine Unsicherheit, die Unklarheit in meinen Gefühlen … „Dann liebst du ihn nicht", war ihre Schlussfolgerung. Und dann fuhr sie nach Hause. Ich plapperte noch ein wenig mit der ahnungslosen, lieben Großmama und ging früh zur Ruhe.

Und nun geschah das, was ich durch meine Warnung an Tante Adele hatte verhindern wollen!

Nach der plötzlichen grundlosen Absage des Quartetts stürzte Mahler, der Unheil witterte, zu Tante Adele, um Aufklärung über dieses Verhalten zu fordern. Es ergab sich ein Zwiegespräch, das Tante Adele mir folgendermaßen wiedergab:

Mahler: Was steckt hinter dieser unverständlichen, schroffen Absage!
Tante Adele: Mein Vater ist sehr erbost. Sie haben sich meiner Nichte in einer Weise genähert …
Mahler, unterbrechend: Aber Ihre Nichte hat mich doch am ersten Abend dazu aufgefordert!
Tante Adele: Nie würde ihr Onkel in eine Heirat mit einem Künstler einwilligen …
Mahler, sehr aufgebracht: Ich bin doch kein Schauspieler, der mit Schminke auf die Bühne tritt! Wenn das Mädchen mich liebt, dann kenne ich keine Hindernisse!
Tante Adele: Aber meine Nichte liebt sie ja nicht, das hat sie mir gesagt.

Da fiel Mahler aus allen Wolken, er brauchte Zeit um sich zu fassen, um umzudenken, und wiederholte nur immer wieder: „Dann ist ihre Nichte ja das koketteste Mädchen, das mir je vorgekommen ist."

Ob Tante Adele mich in Schutz nahm, ob sie meine Unsicherheit schilderte, meine Angst vor dem zu schnellen Tempo, meine intensive Bitte, mich zur Besinnung kommen zu lassen, das weiß ich nicht. Ich weiß nur, dass Mahler mit großer Bitterkeit gegen mich von ihr schied, Tante Adele aber noch anflehte, seinen Schwestern, vor allem Justi, nichts von dem ganzen Vorfall zu erzählen. Das versprach sie, hielt auch scheinbar diesmal ihr Versprechen, denn Justi blieb ganz unbefangen mir gegenüber. Und ich selbst? Wie reagierte ich denn auf die Verkennung meines Wesens? Das Natürliche wäre gewesen, eine Aussprache mit Mahler zu erzwingen, um mich zu rechtfertigen, aber das wäre das Geständnis eines Gefühls, dessen ich ganz unsicher war. Ich zergrübelte mich … Warum war ich unschlüssig, allen Bedenken zugänglich, warum so verzagt? Warum fühlte ich mich unfähig zum Kampf gegen meine Familie? War das Liebe? Liebe war anders! Ich wusste, was es heißt, zum bedingungslosen Wagnis einer Ehe bereit zu sein. Damals, zwei Jahren zuvor, war es ein Mann meiner Erziehung, meiner Sprache, meiner Interessen, meiner Kreise gewesen, die Hemmungen hatten nicht bei mir gelegen. Hier hingegen drängte sich immer mehr die Gegensätzlichkeit auf, Mahlers musikalische Besessenheit und meine Unmusikalität. Mahlers Gefährtin zu sein, hieß aufgehen in seinen Berufsinteressen, wie Justi es jetzt tat. Sein Leben war Musik, alles andere bei ihm waren nur Schnörkel einer momentanen Laune. Ein Glück war darauf nicht aufzubauen, wenn auch die beiderseitige Zuneigung echt war. Wie gern hätte ich ihn als Freund behalten, aber auch der Weg zu einer Freundschaft war jetzt verbaut.

Wie ging es jetzt weiter? In sehr geschickter Weise wurde jedes Zusammensein zwischen uns vermieden. Der Quartettabend wurde nachgeholt, ich an dem Abend mit Toni ins Theater befördert. Toni hatte mich inzwischen bei all ihren Bekannten eingeführt, die Einladungen zu den sogenannten „diners dansants", damals die große Mode, und zu Bällen häuften sich. Da war es sicher, dass ich den tanzunlustigen Mahler nicht treffen würde. Es wurde zu der oberflächlichsten Zeit meines Lebens. Denn ich genoss diesen Taumel und den Erfolg, den die Hamburger damals immer einer Fremden zukommen ließen. Ich genoss auch bewusst meine Freiheit von jeder Bindung. Ich bereute nichts. Immer mehr wurde mir klar, dass ich für Mahler die untauglichste Frau geworden wäre. Nur ab und zu schlich sich etwas wie Gewissensbisse in meine Unbekümmertheit herein. Nach Tante Adeles Aussage hatte er meine scherzhafte, keck-übermütige Bemerkung am Abend unserer ersten Bekanntschaft als Aufforderung aufgefasst, das war von ihm gewiss naiv und lebensfremd, dennoch wurde ich das Gefühl, an ihm unschuldig schuldig geworden zu sein, nicht ganz los. Wenn auch für mich Mahler unsichtbar blieb, wohl auch grollend, so hörte ich doch dauernd von ihm durch seine Schwestern, die mich beide in ihr Herz geschlossen hatten. Es wurde zu einer Freundschaft, die Zeit und Trennung überdauerte und auch später auf die Kinder überging.

Mit Mahler gab es noch einmal ein kurzes, unerwartetes Wiedersehen. Großmama war erkrankt, ein paar Tage waren wir in Sorge. Ich war früh aufgestanden, halb angezogen, in meinem rosigen Flauschmorgenrock lief ich über den Vorplatz, um nach ihr zu sehen. Zu meiner Freude fand ich sie in einer sehr guten Verfassung, es war überstanden! Als ich aus dem Zimmer kam, prallte ich mit Mahler zusammen, er hatte von der Erkrankung gehört, und es ließ ihm keine Ruhe. Ich war froh, ihn beruhigen zu können. Es war auch keine Verlegenheit zwischen uns, die gemeinsame Besorgnis um Großmama hatte die Verstimmung gebannt. In einem freudigen Händedruck lag keine Bitterkeit mehr.

Abb. 29 Gustav Mahler (ca. 1895)

Mein Hamburger Aufenthalt ging zu Ende. Am Tag vor meiner Abreise hatten die Großeltern mir erlaubt, all meine neugewonnenen Freunde und Freundinnen einzuladen. Mahler gehörte natürlich dazu. Es sollte ein „diner dansant" im großen Saal des Hotels werden, meine Abschiedsvorstellung. Wie am Tag meiner Ankunft war Tante Adele wieder mit der Tischordnung beschäftigt. Ein einziger Fremder war dabei, den aber Tante Adele gut kannte, er war Neffe ihrer besten Freundin. Als 17-jähriger Student hatte er sie in liebenswürdigster Weise in den Berliner Bildergalerien herumgeführt. Jetzt war er 23 Jahre alt und schon Doktor und Rechtsanwalt. „Ich gebe dir den zu Tisch", sagte sie, „du wirst sehen, der ist so interessant." Ich war neugierig. Er sah lächerlich jung aus und sehr germanisch.

Die Unterhaltung bei Tisch ging stockend vor sich, ich gab mir die größte Mühe, sie zu animieren, die Reaktion auf meine welsche Sprudelhaftigkeit blieb aus. Dann verlor ich die Geduld, und wie damals bei Mahler platzte es aus mir heraus: „Es heißt, Sie seien so interessant, ich finde Sie furchtbar langweilig!" Wenn ich einen Effekt von dieser dreisten Provokation erwartet hatte, so wurde ich sehr enttäuscht, denn nun zog er sich vollständig in sich zurück, und bis Ende der Mahlzeit unterhielt sich jeder von uns beiden nach der anderen Seite. Ich weiß sogar nicht mehr, ob er mich pflichtgemäß zu einem Schweigetanz aufgefordert hat. Dieser junge Mann, über den ich im lustigen Kreis meiner befreundeten Tänzer gar nicht weiter nachdachte, hieß Dr. Max Mumssen.

Abb. 30 Max und Angèle Mumssen (ca.1898)

Ich hatte am Tag vorher beim Packen, wobei sie mir half, Mahlers Schwester Emma, die noch sehr jung war und gesellschaftlich noch nicht ausgestattet, aus meiner eigenen sehr vollständigen Garderobe als Andenken ein Kleid geschenkt, in dem sie allerliebst aussah. Der Abend näherte sich seinem Ende zu. Es waren nur noch wenige Gäste da. Der Klavierspieler war schon seiner letzten Bahn nachgejagt. Mahler spielte noch zum Tanz für die Übriggebliebenen, das tat er gern, lieber als selbst tanzen. Ich hatte mir vorgenommen, nicht ohne Abschied zu nehmen abzureisen. In der Pause näherte ich mich ihm. Es geschah ganz natürlich. Ich war endlich nur noch Großmamas Enkelin für ihn. Er sagte dann noch: „Sie haben Emma eine große Freude gemacht, Sie schmücken alles, woran sie Hand anlegen."

Und dann fiel der Vorhang über diesen ersten Hamburger Winter. Und über ein Episödchen, das begann als Sternstunde des Seins und doch in ein Nichts verflatterte.

Nachwort

Anfang des nächsten Winters schrieb mir meine Cousine Toni: „Du kannst ohne Gefahr nach Hamburg zurückkommen. In Mahlers Schaukelstuhl liegt jetzt die Diva unseres Stadttheaters, Clara von Mildenburg, und er ist ganz in ihrem Bann, und er schaukelt sie, wie er dich geschaukelt hat."

So fuhr ich erleichtert zur neuen Ballsaison nach Hamburg. Als ich Justi wiedersah, merkte ich, dass sie jetzt das Vorgefallene wusste. Sie hat es mir nicht übelgenommen, blieb nur ihr Leben lang betrübt, dass ich nicht ihre Schwägerin geworden war.

Ich sah Mahler von Zeit zu Zeit im Familienkreis, nie mehr allein. Ich wurde sogar als Anhängsel der Familie Hertz zu musikalischen Veranstaltungen bei mir fremden Kunstmäzenen mit eingeladen. Mir gegenüber war er freundlich, unpersönlich, sah abwesend über mich hinweg, mit dem inneren Blick ausgerichtet auf die Frau, die ihn ganz ausfüllte. Mir war es lieb so. Es machte mich so unbefangen, dass ich mir sein Bild verschaffte und ihn um ein Autogramm bat [s. Abb. 29]. Er gab es mir bereitwillig, wie er es jeder Bekannten gegeben hätte. Für ihn war ich nicht einmal mehr Großmamas Enkelin, nur noch Tonis Kusine! Und doch hatte ich einmal ein viel persönlicheres Autogramm in Händen gehabt und einen von ihm gezeichneten roten Strich auf einem Stadtplan. Wo war der geblieben? An jenem verhängnisvollen Tag verschwanden diese Dokumente in den abgründigen Tiefen von Großpapas Schreibtisch und kamen nie wieder zum Vorschein.

Als ich zwei Jahre später wieder einmal nach Hamburg kam, waren Mahlers nicht da. Sie waren nach Wien gezogen, wo er zum allmächtigen Direktor der Staatsoper geworden war. Die große Flamme für Anna v. Mildenburg, die ihm nach Wien gefolgt war, war erloschen. Das schrieb mir Justi, mit der ich in Korrespondenz geblieben war.

Als ich mich 1898 zur Überraschung aller mit Dr. Max Mumssen verlobte (diese Entwicklung gehört nicht hierher!), sandten die Geschwister Mahler mir ein begeistertes Telegramm, denn viel früher als ich hatte die Menschenkennerin Justi erkannt, welche Qualitäten des Geistes und des Gemütes sich hinter der Maske des Schweigens verbargen.

Vier Jahre später heiratete Mahler die bildhübsche, musikalisch hochbegabte, zwanzig Jahre jüngere Alma Schindler. Als Justi mir das mitteilte, schrieb sie: „Ist es nicht merkwürdig, dass Gustav mich dringend gebeten hat, Alma nichts von der Episode mit Dir zu erzählen?" Auch mir erschien das merkwürdig, denn wie sollte dieses unbedeutende kurze Intermezzo in der Braut posthume Eifersucht erwecken? Begriffen habe ich sein ungemütliches Gefühl erst fünfzig Jahre später, als Alma die Geschichte ihrer Ehe mit Mahler veröffentlichte. Die Art seiner Werbung, die keine Werbung war, sondern ein Besitzergreifen, war so furchtbar ähnlich!

Als ich 1904 bei meiner Kusine Elise in Wien zu Besuch war, hörte Mahler durch Justi davon und lud mich sofort zu einer „Jause" (Wiener Kaffeemahlzeit) ein. Ich erwartete damals mein drittes Kind, und auch seine Frau war in demselben Zustand. Es hätte eine Verbindung zwischen uns Frauen sein können, aber wir blieben uns fremd. Er war wieder der liebenswürdige Gastgeber von ehedem. Ich fühlte mich avanciert, von neuem war ich für ihn Großmamas Enkelin!

Vor seinem so früh ausgelöschten Leben sah ich ihn noch zweimal.

Bei einem kurzen Abstecher, den ich ein paar Jahre später nach Wien machte, lud er mich zu einer herrlichen Aufführung von „Figaros Hochzeit" in seine Loge ein, und wiederum nach einigen Jahren erschien er in Hamburg auf der Durchreise. Wir trafen uns bei Tante Adele und plauderten wie alte Freunde.

Ich habe Almas spätere Männer beide kennengelernt. Mit Gropius, der schon von ihr geschieden war, brachte ich einen sehr angeregten Abend zu. Das war bei Emma, die in Weimar lebte, wo sie einen Cellisten, Bruder von Arnold Boué geheiratet hatte und wo sie, auch nach der Scheidung von Alma, mit Gropius in schwägerlicher Freundschaft verblieben war. Und Werfel stellte sie mir vor, als dieser 1932 hier in der Patriotischen Gesellschaft einen Vortrag hielt und ich sie auf unsere früheren Beziehungen hin anredete. Sie war noch immer bildschön und viel liebenswürdiger als in jungen Jahren.

Als Alma 1949 ihre ersten Memoiren herausgab, schrieb ich ihr, und es entstand ein paar Jahre hindurch eine lose Korrespondenz zwischen uns. Einmal schrieb sie mir: Ich habe mit Kokoschka, mit Gropius, mit Werfel gelebt, aber immer bin ich dabei Mahler treu geblieben.

Und so habe auch ich, in meiner Weise, Mahler die Treue gehalten, indem ich die kurze Episode, die bei seiner wachsenden Berühmtheit manche interessiert hätte, in mir verborgen hielt.

Abb. 31 Karte von Alma Mahler Werfel (1951):
Wohnzimmer mit Bild von Gustav Mahler

III. Wie ich Theresienstadt erlebte

Vorwort

Als ich am 30. Juni 1945 aus Theresienstadt zurückkehrte, wurde ich von allen Seiten mit Fragen bestürmt. Ich musste endlos erzählen, wie es gewesen sei. Über alle Entbehrungen, wie ich gehungert und gefroren hatte, brauchte ich nichts zu sagen. Was ich in dieser Beziehung durchgemacht hatte, das sah mir jeder an. Ich war nur noch ein Schatten meiner selbst. Und so kam es unwillkürlich dazu, dass ich allen gespannt Lauschenden mehr davon berichtete, was sich mir als einzigartiges Erlebnis so tief im Gemüt eingeprägt hatte, dass ich – so schwer es auch gewesen war – diese Zeit in meinem Leben nicht missen möchte. Und es lag vielleicht überhaupt auch an meiner Einstellung zu den Dingen, dass ich mehr die Lichtseiten als die Schattenseiten betonte. So stieß ich oftmals auf Kritik bei all jenen, die nur das Erdulden herausgehoben sehen wollten. Man warf mir vor, ich bagatellisiere die Schrecken und durch das Herausschälen der interessanten Erlebnisse vermindere ich die Empörung und das Mitleid, das sich jetzt, nach dem Zusammenbruch des Dritten Reichs, nach der Gefühlspassivität der Terrorjahre in den nicht Betroffenen zu regen anfing. Es gab natürlich auch Zustimmende, und die drängten immer wieder, ich möchte das, was ich so stark und so verschieden von vielen Anderen erlebt hatte, niederschreiben.

Ich konnte mich nicht dazu entschließen, bis mich mein junger Enkel schließlich überredete. So gab ich meinen Erinnerungen die Form eines Berichts an diesen meinen Enkel, eine Form, die ich, je länger ich mich in diese Epoche versenkte, nicht immer beibehalten konnte. Zu oft verlor ich mich in Selbstgesprächen, zu oft folgte ich dem Impuls, mich auch denen mitzuteilen, deren interrogatives Interesse eine Antwort verlangte. Wie immer auch die Form meiner Darstellung sein möge, ich habe mich dabei gewissenhaft auf meine absolute Ehrlichkeit geprüft. Ich habe nichts beschönigt, nichts übertrieben, nichts hinzugedichtet.

Vierzehn Jahre liegen dazwischen, und die chronologische Reihenfolge der Vorgänge ist wahrscheinlich nicht immer eingehalten. Diese oder jene Begebenheit mag an einem verkehrten Platz stehen. Ich hatte damals keine Kalender bei mir und habe auch heute keinen solchen im Kopf. Ich glaube kaum, dass dieser Mangel etwas schmälert an dem Wesentlichen meiner rückblickenden Vision dieser unvergesslichen siebzehn Monate Theresienstadt!

Erster Teil
An meinen Enkel Matthias

Januar 1944. Noch zitterten die Terrornächte des vorigen Sommers in uns nach und unsere Flucht aus dem brennenden Hamburg, wo Euer entzückendes Heim [Heilwigstraße 81] in Flammen aufgegangen war. Unaufhörlich gingen damals die Fliegerangriffe weiter. Unser Haus [Blumenstraße 14, Abb. 36] stand noch, aber Irene und ich waren am Ende unserer Widerstandskraft angelangt. Zwischen den zerstörten Häusern um uns herum waren wir – in der verwaisten Nachbarschaft – noch die Standhaftesten gewesen. Zuflucht hatten wir dann gefunden bei unseren Freunden Wohlwills in Mellingstedt. Eine unvergesslich herzliche Aufnahme, obgleich das Haus schon voller Flüchtlinge war und sowohl Deine Großeltern aus der Geffckenstraße [Abb. 37] als auch Deine Tante Hedi [Vortmann] uns begleiteten. Matratzen, Kissen auf der Erde ...

Man konnte wieder schlafen trotz des fernen Grollens der Bombenabwürfe. Überstandene Gefahr schenkte uns den erquickenden Schlaf. Wir wurden, da wir zu viele waren, auf Nachbarschaft verteilt. Ihr schlieft im Nebenhaus bei Freunden unserer Freunde. Die Überlegung drängte sich auf: Wohin nun weiter? An ein längeres Bleiben in den überfüllten Häusern war nicht zu denken. In jenen Tagen fuhren dauernd LKWs vorbei, sammelten Flüchtlinge auf und nahmen sie mit zu unbekannten Zielen. So entstand auch bei Deinen Eltern der Entschluss zu dieser Fahrt ins Blaue. Im Hintergrund keimte eine leise Hoffnung: Baden-Baden! Eure Tante Gertrud [Katz] mit dem liebevollen, großen Herzen würde Euch sicher aufnehmen. Aber wie kam man dorthin?

Das Schreckensbild von zertrümmerten Bahnhöfen, entgleisten Zügen stand einem vor Augen. Aber es musste gewagt werden, es gab keinen Ausweg. Und so fuhrt Ihr weg, Deine Eltern, Deine zwei Tanten, Hedi und Irene, und Ihr beide, noch so klein. Du vierjährig und Irenchen kaum sicher auf ihren eineinhalbjährigen Füßen! Rucksäcke als einzige Ausrüstung. Opa, Oma Vortmann und ich blieben zurück. Tage voll aufregendster Ungewissheit folgten, die Post funktionierte nicht, wir wussten nicht: Hattet Ihr Euer Ziel erreicht? Konntet Ihr bei Tante Gertrud [Katz] bleiben? Dein Vater und Hedi mussten ja zurück, auf sie wartete der Beruf. Nach fünf Tagen erschien plötzlich der Papa. Alles war gut gegangen, der Anschluss an Baden-Baden relativ schnell, die verlangsamte – oft unterbrochene – Fahrt verlief ohne wesentliche Hindernisse. Und wie rührend warmherzig war der Empfang! Schon die Begrüßung: „Ich habe Euch doch erwartet!" Mit welcher Selbstverständlichkeit nahm die Tante Gertrud alle Ungemütlichkeit auf sich, räumte Euch das Parterre ein und zog nach der oberen Etage, heraus aus all ihren lieben Gewohnheiten, um es Euch behaglich und bequem zu machen.

Aus dieser unlimitierten Gastfreundschaft sollten zwei Jahre werden – zwei volle Jahre, bis Krieg und Naziherrschaft zu Ende gingen. Hamburg war ein Trümmerhaufen, die bombenwerfende Feindeswut wandte sich anderen Städten zu, Irene reiste nach vier Wochen von dort nach Hamburg zurück, es musste doch für Euren Paps gesorgt werden. Auch Deine Großeltern Vortmann, die Wohlwills ja fremd waren, wollten die Gastfreundschaft nicht länger in Anspruch nehmen.

Ich blieb allein bei meinen Freunden zurück, für mich eine unbeschreiblich schöne Zeit des sympatischsten Zusammenlebens in der gehobenen künstlerischen Atmosphäre dieses Hauses. Im Herbst zog ich dann wieder in die Blumenstraße zu meinen beiden Kindern. Es hatte sich alles aus den chaotischen Zuständen der ersten Zeit etwas eingerenkt. Die lange andauernde Wassernot war zwar behoben, aber das Gas funktionierte noch nicht, und unsere beiden Mieterparteien aus den unteren Etagen kochten abwechselnd auf unserem elektrischen Herd. Wie immer zeitigte Not die gegenseitige Hilfsbereitschaft. Noch grollte Fliegeralarm oft durch unsere Nächte, die wir dann im Luftschutzkeller unseres Hauses verbrachten, aber Gefahr war zur Gewohnheit geworden, Angst zu stumpfer Ergebenheit.

So ging es ins neue Jahr hinein. Ich war eben Rekonvaleszent von einer Grippe, die mich sehr mitgenommen hatte, da erschien gegen Mitte Januar plötzlich aus Baden-Baden Hannelore, Euer Pflichtjahrmädel, die Euch dorthin nachgereist war. Sie sollte gerade Urlaub haben, um ihre Mutter zu besuchen, und da hatte Deine Mama sie gebeten, zu mir zu gehen und mir mündlich eine für mich bittere Mitteilung zu machen, die sie nicht zu schreiben wagte. Hitlers Judenhass trieb neue unerwartete Blüten. Was in Hamburg noch nicht bekannt war, aber bald folgen würde, war in Baden-Baden bereits geschehen. Tante Gertrud, die liebe, gute, und mit ihr ihre Schwester Martha [Wingenroth] – beide wie ich selbst Witwen von arischen Männern – hatten den Befehl erhalten, sich auf die Deportation nach Theresienstadt einzustellen. Es war notwendig für mich zu erfahren, dass es mich auch in allernächster Zeit treffen würde.

Das war im ersten Moment ein betäubender Schlag! Das hatten wir nicht erwartet. Schon einmal hatte ich vor dem Schrecken der Deportation gestanden. Damals, als 1939 – eben vor dem Krieg – Dein Papa und meine Luxemburger Freunde mich zur Emigration nach Luxemburg überredet hatten aber nach einjähriger Geborgenheit die Nazis auch Luxemburg überrannten und mit ihrer Judenverfolgung dort noch grausiger wüteten als in Deutschland. Mit meinem deutschen Pass konnte ich nicht, wie Luxemburger in meiner Lage, nach Südfrankreich oder nach England fliehen, ich saß in der Falle. Polen war mir sicher, es gab keinen anderen Ausweg als zurück nach Deutschland! Ich schrieb an Deinen Papa, flehte ihn an, alles zu versuchen, um meine Rückkehr zu ermöglichen, denn in Deutschland galt noch die Regel, die jüdische Mütter durch ihre halb-arischen Kinder vor der Deportation schützte. Diese Regel wurde nämlich in den besetzten Ländern nicht befolgt. Und das Wunder geschah! Dein Papa erreichte durch seinen damaligen Chef, der Beziehungen zu hochgestellten Nazis hatte, dass für mich eine Ausnahme gemacht wurde [Antragsbrief: Abb. 45]. Ich durfte als einzige Emigrantin nach Deutschland zurück, zum Staunen aller Behörden, denen ich die Genehmigung vorzuzeigen hatte. Das war im Mai 1941. Und nach diesem außergewöhnlichen Geschehen wiegte ich mich zwei und ein halbes Jahr in Sicherheit vor dem Griff der Nazis.

Nun sollte es mich also doch noch treffen! Als der erste Schock vorüber war, kam eine große Ruhe über mich, die Furcht wich, ich kapitulierte vor der Unabwendbarkeit des Schicksals.

Es vergingen vier bis fünf Tage, bis der erwartete Befehl an mich erging. Tage, die doppelt für mich zählten, da ich viele Nachtstunden wach blieb und mit einem schweren Entschluss in mir rang. Manchen von uns, die von dem Regime bedroht waren, hatten barmherzige Hände die Mittel verschafft, sich durch einen sanften Tod dem Zugriff der Henker zu entziehen. Ich besaß die erforderlichen Tabletten, unkenntlich gemacht in Form und Verpackung, und kannte die genaue Handhabung. In diesen Nächten geisterten in meiner Erinnerung alle die nahen und ferneren Menschen, die hiervon Gebrauch gemacht hatten.

Da war als erster bereits 1938 Leo [Hamburg], der Mann meiner Mainzer Cousine Alice [Hamburg geb. Schwartz], als Geisel festgenommen worden, zur Sühne für den von einem ausländischen Juden verübten Mord an einem deutschen Attaché bei der Botschaft in Paris. Schon durch die langjährige Diffamierung, die allen Juden zuteil geworden war, zermürbt, bäumte sich seine stolze Natur gegen die brutale Verhaftung auf. Leo wählte den Freitod. Alice und ihre Schwester Helene [Schwartz] betrieben ihre

Auswanderung nach Amerika, wo Alices Söhne bereits mehrere Jahre zuvor Zuflucht gesucht hatten. Bei dem kolossalen Emigrantenandrang konnten die Staaten nicht alle sofort aufnehmen. Es ging nach ausgeteilten Nummern. Die Wartezeit verbrachten die Schwestern in Belgien in dem leeren Haus einer nach drüben geflüchteten Tante. Bei der deutschen Invasion in Belgien ereilte auch sie ihr Schicksal. Unter Vorspiegelung falscher Tatsachen wurden sie mit Belgiern zusammen zu einem scheinbar dreiwöchigen Arbeitsdienst befohlen, von dort aus aber nach dem Osten transportiert. Man hat nie wieder von ihnen gehört, nie erfahren, in welchem KZ sie ihr Leben verloren haben. Auch in Holland forderte die gleiche Invasion den Freitod von zwei mir bekannten älteren Ehepaaren. Beide auf den Höhen des Lebens stehend, im verwöhnendem Luxus einer begünstigten Existenz, fühlten sie sich unfähig, das Grauen einer Deportation zu überstehen.

Und wie war es in Hamburg gewesen? In einer Zeit, in der uns der Zutritt zu künstlerischen Veranstaltungen verboten war, hatte ein kunstliebendes Ehepaar Freunde und Bekannte, zu denen auch ich zählte, um sich versammelt und sie mit Kunstvorträgen erlesenster Art beglückt. Ich weiß nicht, was schöner war: die photographischen Aufnahmen ihrer vielen Reisen in ferne Länder oder der ansprechende Text, den der äußerst kultivierte Hausherr uns vortrug. Es war ein vergeistigtes, in sich innig verbundenes Ehepaar. Ihr schönes Heim atmete Kultur und Behaglichkeit aus. Die Vorträge nahmen ein jähes Ende! Obgleich dieser Mann einer der höchsten Beamten im Staatsdienst gewesen war, kam auch an ihn und seine Frau der Befehl zur Deportation. Sie machten ihrem Leben ein Ende!

Aber auch noch andere Motive führten damals Menschen zum Freitod. Noch vor der Deportationswelle war eine andere gute Bekannte diesen Leidensweg gegangen, weil sie – zutiefst in ihrem Deutschtum getroffen – die Paria-Stellung nicht ertragen konnte. Aber was uns allen so furchtbar nahe ging, das war die Verzweiflungstat unserer Cousine Lieschen [Liebrecht geb. Hertz]. Durch die unselige Verstrickung in ein fremdes Schicksal war sie seit Jahren in den Krallen der Gestapo, die ein nervenzerrüttendes Katz- und Mausspiel mit ihr trieb. Davor glaubte sie sich gerettet, als sie 1941 nach Berlin heiratete und mit Mann [Heinrich F. Liebrecht] und Kind [Reha Liebrecht] ein stilles Leben führte. Die Geborgenheit sollte aber nicht lange andauern. Als eine neue Welle der Verfolgung ansetzte, als allen rassisch Unerwünschten die Gefahr der Deportation drohte und kein Entweichen ins Ausland mehr erlaubt wurde, plante das junge Paar, Deutschland auf illegalem Weg zu verlassen. Das Kind wurde liebevoll betreuenden Händen in einem fernen katholischen Heim anvertraut. Die ganze Ausreise war ein gewagtes Unternehmen – und es scheiterte! Als Lieschens Mann von der Gestapo festgenommen wurde, der schwersten Bestrafung gewiss, da war ihre Widerstandskraft gebrochen. Sie wurde in einem Veronal-Schlaf, aus dem sie nicht wieder erwachen sollte, im Grunewald aufgefunden. Trotz seines Verschuldens kam ihr Mann nicht ums Leben. Als Träger des Eisernen Kreuzes Erster Klasse aus dem Ersten Weltkrieg war er selbst den Nazis tabu. Und so wurde er zur Deportation nach Theresienstadt begnadigt [s. Anm.2]!

Die Deportationen, denen wir im Jahre 1944 anheimfallen sollten, hatten schon zwei Jahre früher bei uns gewütet. Die zwei Freundinnen meines Hauses, die beiden Mitmütter meiner Kinder, Elsie M. und Lischen L[azarus] waren ihnen 1942 zum Opfer gefallen. Elsie traf es zuerst, es hieß, es ginge nach Riga. Bei den Vorbereitungen zu dieser Zwangsreise habe ich ihr noch geholfen. Gemeinsam mit einem Freund begleitete ich sie auch auf diesem letzten Weg. Wir wurden aber gezwungen, uns vor dem Portal des Versammlungsortes zu trennen. Bei früheren Transporten hatte es herzzerreißende Abschiedsszenen vor dem gaffenden Publikum gegeben, das wollten die Nazis vermeiden.

Die Begleitung musste also zurückbleiben. Ein unvergleichlicher Anblick war es, wie Elsie aufrecht und voll stolzer Verachtung durch das Spalier ihrer Nazischergen schritt. Wir haben nie mehr eine Nachricht von ihr erhalten. Später, viel später, sickerte durch Soldaten die schaurige Flüsternachricht durch vom Genickschuss vor dem selbst geschaufelten Grab!

Die späteren Transporte gingen meistens nach Polen, wobei von dort nie eine Kunde an die Angehörigen drang – niemand hatte damals eine Ahnung von den Gaskammern in Auschwitz. Es war ein Glück, dass die Deportierten nicht wussten, was sie erwartete. Die Jugend verließ Deutschland sogar teilweise in Hochstimmung. Theresienstadt galt allgemein als das erträglichste KZ. Ausländischen Fragestellern gegenüber hatte Hitler sich geäußert: „Ich habe den Juden eine Stadt geschenkt!"

Als es dann für meine Freundin Lischen L[azarus] und zu gleicher Zeit für meine um drei Jahre jüngere Tante Anna H[ertz] um das Ziel Theresienstadt ging, waren sie zwar auf harte Lebensbedingungen gefasst, aber sie hatten noch gewisse Illusionen, die auch wir teilten. Wie schnell vergingen uns diese Illusionen, als nur spärliche Karten an die nächsten Angehörigen ergingen, denen man die strengste Zensur anmerkte und in denen Todesnachrichten in sichtbarer Verschleierung nur angedeutet waren. So errieten wir durch eine geschickt verfasste Karte von Anna H., deren Sinn dem Zensor entgangen war, dass meine Freundin, die geliebte Tante Lischen meiner Kinder, gestorben war.

All diese Bilder zogen an mir vorbei in der wieder gewonnen Ruhe meiner Überlegungen. Ich wusste, dass meine Umgebung meiner geschwächten Gesundheit und meinem hohen Alter die Entbehrungen, das Elend der Deportation kaum zumutete. Ich wusste, dass dem Freitod nur Verständnis entgegengebracht wurde. Manche hatten es sogar erwartet. Aber meiner noch ungebrochenen Kampfnatur lag es nicht, die Waffen zu strecken. Leitfaden meines Lebens auch in den schwierigsten Situationen war immer die „Bewährung" gewesen. Und doch war dies kein Heldentum. Es flatterten aber auch kleinlichere Gedanken durch mein Bewusstsein: Die Neugierde auf das Erlebnis der Gefangenschaft, die Sucht zu erfahren, wie die Naziwirtschaft zu Ende gehen würde!

Nach Tagen der Besinnung kam der erwartete Befehl. Ich hatte mich am 19. Januar zu einer festgesetzten Stunde mit dem vorgeschriebenen Gepäck in der Talmud-Thora-Schule einzufinden. Zwei Tage blieben noch bis dahin, es war also reichlich Zeit für die Vorbereitungen. Wir durften recht viel mitnehmen, außer an Bekleidung auch so viel Kochgeschirr, was zu einem bescheidenen Hausstand benötigt wird. Auch Decken, Kissen für ein Nachtlager, Bettsack, Rucksack mit Proviant, zwei größere Handkoffer. Ich hatte Zeit gehabt, alles genau durchzudenken. Es hieß später, dass keiner so komplett ausgerüstet gewesen ist wie ich. Du kennst ja meinen Lederkasten mit all meinen Medikamenten, darin fehlte es an nichts! Ich hätte eine Apotheke aufmachen können.

Nur in ganz schwachen Umrissen steht dieser letzte Tag damals vor mir: Freunde und Verwandte kamen, um Abschied zu nehmen. Jeder hatte sich etwas ausgedacht, was ich wohl noch gebrauchen könnte. Schlaftabletten, Beruhigungs- und Hustenmittel, Drogen aller Art und Leckerbissen, alles Dinge, die es kaum noch gab in der Kargheit dieses fünften Kriegsjahres. Dein Onkel Pastor Walter Gerber hatte sich – der Vorschrift entsprechend – angeboten, all meine Gepäckstücke mit meinem Namen zu versehen. Das musste mit dauerhafter Tinte geschehen. Mein zweiter Name „Marguerite" musste dem neuen, der infernalischen Fantasie Hitlers entsprungenen Namen „Sara" weichen [s. auch Enteignungsdokument Abb. 46]. Und so dauerhaft war die Tinte, dass ich heute noch auf dem schönen Lederkoffer, der noch immer in Gebrauch ist und der mich einst auf einer Englandreise – in der von der „Hapag" mir spendierten Luxuskabine des „Imperators" – begleitet hatte, die Inschrift „Angèle Sara Mumssen" nicht los bin. Aber noch mehr als Medikamente und Naschereien ist mir im Gedächtnis geblieben, was ein sehr weiser Freund mir sagte: „Nur so werden Sie es ertragen, wenn Sie – vom eigenen Leid abstrahierend – versuchen werden, fremdes Leid zu lindern". Oft habe ich an diese Mahnung gedacht, die mich vielleicht deshalb so beeindruckte, weil der Freund damit nur etwas aus mir herausholte, was tief in meiner Natur lag.

Der 19. Januar! In der Talmud-Thora-Schule versammelten wir uns. Dein Papa, Tante Irene und meine Mellingstedter Freunde begleiteten mich. Diesmal war das Verbleiben der Begleitung erlaubt, es war ja ein Transport von arisch versippten Menschen. Etwas Rücksicht übten die Nazis auf die arische Verwandtschaft. Eine endlose Zeit stand man wartend herum. Es gab kaum eine Sitzgelegenheit. Ich war noch so schwach von der Grippe! Dein Papa erkämpfte schließlich einen Stuhl für mich. Ich saß aber dann allein zwischen Fremden. Ein Naziweib ging herum, und zu unserem Erstaunen nähte sie Judensterne an unsere Mäntel. Was hatte dieses Symbol, das zur Unterscheidung diente, noch für einen Sinn, jetzt da wir unter Gleichen leben sollten? Unter den Widerwärtigkeiten und den Demütigungen, die vom Regime den Juden auferlegt wurden, hatte ich persönlich bisher wenig gelitten. Die sogenannte privilegierte Mischehe schützte mich vor dem Tragen des Judensterns, und da ich in meinem Äußeren gar keine Kennzeichen der semitischen Rasse aufwies, konnte ich mich unbekümmerter als andere bewegen. Wie oft, wenn ich in der Stadt zahnärztliche Sitzungen oder langwierige Besorgungen hinter mir hatte und die Mittagszeit mich an die Bedürfnisse des Magens mahnte, trotzte ich dem Verbot, ein Lokal zu betreten. Ich aß im Restaurant des Warenhauses „Tietz" – jetzt „Alsterhaus" benannt –, aß dort zwischen vier Säulen, die alle die Inschrift trugen: „Juden unerwünscht", und fühlte mich wie unter einer Tarnkappe. Aber meiner Kühnheit setzte ich bald ein Ende, als mein ebenso unkenntlicher Vetter Dr. W. M., der das Gleiche getan hatte, durch Denunziation böswilliger Nachbarn verhaftet wurde und drei Wochen im Fulsbütteler Gefängnis für sein Vergehen büßen musste. Auch hatte ich nicht daran zu leiden gehabt, dass arische Freunde mich verleugneten. Ich selbst war es, die bei manchen den Verkehr abbrach, um sie nicht zu gefährden. Nicht nur die Hamburger Gesellschaft, sondern auch das Volk im Ganzen war nicht nationalsozialistisch eingestellt, das wusste Hitler, und so kam er ungern in die Hansestadt. Ebenso in den benachbarten Läden, in denen ich einkaufte, wurde ich nie mit dem üblichen „Heil Hitler!" begrüßt, ich wurde sogar besonders gut bedient. Viele Schikanen, die andere empörten, verletzten mich nicht. Ich hatte immer das Gefühl, die Gemeinheit reiche gar nicht an mich heran. Als uns von einem Passbüro für unsere Kennkarte die Namen „Israel" für Männer und „Sara" für die Frauen angehängt wurden und wir nun auch noch wie Verbrecher (denn damals galt es nur für Verbrecher) die Fingerabdrücke abgenommen bekamen, da gab es Szenen der Empörung, da verfielen manche in Weinkrämpfe. Ich blieb davon gänzlich unberührt. Das wurde anscheinend angenehm vermerkt, denn als nach der Prozedur ein Waschbecken mit einem vor Schmutz starrenden Handtuch herumgereicht wurde, erhielt ich ein extra Handtuch von makelloser Sauberkeit!

Das waren alles Reminiszenzen, die sich einschmuggelten, während die Personalien aufgenommen wurden und wir so lange warten mussten. Stunde auf Stunde verrann. Endlich kam auch an mich die Reihe. Dein Papa holte mich. Es gab Fragen zu beantworten, die notiert wurden. Dann legte man jedem von uns ein Dokument vor, das wir unterschreiben *mussten*. Ich konnte den kleinen Druck nicht so schnell übersehen, es schien mir eine Selbstbezichtigung deutschfeindlicher Umtriebe. Natürlich zögerte ich, meinen Namen darunter zu setzen. Dein Papa flüsterte mir aber zu: Es hat keinen Zweck, sich zu weigern, alle müssen unterschreiben! Ich unterschrieb. In einer Art Dämmerzustand kehrte ich zurück an meinen Stuhl. Da fühlte ich plötzlich, wie eine Hand sich beschwichtigend auf meine Schulter legte. Es war einer der Gestapo-Organisatoren des Transports, der mir mit besonderem Wohlwollen die trostreichen Worte sagte: „Ich höre soeben durch Ihren Sohn, dass Sie kaum von einer Krankheit genesen sind. Ich habe ihm versprochen, dafür zu sorgen, dass Sie einen Liegeplatz auf der Fahrt erhalten." Das war eine gewisse Beruhigung, denn ich fühlte mich noch sehr schwach. Ich vertraute diesem Versprechen und fasste wieder Mut.

Nun erklang das Signal zur Abfahrt, zum letzten Abschied! Es war gut, dass es schnell vor sich gehen musste. Ein LKW stand da, der uns zum Bahnhof bringen sollte.

Soweit der Rückblick auf die Vorgeschichte dieser Deportation, die ich vor allem für Dich, Matthias, aufgezeichnet habe, da Du damals noch zu klein warst, um die Zeit bewusst mitzuerleben. Was nun kommt, erzähle ich nicht mehr Dir allein, ich wende mich jetzt an alle Freunde, die Bekannten, die Fragenden, die diesen Bericht von mir erbeten haben.

Abb. 32 Theresienstadt, Kirche

Bleistiftzeichnung der Freundin Helene Heinichen

Zweiter Teil

Theresienstadt

Dieser ganze Transport, der uns am 19. Januar 1944 nach Theresienstadt beförderte, bestand aus – dem Regime unerwünschten – verwitweten oder geschiedenen Partnern einer Mischehe. Bereits vor der Abfahrt in der Talmud-Thora-Schule, wo wir uns versammelten, hatte ich in der großen Masse der mir fremden Gesichter eine Bekannte herausgefunden, und zwar eine jüngere Schwester meiner verschollenen Freundin Elsie M., Frau Helene Heinichen, die durch Scheidung von ihrem noch lebenden arischen Gatten in diese traurige Lage geraten war. Wir kannten uns schon seit Jahrzehnten, ohne jedoch in näheren Kontakt gekommen zu sein. Jetzt waren wir Schicksalsgefährtinnen. Spontan schlossen wir uns einander an, als der Zufall uns auch in dem vollbesetzten Zug in demselben Wagen zusammenbrachte. Das war der Keim einer Freundschaft, die sich durch Jahre bewährt hat. Eine andere Dame, Frau Ada M., aus Juristenkreisen uns auch bekannt, blieb an unserer Seite. Mit Entsetzen hatten wir schon am Bahnhof entdeckt, dass wir in einem Güterzug befördert werden sollten. Da gab es kein Coupé! Nur Gepäck- oder Viehwagen, in die wir hinein gezwängt wurden. In der Mitte des Wagens wurde unser Gepäck abgelagert. Rundherum waren sehr schmale Bänke angebracht. Es war gedrängt voll, viele saßen auf ihrem Gepäck. Unwillkürlich suchte mein Blick den vermeintlichen Beschützer, der mir ein Ruhelager in Aussicht gestellt hatte. Er zeigte sich nicht mehr. Er war in Hamburg geblieben, er und sein lügenhaftes Versprechen und mit ihm manche der letzten Hoffnungen, deren Zerflattern mir erst allmählich bewusst werden sollte. Als die Wagentür nach dem letzten Fahrgast zugeschlagen wurde, waren wir fast im Dunkeln. Eine schwache Beleuchtung spendete spärliches Licht. Fenster gab es natürlich nicht. Wir waren abgesperrt von der Außenwelt.

In einem Winkel dieses engen Raumes, in dem wohl fünfzig bis sechzig Insassen zusammengepfercht waren – Männlein und Weiblein –, war eine Gardine angebracht. Dahinter ein Kübel! Die Primitivität dieser improvisierten Latrine erschien uns noch schrecklicher als Kälte, Dunkelheit und der harte Sitz! Ich hatte eine große warme Reisedecke bei mir, breit genug, um auch Helene H. darin einzuwickeln, die nur notdürftig ausgestattet war. Das war wie ein Symbol für die Verbundenheit, die während der langen Gefangenschaft in gegenseitiger Hilfsbereitschaft uns ermöglichen sollte, auch das Schwerste zu ertragen. Im Gegensatz zu mir, der Überreichen an Proviant, die tagelang alles Mitzunehmende bis ins Letzte durchdacht hatte, hatte sie bis zur letzten Minute Schritte zur Befreiung getan, in immer wieder neuen Versuchen, sich dem Unabwendbaren zu entziehen. Und als dies dann misslang, konnte sie ihr Denken nicht mehr auf die notwendigen Vorbereitungen konzentrieren. Wie gerne habe ich ihr dann in allem geholfen mit den aufgestapelten Schätzen in meinem Rucksack! So saßen wir drei zusammen, die einst auf gesellschaftlicher Höhe gestanden hatten und durch langjährige Anpassung an die arischen Familien unserer Männer der jüdischen Gemeinde ganz entfremdet waren. Von nun an waren wir, allen nivelliert, zu jüdischen Sträflingen gestempelt!

Stunde auf Stunde verging, ehe sich der Zug in Bewegung setzte. Es war ein dauerndes Rangieren und Verladen. Die überreizte Stimmung wirkte sich ganz verschieden aus: Da war die Jugend: in trotzigem Übermut schwätzend, lachend und singend – ein betäubender Lärm. Da waren die Einsamen, erstarrt in ihrem Schmerz. Man sah leise, unaufhaltsame Tränen derer, die sich beim Abschied tapfer gehalten hatten und nun zusammenbrachen. Inmitten des Getöses der Jugend ertönte auf einmal, erhebend schön, die Stimme eines Mannes. Ein russischer Hafenarbeiter sang die schwermütigen Volkslieder seines Landes. Eine andächtige Stille setzte ein, uns gequälten Menschen war dieser Gesang eine Erbauung. Bald aber nahmen die Jugendlichen ihr Gejohle wieder auf mit burschikos-heiteren Melodien, eine schrille Dissonanz zur vorherigen Stimmung. Wir zwangen uns, es zu ertragen, als plötzlich – allen Lärm der Singenden übertönend – ein Mark erschütternder Schrei erschallte, der Verzweiflungsausbruch einer alten Frau. Von den Umstehenden erfuhren wir, dass man sie vom Sterbebett ihrer Tochter weg gezerrt hatte. Von dieser Grausamkeit, von diesem Kummer waren wir alle so ergriffen, dass ein beherzter Herr seine Autorität einsetzte, um die lärmende Jugend zum Schweigen zu bringen.

So kam die Nacht. Wir waren jetzt in voller Fahrt. Von den nächsten Stunden weiß ich nichts mehr. Wir waren von Müdigkeit übermannt und schliefen trotz der unbequemen Lage. Im Morgengrauen, beim langsamen Erwachen, fingen wir an uns zu fragen, wo wir wohl inzwischen angelangt seien. Diejenigen, die mit besseren geographischen Kenntnissen ausgestattet waren als ich, hatten die Entfernung zwischen Hamburg und der Tschechoslowakei in Berücksichtigung unseres Bummelzuges so bemessen, dass Theresienstadt wohl in vierundzwanzig Stunden zu erreichen sein müsste. Als aber die nächste Station ausgerufen wurde – ich weiß nicht mehr welche –, merkten wir zu unserem großen Schreck, dass wir kaum ein paar Stunden von Hamburg erst entfernt waren. Und wir waren doch schon zehn Stunden unterwegs! So ging es weiter im Schneckentempo. Die Luft in dem fensterlosen Wagen war verpestet, der Kübel viel zu selten geleert. An jeder Station ein Ein- und Ausladen, ein Rangieren ohne Ende! Manchmal blieb man stundenlang an einem Ort. Unser Begleiter und Kerkermeister erschien gegen Mittag mit einer anderen Art Kübel, diesmal mit einer warmen Suppe. Die war uns willkommen. Proviant hatten wir alle ja noch genug, aber der Magen schrie nach etwas Warmem. Zur Entgegennahme der lukullischen Mahlzeit reichten wir ihm den vorschriftsmäßigen Metallbecher.

Selbst die Optimisten unter uns waren jetzt auf eine zweite Nacht gefasst. Und in dieser zweiten Nacht, traumschwer und noch unbehaglicher als die erste, in der so ermüdenden sitzenden Stellung, als wir an einer größeren Station wieder einen längeren Aufenthalt hatten, vernahmen wir plötzlich den wohlbekannten Klang der warnenden Sirene! Feindliche Flieger über uns! Auch in Hamburg waren wir nicht wirklich geschützt gewesen, aber wenn es das Haus traf, waren es meist Brandbomben auf das Dach und man konnte auf die Straße flüchten. Auch der Luftschutzkeller, der Bunker gaben einem allenfalls die Illusion der Geborgenheit. Hier aber waren wir eingeschlossen, es gab kein Entrinnen, das Grauen war fürchterlich! Wie lange würde der Zug in dem bedrohten Ort noch halten? Es war eine unerträgliche Spannung, Minuten wurden zu Stunden. Endlich setzte sich der Zug wieder in Bewegung …, wir atmeten auf, aus der Gefahrenzone waren wir heraus!

Solche Schreckschüsse setzten nicht mehr ein, aber das Tempo unserer Fahrt schien sich immer mehr zu verlangsamen. Ich erinnere mich nicht, ob die erwärmende Nahrung uns noch einmal gespendet wurde, ich weiß nur, dass nach den zwei Tagen ein quälender Durst sich bei allen einstellte. Die meisten hatten eine Thermosflasche mit Kaffee bei sich. Ich hatte deren sogar zwei. Die eine Thermosflasche hatte für uns beide für die ersten vierundzwanzig Stunden gereicht. Die zweite war zu unserem Entsetzen im Gedränge von jemandem umgestoßen worden und ausgelaufen. Man verdurstete. Wir setzten unsere Hoffnung auf den manchmal erscheinenden Kübelentleerer, aber dieser blieb taub gegenüber allen flehentlichen Bitten um einen Schluck Wasser.

Und das sollte noch lange so weitergehen in Kälte, Dunkelheit, Gestank und nicht zu löschendem Durst. Von den letzten Tagen und Nächten habe ich kaum noch eine Erinnerung. Ich war in einem Dämmerzustand. Ich weiß nur noch, dass ich am Ende dieser letzten Nacht – es war die vierte – vor Übermüdung und Gliederschmerzen das Sitzen nicht mehr ertragen konnte. Ich ließ mich auf den vor Schmutz starrenden Fußboden niederfallen, schob mein kleines Kissen, mit dem ich bislang den Rücken gestützt hatte, auf die Bank und legte meinen Kopf darauf. Das war eine Ausspannung, der ein etwas erquickender Schlaf folgte.

Endlich, endlich hatte unser Martyrium ein Ende! Die nächste Station sollte die Erlösung bringen. Das verkündete unser Gestapo-Begleiter und fügte mit einem hämischen Lächeln hinzu: „Meine Damen und Herren, Sie werden angenehm enttäuscht sein: Theresienstadt!" Die Wagentür öffnete sich, man badete im ersten Lichtstrahl. Das Atmen frischer Luft, wenn auch im Dunst eines Bahnsteigs, war eine Wohltat. Die Jugend sprang heraus, wir Älteren wurden herausgehoben. Dann ging es zur sogenannten Schleuse, wo man von Gestapo-Männern und Gestapo-Weibern bewacht wurde. Zuerst wurde das Gepäck durchsucht, dann folgte die Leibesvisitation. Die Suche galt vor allem Geld und Schmuck; wir wussten, dass deren Mitnahme streng untersagt war. Ich empfand keine Angst, denn ich hatte mich strikt an die Vorschriften gehalten. Als ich, wie ich es vom Zoll her gewöhnt war, meine beiden Kofferschlüssel aushändigen wollte, stieß der Beamte die Schlüssel schroff zurück und brach die Schlösser mit Gewalt auf. Ich blickte um mich, auch allen anderen geschah dasselbe. Das gehörte wohl zu den angekündigten angenehmen Enttäuschungen: Bei der Durchsuchung meines Gepäcks gab es nichts zu beanstanden. Nur nach dem Inhalt meines von mir schon erwähnten Lederkastens wurde ich gefragt. Als ich angab, er enthielte nur die Medikamente, die mein Alter und meine Gesundheit erforderten, bekam ich zur Antwort: „Medikamente werden hier von der Apotheke geliefert", und ehe ich mich besinnen konnte, verschwand der Mann mit dem Kasten in einen Nebenraum und brachte ihn mir total geleert zurück! Das war zu allem Bisherigen ein furchtbarer Schlag für mich, denn viele dieser Arzneien waren eine Notwendigkeit für mich geworden. Auch die getarnten Tabletten hatten dabei gelegen. Wenn ich auch damals ihre Anwendung verworfen hatte, so wusste ich doch, dass ich in höchster Not die Möglichkeit hatte, mich ihrer zu bedienen. Wie konnte ich nur den genialen Einfall von Anna H. vergessen haben, die sich ihre Tabletten zwischen Futter und Pelzbesatz ihres Mantels eingenäht hatte! Nach der Gepäckuntersuchung kam die angekündigte Leibesvisitation. Dazu erschien ein Heer weiblicher Polizisten. Helene H[einichen], die neben mir stand, wurde bis aufs Hemd ausgezogen und abgetastet. Sogar aus ihrem Hut zerpflückte eine rothaarige Megäre eine Bandrosette, hinter der sie wohl Schmuck vermutet hatte! Dann riss sie ihr die kleine Tasche aus der Hand und war gerade im Begriff, damit in den Nebenraum zu gehen, als Frau H. ihr nachlief und sie bat, ihr wenigstens die Brille zu lassen. In dem Augenblick kam ein uniformierter Kerl aus diesem Nebenraum heraus, versetzte ihr einen Schlag ins Gesicht und brüllte sie an zurückzutreten. Entsetzen und Angst überfielen mich nach dieser Brutalität, und da ich ja nun dran war, fing ich an mich auszuziehen, ehe ich dazu aufgefordert wurde. Die Megäre war inzwischen mit der untersuchten Tasche zurückgekommen. Ob meine Bereitwilligkeit ihr Vertrauen eingeflößt hatte? In den sanftesten Flötentönen sagte sie zu mir: „Sie brauchen sich nicht auszukleiden!"

Anschließend ging es zur ärztlichen Untersuchung. Ich hatte die Gepflogenheiten der Zivilisation noch nicht so weit abgestreift, dass es mir nicht peinlich gewesen wäre, mich so ungewaschen nach viertägigem Kohlenstaub vor einem Arzt zu entblößen. Herz und Lunge schienen ihn aber nicht zu interessieren. Er lockerte nur meinen Kragen, fuchtelte auf meinem Kopf herum und verkündete: „Sie sind tadellos sauber, ich untersuche hier nur auf Läuse!" Damit war die Prozedur der „Schleuse" beendet. Ich glaube, es gab noch etwas Trinkbares, um unseren quälenden Durst zu löschen. Danach sollten wir unserem zukünftigen Logis zugeführt werden. Während wir in Trupps versammelt wurden, suchten wir vergebens nach Frau M., der dritten unseres Reisetrios. Wir wollten doch zusammenbleiben. Die letzten „Verschleusten" traten schon aus dem Gebäude, aber Frau M. war nicht dabei! Da wagten wir eine Anfrage und erhielten die erschreckende Antwort: „Auf die brauchen Sie nicht zu warten, bei der ist Verbotenes gefunden worden, die werden Sie so bald nicht wiedersehen!" Uns überlief es kalt! Das bedeutete Gefängnis! Die Ärmste! Aber wie konnte sie auch nur so etwas gewagt haben?!

Nun setzten wir uns in Trab unter Hakenkreuzbewachung. Karren mit unserem Gepäck begleiteten uns.

Das also war *Theresienstadt*!

Ich wusste, dass es eine Festung war, [1780] erbaut unter Joseph II., der er den Namen zu Ehren seiner Mutter, der großen Maria-Theresia, gegeben hatte. Was ich unterwegs von der Stadt sah, in dieser Stimmung und an diesem nasskalten dunklen Wintertag, schien mir in einförmiges Grau getaucht: düster, trostlos. Kaserne reihte sich an Kaserne. In den Querstraßen kleine einstöckige Häuser, die sich nicht voneinander unterschieden. Ein großer freier Platz war rund umher durch einen hohen Bretterzaun dem Blick entzogen. Das war unheimlich! Was mochte in dieser verborgenen Mitte vor sich gehen? Von jeher hatte ich meiner Phantasie immer zuviel Spielraum eingeräumt. Erinnerungen an Gelesenes, an Schafott, an Galgen durchzuckten mich. Die Leute auf der Straße sahen aus wie aus einem russischen Film: die Männer mit Mützen, die Frauen mit Kopftüchern, eine proletarische Volksmasse. Die Ersten, die ich sah, blieben stehen und schienen mich zu grüßen. Ich dachte zuerst, es seien Bekannte, konnte aber keine Physiognomie wiedererkennen. Immer mehr Menschen kamen uns grüßend entgegen; die Männer nahmen die Mützen ab, die Frauen verneigten sich. Wem galt das? Unser ganzer Trupp schien keinen der Passanten zu kennen. Grüßte man das Unglück? Später erfuhr ich, dass der Gruß dem Hakenkreuz unserer Begleitung galt. Das war ein Befehl des Kommandanten der Festung, ein Befehl, dem keiner sich entziehen durfte. „Gessler's Hut …!" kam mir in den Sinn.

Ich war todmüde, meine Füße waren vom langen Sitzen angeschwollen, alle Glieder schmerzten, ich sehnte mich nur nach einem Bett! Endlich hielt unsere Gruppe vor unserer zukünftigen Behausung. Es war eines der niedrigen Häuser, deren Rückfront in einen großen Hof mündete. Und jetzt erlebte ich die erste freudige Überraschung: Ich flog in die Arme von Anna Hertz! Das waren Freudentränen des Wiedersehens nach eineinhalb Jahren. Daneben stand ein Mann in Arbeitskleidung mit Schal und Mütze, den ich zuerst nicht wiedererkannte. Es war Heinrich [Liebrecht], ihr Schwiegersohn, der Überlebende aus der Berliner Tragödie, die unser Lieschen [Liebrecht] in den Tod getrieben hatte. Ich hatte ihn so anders in Erinnerung aus seiner kurzen Verlobungszeit. Damals ein gepflegter Intellektueller – und jetzt so verändert! Noch jemand war zu meiner Begrüßung herbei geeilt: May L[azarus], eine frühere Gespielin meiner verstorbenen ältesten Tochter [Marguerite], mit der ich seit vielen Jahren nur in losem Konnex gewesen war, die sich aber sofort erbot, mir bei meiner Installation zu helfen. Dass diese drei bei unserer Ankunft sich einfanden, kam mir erstaunlich vor. Die Erklärung war, dass es sich wie ein Lauffeuer durch Theresienstadt verbreitet hatte, der nächste Transport würde den jüdischen Teil aus erloschenen Mischehen bringen. Nach Anfragen hatten sie Auskunft darüber erhalten, in welche Quartiere wir dirigiert werden würden, aber auch erfahren, dass wir früher als verabredet angekommen waren, wodurch ein fürchterlicher Wirrwarr über die Unterkunftsfrage entstand. Alle Pläne waren umgeworfen, Die Umsiedlungen von vielen Insassen, die uns Platz machen sollten, konnte in der Eile nicht mehr vorgenommen werden. Das Haus war dicht besetzt, und es blieb nichts anderes übrig, als uns ein Provisorium auf dem Dachboden zu schaffen. Wir stiegen hinauf, ein halbes Hundert abgerackerte, todmüde Menschen. Anna und May begleiteten uns und mit Ihnen der ganze Haufen von Freunden und Verwandten unserer Reisegenossen. Im ersten Gewimmel der Allzuvielen konnte man noch nicht übersehen, welches Quartier uns bereitet war. Dann aber rissen wir die Augen auf: Einen solchen unausgebauten Boden hatte ich noch nie gesehen! Es war, als ob die Handwerker Josephs II. bei ihrer Arbeit in einen hundertjährigen Dornröschenschlaf versunken gewesen wären. Das Rohmaterial glotzte einen an, der Fußboden aus Stein, steinern die Wände, abbröckelnder Mörtel. Mauerritzen klafften, die den Ratten den Zugang erleichtern würden. Ratten! Und ich, die selbst vor der unschuldigsten kleinen Maus in panische Angstzustände verfiel! Aber dieser Gedanke streifte mich nur, nahm nicht überhand. Ich war so abgestumpft durch die Strapazen der letzten Tage, dass mir nichts mehr etwas anhaben konnte. Mir war alles gleichgültig. Ich hatte nur das Bedürfnis zu liegen, zu ruhen, zu schlafen! Aber wo waren denn die Betten? Man hatte ihr Fehlen nicht sofort bemerkt, weil der Raum durch die Tragbalken, die das Dach stützten, in so und so viele Buchten eingeteilt war. Als Ersatz für Betten wurden große Holzbretter und Säcke, die eine Füllung von Holzspänen hatten, heraufgebracht …, viel zu wenige für alle, die hier liegen sollten. Helene und mir war die äußerste Ecke, die letzte Bucht, angewiesen worden, und bis dahin gelangten die Bretter natürlich nicht, denn auf dem Weg zu uns hatten sie inzwischen genug Abnehmer gefunden. Nur ein paar Säcke erhielten wir als Unterlage, um auf diesem kalten Fußboden zu liegen. Auch auf diesem schien ein hundertjähriger Schmutz die besenlose, schreckliche Zeit überdauert zu haben. May hatte meine Koffer herauf getragen. An Auspacken, an Einräumen war gar nicht zu denken. Es war uns klar, dass die Koffer unsere einzigen Schränke bleiben würden! Nur den vielen, noch übrig gebliebenen Esswaren aus meinem Rucksack wollten wir etwas Luft gönnen. Anne und May sollten sich auch daran erfreuen. Ich weiß noch, wie eine blasse, abgehärmte Frau, die anscheinend zu niemandem gehörte und sich wohl eingeschmuggelt hatte, flehend an mich herantrat und um etwas Weißbrot bat. Sie sei magenkrank, könne die Ernährung nicht vertragen und lechze nach einem einmaligen Weißbrotgenuss. Wie war ich glücklich, ihr aus meinen Schätzen eine große Portion schenken zu können!

Nun läutete es zum Abzug unserer Gäste. Anna wollte mich am anderen Morgen abholen und mir ihre Wohnstätte zeigen; May, als jüngere Frau, war tagsüber im Arbeitszwang. Wir warteten nur noch auf unsere Bettsäcke, ich mit besonderer Sehnsucht, denn in meinen großen Bettsack herrlich eingenäht sollte meine wundervolle Rosshaarmatratze zum Vorschein kommen. Er ließ länger auf sich warten als die anderen, und als er endlich heraufgebracht wurde, aufgerissen und reduziert, enthielt er wohl alle Decken und Plumeau und Kissen, aber die Matratze fehlte! So war es den Wenigen ergangen, die eine solche Matratze mitgenommen hatten. Es war allerdings gegen die Vorschrift gewesen, aber eigenmächtig hatte ich doch nicht gehandelt. Der Beauftragte der jüdischen Gemeinde, der mir in Hamburg den Evakuierungsbefehl nebst gedruckter Vorschrift gebracht hatte, hatte mir aus sich heraus warm empfohlen, doch ja eine Matratze mitzunehmen. Später erfuhr ich, dass diese erlisteten Rosshaarschätze wenigstens den Krankenhäusern zugute kamen. Nun, es half nichts, wir mussten uns auf dieses harte Lager legen. Selbstverständlich blieben wir völlig angezogen – in Hut und Mantel –, denn es zog aus unbekannter Quelle über unseren Köpfen. Als ich dann fröstelnd – trotz meiner gewohnt warmen Decken – anfing, Mitleid mit mir zu haben, ermahnte mich die bessere Stimme in mir „Die Soldaten im Schützengraben haben es auch nicht besser!" Eng aneinander geschmiegt schliefen wir ein. Die überwundene Anstrengung der letzten Tage schenkte uns die wundersame Betäubung des Schlafes.

Am anderen Morgen wurden wir durch die Kaffeeausgabe geweckt. Herr Ledermann, unser Vorgesetzter und Betreuer, erschien mit großen Kübeln eines Getränks, das von Kaffee natürlich nur den Titel hatte und uns schon unter dem Spottnamen „Muckefuck" im kriegsdarbenden Hamburg bekannt gewesen war. Aber das Getränk war schön heiß, es löschte den Durst, und die Rucksäcke enthielten noch manch leckere Beigabe. Zum Toilettemachen wurde uns keine Gelegenheit gegeben, aber als Herr Ledermann herumging und unsere Essgefäße untersuchte, fehlte mir – die ich so viel Überflüssiges hatte – gerade der unentbehrliche unzertrennliche Blechteller. Herr H. besaß aber deren mehrere, und großmütig schenkte er mir einen davon. Dieser Blechteller, auf dem ich in den folgenden siebzehn Monaten meiner Gefangenschaft die tägliche, ach so ungenügende Speisung verzehrte, hat mich seitdem nie mehr verlassen, mir blieb er wert. Ich nahm ihn mit in die Freiheit, und noch heute, nach dreizehn Jahren, kann man ihn zwischen dem neu erstandenen feinen Porzellan des Wirtschaftswunders im Küchenschrank sehen. Dort behält er seinen Platz, und wenn er auch nur noch für Kartoffelschalen und Gemüseabfälle dient … *mir* ist er ein Symbol für Theresienstadt – dieses große Erlebnis, eines der stärksten meines bewegten Lebens!

Abgesehen vom Muckefuck, den wir von jetzt an – der Illusion halber – Kaffee nannten, war das Erwachen ebenso trostlos wie die Ankunft: Der Schmutz, die Verwahrlosung dieses Lagers waren noch sichtbarer, die Kälte noch empfindlicher. Die kleine Bodenluke über uns, aus der Wind und Regen über uns fegten, erwies sich als ein trügerisches Fenster, denn das Glas fehlte gänzlich, und da die Tür zur Treppe ständig – auch nachts – geöffnet bleiben musste (was notwendig war, um den vielen Bodeninsassen ohne Türgeklapper den Weg nach der im ersten Stock befindlichen Toilette zu ermöglichen), musste ja ein unerträglicher Durchzug entstehen. Da griffen Helene und ich zur Selbsthilfe: Aus meinen vielen Deckenvorräten suchten wir ein kleines Plaid aus und befestigten es am Rand der Luke, so dass es zwar das bisschen Licht ausschloss, uns aber vor sicherer Lungenentzündung schützte. Diese Unterkunft sollte ja nur ein Provisorium sein; wir hätten diesen entsetzlichen Anfang nicht ertragen, wenn wir nicht an Besseres geglaubt hätten!

Helene und ich trennten uns für ein paar Stunden. Sie wollte Bekannte aufsuchen, um etwas über ihre jüngere Schwester zu erfahren, die vor kurzem hier gestorben war, und ich wurde von Anna abgeholt, die mir ihre eigene Schlafstätte zeigen und mich in die Geheimnisse des Gettolebens einweihen wollte. Wie verabredet, erschien Anna, und kaum waren wir draußen, so bestürmten wir uns gegenseitig mit Fragen. Was war alles geschehen in diesen achtzehn Monaten, in denen nur eine ganz beschränkte zensierte Korrespondenz so Vieles verbergen musste. Über das Ende ihrer so heißgeliebten Tochter wusste sie nun alles durch ihren Schwiegersohn. Dessen Mutter, die schwer krebskrank hierher geschleppt worden war, unterlag bald den dürftige Lebensverhältnissen. Auch meine Freundin, Martha L., achtzigjährig, die mit Schwester und Schwager (in ebenso hohem Alter) sich so tapfer in die Deportation ergeben hatten, waren kurz hintereinander dort gestorben. Die gelähmte Frau von Dr. Ernst K., den ich als Vetter und Berater meiner Freundin Lischen L[azarus] gut kannte, war nach kurzer Zeit dem Mangel an der gewohnten Pflege erlegen. Von Lischen selbst wusste Anna nichts Bestimmtes. Sie hatten während der ersten Zeit zusammen gewohnt, auch mit den zwei ihnen befreundeten Damen desselben Transportes. Dann wurden sie plötzlich auf hohen Befehl hin wohnlich getrennt; die eine von ihnen, noch jünger und arbeitsverpflichtet, hatte sich als Krankenschwester beworben, steckte sich dann an Tuberkulose an und starb. Sie hatte vor kurzem in Hamburg die Millionenerbschaft eines amerikanischen Onkels antreten sollen. Die Erbschaft fiel dem Raubstaat zu. Lischen, die schon herzkrank nach Theresienstadt gekommen war, blieb natürlich sehr anfällig, sie war aber zuletzt nicht bettlägerig. Eines Morgens wurde sie auf ihrem kümmerlichen Lager tot aufgefunden. War es Herzschlag, oder hatte sie nachgeholfen? Man hat es nie erfahren.

So schlenderten wir in erregenden Gesprächen durch die Straßen der Stadt. Das Straßenbild mutete mich genau so düster und feindselig an wie am Ankunftstag. Ich war ganz überrascht, als Anna mir sagte: „Die Stadt ist nicht hässlich. Lass nur erst einmal die Frühlingssonne sie färben, und du wirst ihre Romantik empfinden!" Damals konnte ich es kaum glauben. Nach dem Passieren von vielen Kasernen waren wir an der von Anna angelangt. Ihre Schlafstätte fand ich trostlos. Holzbetten, wie wir sie von den Luftschutzkellern her kannten ..., zwei bis drei übereinander. Dieser Schlafsaal hatte eine unendliche Tiefe. Das Licht drang nur spärlich herein, da um jedes Stockwerk Galerien vorgebaut waren. Die Insassen mussten ihren gesamten Besitz auf diesem Lager unterbringen. Hinter dem Kopfkissen hatte Anna einen kleinen Koffer und darüber ein Bord mit dem notwendigen Essgeschirr und den paar Vorräten, die spärliche Pakete aus der Heimat gespendet hatten. In diesem Aufbau von Betten war Annas Liegestatt in der Mitte. Über ihr lag eine Schwerkranke, unter ihr eine ewig nörgelnde Frau. In normalen Zeiten in Hamburg war Anna immer verwöhnter gewesen als ich, zwar zarter besaitet und physisch empfindlicher, aber auch vor allem anspruchsvoller. Jetzt schien ihr hier alles selbstverständlich, es war ihr zur Gewohnheit geworden!

Von Anna erfuhr ich auch, dass wir arisch Versippten ganz besonders bevorzugt worden waren. In der berüchtigten „Schleuse" war uns ja wenig aus dem Gepäck herausgenommen worden. Den anderen dagegen, wie zum Beispiel Anna und dem ganzen Transport, dem sie angehörte, war nur das gelassen worden, was sie auf dem Körper trugen, und etwas Wäsche zum Wechseln. Die vollständige, sehr üppige Garderobe, die die meisten Leute mitgebracht hatten, wurde ihnen erbarmungslos abgenommen und diente dann als Auslage in den Geschäften, über die ich noch staunen sollte!

Obgleich in diesem Schlaf- und Wohnsaal einige kleine Öfen brannten, war es bitterkalt. Eine Unterhaltung war durch zu viele, lauschende Ohren nicht opportun. Die einfallsreiche Anna fand gleich einen Ausweg: Sie stellte mir die bekannte witzige Frage: „Was ist Dir lieber: Kalter Ozon oder warmer Mief?" Als sie mich fröstelnd vor sich stehen sah, zweifelte sie nicht an meiner Antwort: „Nur warmer Mief!" Daraufhin erzählte sie mir ihren genialen Einfall: Im Krankenhaus – im Vorzimmer der Ärzte, vor Wind geschützt durch eine Galerie – saßen immer abwechselnd ca. ein Dutzend Patienten, die dort geduldig warteten, bis sie an die Reihe kamen. Kein Mensch merkte, wenn man sich da einschlich, sich an dem wärmenden Mief labte, um dann geschickt zu verschwinden, wenn sich die Reihen lichteten. Ich amüsierte mich wie immer über Annas neuen Einfall und folgte ihr in den erlisteten Unterschlupf.

Unterwegs erklärte sie mir die Einrichtung des Gettos, das nicht ganz Theresienstadt umschloss. Nur die Innere Stadt, von Stacheldraht umzäunt, war zur Judenstadt bestimmt worden. Ringsherum gab es einen Gürtel besserer Wohnungen, die von den das Getto kontrollierenden Nazi-Autoritäten, an deren Spitze ein Kommandant stand, bewohnt waren. Das Getto selbst stand unter jüdischer Verwaltung, es war ein kleiner Staat für sich. Ein Staat mit den verschiedensten Behörden. Da waren Krankenhäuser, versehen mit allen modernen Einrichtungen, geleitet von den besten ärztlichen Kapazitäten, da war das Gericht, da waren Blinden- und Krüppelheime, denn ohne Rücksicht auf Gebrechen waren alle hierher geschleppt worden. Es gab auch Kinderheime mit erfahrenen Pflegerinnen, für die sich so viele der jugendlichen Deportierten als Krankenschwestern und Kindergärtnerinnen gemeldet hatten.

An einem Gebäude konnte man die Inschrift lesen: „Gettobank". Dort wurde das Gettogeld geprägt, das hier im Umlauf war, diese seltsamen Scheine mit Moses und den Gesetzestafeln draugedruckt. (Ich habe einige davon der Kuriosität halber mitgebracht.)

Abb. 33 Gettogeld

Das war die einzige Währung, die hier galt. Damit wurde geleistete Arbeit bezahlt. Auch denen, die das Alter der Zwangsarbeit überschritten hatten, wurde ein monatliches Taschengeld ausgehändigt; es diente dazu, die Gebühren zu bezahlen, die auf jedem Heimatpaket standen.

Außerdem konnte man sich dafür in einem gewissen Laden einiges zur Verbesserung der Ernährung kaufen:

So gab es zum Beispiel Fläschchen synthetischer Essenzen mit Zitronen- oder Himbeergeschmack, die, dem Wasser beigemischt, die Illusion einer Limonade erzeugten (natürlich vitaminmäßig ganz wertlos). Es gab dort die sehr beliebte Maggi-Brühe, und als Krönung dieser Herrlichkeiten leuchtete einem ein appetitanregender Gemüsesalat entgegen, dem leider so manches verhungerte Geschöpf nicht widerstehen konnte, und der, wenn nicht in homöopathische Dosis genossen, verheerende Wirkungen auf den Darm auslöste! Ebenso konnten die Großverdiener, diejenigen, die höhere Chargen bekleideten, in den Läden mit den schönen Auslagen sich auch Wäsche, Schuhe und Kleidungsstücke kaufen.

Während all dieser Erläuterungen waren wir längst in unserer warmen Zuflucht angelangt. Das Publikum störte uns nicht, es waren ja keine Geheimnisse, die wir uns da anvertrauten. Einige Leute mischten sich sogar in unsere Unterhaltung und beschrieben noch ausführlicher die mir so unwirklich erscheinenden Berichte über das Getto, bei denen ich sonst vielleicht den Verdacht gehegt hätte, dass Anna mir ein Märchen erzähle! Von einem Kaffeehaus erzählten sie, von Konzerten, wo den erlesensten Künstlern alle Instrumente zur Verfügung standen.

Eine Frage jedoch drängte sich mir auf: Wer finanzierte denn dies Alles? Von Hitler und seinen Trabanten konnte es doch nicht kommen? Die Erklärung war einfach: Die gesamte wohlhabende Judenschaft sowohl in Deutschland als auch in der Tschechei, die vor Jahren schon von der Deportation nach Theresienstadt bedroht war, hatte große Summen gespendet, teils in der Hoffnung, für sich bessere Bedingungen zu schaffen, teils auch aus ganz selbstlosen Gründen. Oder aber auch, um den weniger begünstigten Glaubensgenossen wenigstens etwas zu helfen, wenn einem Teil von ihr selbst die Emigration gelungen war. Auch aus dem Ausland waren unermessliche Mittel durch geheimnisvolle Kanäle trotz des bestehenden Kriegszustandes zugeflossen, die dem Ausbau dieses merkwürdigen KZ dienen sollten. Hitler konnte dies ja nur angenehm sein, denn Theresienstadt war sein Renommier-KZ und stand unter dem Schlagwort: „Ich habe den Juden eine Stadt geschenkt!" Er bot ja auch öfters ausländischen Kommissionen die Besichtigung an. An solchen Tagen wurden die Straßen gesäubert, das Essen verbessert, und den Besuchern wurde so viel gezeigt, dass sie nie bis zu den Elendsquartieren drangen.

Soweit war nun meine Orientierung gekommen, als Anna schnellstens abbrechen musste. Es war Zeit für sie, zum Mittagessen-Ausgeben zu eilen. Das wäre ein langes Schlangestehen, sagte sie, wobei einem Füße und Hände erfrieren. Sie beneidete uns, die wir durch Herrn Ledermann, der uns das Essen herbei schaffte, dieser peinlichen Plicht enthoben waren.

Als ich meinen unwirtlichen Boden wieder erreicht hatte, war unser Betreuer, Herr L., schon damit beschäftigt, aus den Riesenkübeln, die wir von der Kaffeemahlzeit schon kannten, das Mittagessen zu verteilen. Es war etwas undefinierbares Zusammengekochtes, aber es war heiß und füllte den Magen. Zum Spülen unseres Geschirrs mussten wir nach unten in den Hof. Da war der Eingang zu einer ganz verwahrlosten Waschküche. Ich sehe im Geiste noch den einzigen Stuhl, dessen einst strohgeflochtener Sitz nur noch ein großes Loch war, aber es gab dort wenigstens einen altmodischen Herd mit einem Behälter, aus dem man morgens für die summarische Körperwäsche und mittags für das Spülen heißes Wasser schöpfen konnte. In meiner so kompletten Deportations-Aussteuer befand sich eine kleine Waschbalge, die ich für beide Zwecke mit Helene teilte.

Das bewahrte uns davor, mit vier bis fünf mehr oder weniger appetitlichen Kameradinnen die vom Lager zur Verfügung gestellten Balgen benutzen zu müssen.

Am nächsten Tag machten Helene und ich unseren ersten Orientierungsspaziergang. Trotz allem, was mir Anna ermunternd erzählt hatte von „Farbtönen im Sonnenlicht und romantischer Architektur", fanden wir – wie am Vortag – unsere ganze Umgebung wie in hoffnungslose Melancholie gebadet.

Die erste Bekannte, die uns begegnete, war die Pianistin Sophie W[ohlwill], eine Cousine meiner Mellingstedter Freunde. Wir konnten beide unsere Bestürzung kaum verbergen. Gespenstisch, blutlos, zum Skelett abgemagert, war Sophie kaum wiederzuerkennen. Wir erwarteten von ihr einen in den düstersten Farben gemalten Bericht über die Behandlung, die sie in diesen erbärmlichen Zustand versetzt hatte. Wir erwarteten Verzweiflung und Anklage. So trauten wir kaum unseren Ohren, als sie stattdessen anfing, von den Vorzügen ihres dortigen Lebens zu erzählen! Ihr war durch besondere Fürsprache der Zutritt zu einer Bibliothek gestattet worden, in der sonst nur geistig Schaffenden die Möglichkeit gegeben war, ihrer Arbeit nachzugehen. Sie hatte dort ein wundervolles Werk über Napoleon entdeckt, in dem sie nun seit Monaten lebte. Nebenbei schrieb sie zu Hause auf ihrem Lager an einer Biographie ihres Bruders, eines Wissenschaftlers, der in Theresienstadt gestorben war. Als sie uns dies erzählte, leuchteten ihre Augen in überirdischer Glückseligkeit. In diesem ausgemergelten Körper, der keine physischen Bedürfnisse mehr kannte, brannte nur noch geistiges Feuer. Sie nahm die erzwungene Askese mit Ergebenheit hin. Man fragte sich, wie es möglich sei, zu dieser Erhabenheit der „Nur-Geistigkeit" zu gelangen. Noch klebten wir zu schmerzvoll an unseren Gewohnheiten von Komfort, Hygiene, Behaglichkeit und Sättigung, und – als Sophie uns verließ mit der Bitte, sie recht bald zu besuchen, wusste ich, dass ich das allein tun würde, denn so unangenehm berührt fühlte sich Helene durch dieses Erhabensein über unsere gemeinsame Not.

Wir sollten aber bald durch die Duplizität der Fälle überrascht werden. Eine zweite Begegnung: Dieses Mal war es ein Oberlandesgerichtrat aus Hamburg, Dr. Arthur Goldschmidt, den ich schon auf den Bällen meiner Mädchenzeit gekannt hatte und den wir beide dann später oft getroffen hatten. Dr. G. begrüßte uns besonders herzlich, und obgleich seine Züge nicht die Abgezehrtheit unserer vorigen Bekannten aufwiesen, so lag doch in seinem Ausdruck eine ähnliche Verklärtheit. Er berichtete uns auch sofort, dass er hier eine Mission erfülle, die ihm die größte Befriedigung gewähre. Er hatte sich das Recht erkämpft, für die vielen Judenchristen, die wie er evangelischen Glaubens waren, eine Gemeinde zu gründen, für die Gottesdienste abgehalten wurden. Und er, Dr. G., stand dieser Gemeinde als theologisch Interessierter und Prediger vor. „Ist es möglich", rief ich, „Ihnen ist die Kirche zur Verfügung gestellt worden?" – „Nein", lächelte er, „so weit ging die Erlaubnis nicht. Die Kirche, die hier steht und die man halt aus der Mitte des Gettos nicht entfernen konnte, blieb verschlossen, aber uns ist erlaubt worden, auf einem sonst unbrauchbaren Boden einen Altar zu errichten und uns dort am Sonntagmorgen zu versammeln. Auch eine katholische Gemeinde hat sich uns angeschlossen. Die Gottesdienste finden in demselben Raum nacheinander statt. Ebenso ist mir die Seelsorge an Kranken und Sterbenden gestattet worden. Außerdem treffen sich alle geistig und geistlich Interessierten beider Konfessionen an jedem Mittwochabend in einem bestimmten Saal zu einem geselligen Kontakt. Es werden dort Vorträge religiöser oder rein ethischer Art gehalten mit anschließender Diskussion. Bitte, schließen Sie sich uns an, ich glaube, Sie beide würden großen Nutzen daraus ziehen und sich somit hier bald sehr wohl fühlen wie ich!" Er gab uns die Adresse und ließ uns tief beeindruckt und nachdenklich zurück. Das waren nun zwei hochintelligente Persönlichkeiten, die, beide seit eineinhalb Jahren hier ansässig, die Unbill der Gefangenschaft bagatellisierend, in einer höheren Welt ihre Zuflucht gefunden hatten. Wir gingen auseinander mit dem Versprechen, der Einladung Folge zu leisten.

Als wir nach Hause kamen – war es ein Zuhause? –, erfuhren wir, dass ein neuer Transport, aus Mischehen bestehend (diesmal aus Stettin), auf unserer Bodenbehausung erwartet würde. Wir mussten also noch enger zusammenrücken! Dazu waren eine Menge Holzbretter herbei geschafft worden, mit denen auch unsere, bisher stiefmütterlich behandelte Gruppe versorgt wurde. Es war die erste kleine Verbesserung. Wir wagten es nun, ein Betttuch über die Matratzenersatzsäcke zu legen, so war die Kälte des Fußbodens nicht mehr gar zu arg. Dazu verkündete Herr Ledermann für die nächsten Tage auch die Aussicht auf zwei kleine Öfen! So hoffnungsvoll das klang, so jagte es uns doch einen Schrecken ein. Um unser erstes Entsetzen zu beschwichtigen, war uns doch diese Unterkunft als nur vorübergehend versprochen worden. Sollte es ein Provisorium auf Dauer sein?

In noch depressiverer Stimmung als vorher verliefen die nächsten Tage, an denen sich nichts Besonderes abhob. Wir froren, wir hungerten, wir litten! Die entsetzliche Ungemütlichkeit trieb uns immer wieder auf die Straße nach draußen! Wir trafen noch andere Bekannte, die nicht so ätherisch waren wie unsere ersten Begegnungen. Merkwürdig, wie fast alle Unterhaltungen sich nur um das Essen drehten. Als ein Bekannter mich fragte, woher Herr L. unseren Proviant bezöge, und ich ihm die Kaserne nannte, sagte er: „Dann haben Sie aber Glück, es ist die beste Küche hier." Ich staunte wieder einmal: Dieser Mischmasch, bei dem ich Ekel empfand und den ich nur herunter würgen konnte, ohne es zu schmecken, dessen Güte wurde diskutiert wie wenn in Hamburg zwei Feinschmecker sich über den Vorzug unserer erstklassigen Restaurants, „Pfordte" oder „Ehmke", unterhielten!

Inzwischen waren auch die Stettiner eingerückt, wenn möglich noch erschöpfter, als wir es gewesen waren. Sie erzählten von ihrer Beförderung, die sich von der unsrigen völlig unterschied: Sie waren drei Wochen unterwegs gewesen, immer wieder in andere Züge umgeladen. Die Nächte hatten sie in den Gefängnissen der verschiedenen Städte, die sie berührten, zugebracht. Das war doch wenigstens Abwechslung und für die nicht Vorbestraften eine Bereicherung ihrer Kenntnisse!

Die Öfen hielten auch ihren Einzug; einer bei uns, ein zweiter in der Mitte des Bodenraumes. Es war eine Kunst, einen Ofen, der an keinen Schornstein angeschlossen war, anzuheizen. Da es keinerlei Zeitungen im Getto gab, war auch kein Zeitungspapier vorhanden. Nur Holzspäne. Holzspäne zum Anheizen! Holzspäne zum Heizen! Für ein bisschen Wärme musste man solch einen Ofen dauernd füttern! Im Turnus sollte er bedient werde, von kundigen Händen. Zur Vestalin eignete ich mich absolut nicht, dafür war ich aber die Streichhölzer-Besitzerin und -Spenderin, denn mein unerschöpflicher Koffer enthielt ein ganzes Lager von Streichholzschachteln. Die „Fütterung" erwies sich jedoch als zu mühsam, so beschränkten wir die Wärmeerzeugung auf ein paar Stunden am Tage. Dieses bischen Wärme um den Ofen herum hatte sein Gutes, es erzeugte eine Ahnung von Behaglichkeit in unserer Bucht von acht Insassen, die bisher fast ohne jeden Kontakt gewesen waren. Man schloss sich etwas einander an, man plauderte, man lernte sich kennen. Unser Kreis war aus den verschiedensten Schichten der Gesellschaft zusammengesetzt. Aus dem Kastengeist, der in Hamburg bis zum Ersten Weltkrieg herrschte, der dann in der Weimarer Republik etwas gelockert wurde und im Dritten Reich uns Nicht-Arier von den anderen Volksgenossen unterschied und abseits hielt, hatte ich wenig Fühlung mit anderen Kreisen gehabt. Ich hatte wohl Treue und Anhänglichkeit bei meinen Hausangestellten geerntet, meinen Lieferanten war ich stets mit

Freundlichkeit und Dienstbeflissenheit begegnet, aber es blieb eine Distanz, die weniger an mir lag als an der traditionellen Zurückhaltung der Stände untereinander.

Hier waren wir plötzlich alle gleich: Leidensgefährtinnen, Kameradinnen. Es interessierte mich, Menschen aus anderen Lebensverhältnissen, anderer Mentalität kennenzulernen, und ich habe es später als einen Gewinn gebucht, dort meine Menschenkenntnis erweitert zu haben.

Da war zum Beispiel eine alte Köchin, die ein Menschenalter bei einer mir bekannten Familie gedient hatte und mit ihrer heiteren Ausgeglichenheit auf uns alle beruhigend wirkte. Daneben eine junge Arbeiterin, im Waisenhaus groß geworden, später von ihrem arischen Mann in der Hitler-Zeit schnöde verlassen! Wir hatten gegenseitig Mitleid füreinander. Mich dauerte ihr hartes Schicksal, *sie* hatte Mitleid mit *mir*, weil ich – von Natur ungeschickt und nur an Brotmaschinen gewöhnt – nicht im Stande war, den so kostbaren halben Brotlaib, den wir zweimal wöchentlich zugeteilt bekamen, mit dem einfachen Messer sparsam in dünne Scheiben zu schneiden. Sie tat dies für mich während unserer ganzen Haft, auch später, als wir nicht mehr im selben Raum waren. Sie bekam von mir den Titel „Meine kleine Brotmaschine"!

Auch Verkäuferinnen, Ladeninhaberinnen und so weiter waren unter uns. An der einen entdeckte ich literarische Talente, die uns viel Spaß machten. Alles, was sie früher in der Schule gelernt hatte, war in ihrem Gedächtnis haften geblieben: Schiller'sche Balladen, Lessings Erzählung von den drei Ringen aus dem „Nathan" und noch so vieles andere konnte sie deklamieren. Man wurde nicht satt, ihr zuzuhören. Die Liebenswürdigste, Gefälligste und für das Recht immer Streitbare war eine hübsche junge Frau, Elsa Meyer, deren Beruf ich vergessen habe. Sie war es, die mich zuallererst zu einem Gedicht inspirierte, das großen Beifall fand, obgleich es nur holprige Knittelverse waren, dem aber noch viele andere folgten. Wenn man, wie ich, einen Dichter zum Mann gehabt hat, macht man selbst keine Verse! Dichterische Versuche hatte ich seit meiner Ehe nicht mehr gemacht, und die früheren waren nur auf Französisch verfasst. Hier aber war ich die Einäugige zwischen Blinden, und da es anscheinend allen Freude bereitete, bestieg ich nun öfters den Pegasus.

Es folgten Tage des Frierens, des Hungerns und der größten Niedergeschlagenheit. Den Hunger hatte ich merkwürdigerweise zuerst gar nicht so verspürt. Der Ekel schnürte mir die Kehle zu vor der zweifelhaften Zubereitung dieser Massenspeisung, und ich hatte Abscheu vor dem Schmutz unserer Behausung. Doch plötzlich war dieser Ekel überwunden, die peinigende Leere im Magen, der Hunger, hatte gesiegt. Es erging allen so. Es war ein Schritt zurück zum Urmenschen. Man musste dankbar sein für diesen Kulturrückschritt, er half, das Ganze zu ertragen. Der würgende Ekel war viel schlimmer als das natürliche Hungergefühl, das man leider nur halbwegs befriedigen konnte. Die „Menues" (Speisezettel) variierten nicht viel. An den Tagen, an denen es kein zusammengekochtes Etwas gab, erhielten wir fünf Pellkartoffeln mittlerer Größe oder drei große (das Gewicht war abgemessen). Dazu eine Sauce, die nach tschechischer Art zubereitet war und gar nicht schlecht schmeckte. Vorher gab es eine wässrige Brühe, mehr Spülwasser als Suppe, die nur füllte und nicht ernährte. Wenn es abends eine Kartoffelsuppe gab, war dies ein Fest, denn mehrere Male in der Woche erhielten wir nur Kaffee – Muckefuck – und mussten unser Brot dazu essen. Zu den spärlichen Brotscheiben wurde zweimal die Woche ein Stückchen Margarine geliefert, was nie reichte. Als wir später Heimatpakete bekamen, die auch Zucker enthielten, entsprang meiner kulinarischen Phantasie der Gedanke, aus Kaffee und Zucker einen Brotbelag zu machen, der den Margarineschatz verlängerte.

Wir hatten inzwischen auch einige andere Bekannte aufgesucht und uns von den Qualen der verflossenen Leidenszeit erzählen lassen. Es war inzwischen alles besser geworden – alles noch jetzt im Fluss der Verbesserungen. Die Pioniere dieses Gettos, dessen Besonderheit die Selbstverwaltung war, waren die jüdischen Tschechen gewesen. Ihnen verdankte man die erste schwierige Aufbauarbeit, sie waren entschieden genialer, künstlerischer, phantasievoller als die deutschen Juden. Die Deutschen, die später kamen, brachten nun in diesen Aufbau die Ordnung, den Fleiß, die Tüchtigkeit, die den Deutschen charakterisierte, aber auch den Ehrgeiz, an leitender Stelle zu sein. Und dieses Privilegium beanspruchten die Tschechen für sich selbst. Daraus entstand von Anfang an eine gehässige Rivalität zwischen den Vertretern beider Nationen, eine Gehässigkeit, die vor allem die leidenschaftlichen Tschechen erfasste. Die meisten von ihnen fühlten sich trotz der Zusammengehörigkeit der jetzt verfemten Rasse nicht mit den Deutschen als Glaubens- und Schicksalsgenossen verschmolzen – es waren glühende Patrioten, denen die Nationalität höher stand als ihr Judentum. Ich erinnere mich, dass einmal, als von der so heiß ersehnten Befreiung die Rede war, eine Bemerkung mich stutzig machte: „Dann wird die aus den Fugen geratene und entfesselte Wut der Tschechen eine größere Gefahr für uns bedeuten als die Nazis!"

Viele, ach so viele von den Freunden und Bekannten, nach denen ich forschte, waren an den schweren Lebensbedingungen bald zugrunde gegangen. Die Krankheit, denen die meisten unterlagen, war die sogenannte „Enteritis" – eine fieberhafte Darmerkrankung, eine Mangelkrankheit –, erzeugt durch die vitaminarme, eintönige Ernährung. Aber manche gab es doch, die die jahrelangen harten Entbehrungen überstanden hatten und die ich zu meiner Freude wiederfand. Da war zum Beispiel ein Ehepaar, ein Dr. Walter R. und Frau, Freunde meines Vetters W.; Dr. Walter R. war bis 1933 Oberlandesgerichtsrat in Hamburg gewesen. Jetzt war er hier in den Büros der Verwaltung mit einer kleinen Schreibertätigkeit betraut. Das Ehepaar bewohnte ein Zimmer im Durchgangsraum einer Kaserne. Es war allerdings winzig klein und nur durch einen Vorhang vom Durchgang getrennt, aber es besaß einen großen Kachelofen, und vor allem: Sie waren für sich allein! Da versammelten sich an vielen Abenden ihre Freunde, zu denen sie auch sofort Helene und mich zählten. Fast das ganze Zimmer einnehmend, in der Mitte freistehend, war ein Doppelbett, am Tage durch Decken und Kissen zu einer Couch gestaltet. Darauf saßen nun die Gäste, teilweise Rücken an Rücken. Anders ging es ja nicht. Ich glaube, ein oder zwei Hocker komplettierten die Einrichtung. Aber diese Sitzeigentümlichkeit beeinträchtigte in keiner Weise die Stimmung, ja, ich möchte sogar sagen, dass sie sie hob! Es herrschte immer eine angeregte Unterhaltung, eine Ungezwungenheit und eine gastfreundliche Behaglichkeit. Frau R. wusste sogar aus dem gewohnten „Muckefuck" einen Extrakt zu bereiten, der, in dem Kachelofen erhitzt und in reizenden kleinen Bechern angerichtet, einen richtigen Mokka vortäuschte.

Natürlich hatte ich sofort auch die beiden Tanten meiner Schwiegertochter aus Baden-Baden, Gertrud [Katz] und Martha [Wingenroth], aufgesucht, von denen ich bis dahin nur Gertrud kannte. Mit ihrem praktischen Verstand hatte sie, die auch zu den Neu-Angekommenen gehörte, sofort die Situation überdacht und blitzschnell einen Entschluss gefasst. Mit ihren noch nicht sechzig Jahren war sie ja der Arbeitspflicht noch nicht enthoben. Es galt also, sich für irgendeine Tätigkeit, deren Wahl man ihr überließ, zu entscheiden. Gleich kam ihr in den Sinn, etwas auszukundschaften, was sie vor Hunger und Kälte bewahrte, und so meldete sie sich sofort für die Wärmeküche. In jeder Kaserne, überhaupt in jeder Behausung, gab es eine solche Küche. Da konnten die Insassen ihre Extragerichte, die aus den heimatlichen Paketen zubereiteten Süppchen, Gulasch, Teigwaren und so weiter, der Leiterin anvertrauen. Es war natürlich nicht einfach für diese Küchenfee, oft zehn bis zwanzig verschiedene Gerichte zu überwachen. Es gehörte nicht nur Kochkunst, sondern auch ein gutes Gedächtnis und Konzentration dazu, um zu behalten, was wem gehörte, und überdies die Gefäße zu unterscheiden. Aber es fiel manches ab als Dank für die Mühe, und man hamsterte in der Kochzeit angenehme Wärme für den ganzen Tag.

Tante Martha hatte das Alter der Dienstpflicht überschritten; es wäre ihr auch schwer gefallen, zu arbeiten mit ihrer fortgeschrittenen Taubheit, die ihr den Kontakt mit all den fremden Menschen erschwerte, und wobei sie leider auf viel Unverständnis und Ablehnung stieß. Ich mochte sie gern leiden, und was ich an ihr bewunderte, war, dass sie in der Unbehaglichkeit ihrer kümmerlichen Unterkunft die gepflegte, elegante Dame blieb, wobei ihr ihre bis ins Alter bewahrte Schönheit eine natürliche Hilfe war. Manchmal, wenn ich mit den beiden Schwestern spazieren ging, begleitete ich sie zu ihren Verwandten, die in dem sogenannten „Prominentenhaus" wohnten. Das war ein Haus, normal gebaut, sicher aus späterer Zeit stammend. Äußerlich war es nicht besonders schön, aber im Stil wich es von unseren gleichförmigen Behausungen ab, dazu war es von einem kleinen Garten umgeben. Auch von innen war dieses Haus menschenwürdig eingerichtet: mit Betten, Schränken, Tischen und Stühlen, alles etwas disparat, etwa wie in einem einfachen Gasthaus auf dem Lande. Aber im Vergleich zu unseren anderen Behausungen war es ein Luxus-Hotel.

Wer waren nun die Bewohner dieses „Prominentenhauses", und wie kam man zu. dieser Begünstigung? Es waren, wie ich vernahm, die arisch-versippten Leute aus einflussreichen Familien, die dem Adel und dem Heer angehörten oder aber eine Beziehung zu der Obersten Gewalt des Dritten Reichs hatten.

Wie hatte Göring sich doch jüngst geäußert? „Wer Jude ist, das bestimme *ich*!" So mag auch er, oder die kleinen Görings unter ihm, bestimmt haben, wer „prominent" sei. Es waren, wie man mir sagte, viele Frauen aus der deutschen und österreichischen Aristokratie darunter, Töchter der Hochfinanz, die nach Bismarck'schem Rezept in den Adel eingeheiratet hatten. Es wurde nämlich zu meiner Zeit, die auch die Bismarck'sche Ära war, folgende Geschichte erzählt: Bismarck befand sich einmal in einem Kreis junger adliger Offiziere, die sich in antisemitischen Äußerungen ergingen. Bismarck unterbrach die Flut der Beschimpfungen mit der Bemerkung: „Schimpft nicht auf die Juden, sondern heiratet ihre Töchter!" Das Rezept wurde von vielen befolgt, und so saßen jetzt hinter Stacheldraht, aber „prominent", verwitwete Baroninnen und Gräfinnen jüdischen Blutes. „Prominent" waren auch Männer der Hochfinanz – teilweise baronisiert –, die große Summen für die jüdische Gemeinde gespendet hatten und dadurch der jüdischen Verwaltung in Theresienstadt genehm waren. Zu den Insassen dort gehörte unter anderem auch die blinde Dichterin, Frau Geheimrat Bernstein, deren Tochter einen Sohn von Gerhard Hauptmann geheiratet hat und die sicher der Fürsprache Hauptmanns ihre „Prominenz" verdankte. Eine andere Dame war die Schwägerin eines Admirals. Ein hoher österreichischer Offizier wurde sogar mit „Exzellenz" angeredet. Man sprach auch von einem früheren französischen Minister – denn das unterworfene Frankreich stand jetzt unter den Hitler'schen Gesetzen. Ebenso deutsche Juristen maßgebenden Ranges waren dort vertreten. Sie verdankten diese Gunst irgendeiner besonderen Protektion, denn von unseren Hamburger Juristen in gehobener Stellung war keiner, der nicht die Misere der allgemeinen Unterkunft teilte. Ich habe erst später, durch die vielen neuen Beziehungen, die ich allmählich anknüpfte, Zugang zu diesem Paradies bekommen. Aber wie es in den Jordan'schen „Nibelungen" heißt: „Die Götter gewähren den Wunsch, wenn er wertlos geworden." So war es nicht mehr so wichtig, sich auf einen gastlichen Stuhl im geheizten Raum setzen zu dürfen, denn es war inzwischen Sommer geworden, und ich hatte mir einen eigenen Hocker im Umtausch mit einer Sardinendose ergattert!

An einem der nächsten Sonntage entschlossen Helene und ich uns, der Aufforderung Dr. Goldschmidts Folge zu leisten und seinen Gottesdienst zu besuchen. Wir kletterten viele Treppen zu einem düsteren Boden hinauf. Das war für mich, die ich in Rom gewesen war, wie umgekehrte Katakomben: Dort in der Tiefe, hier in der Höhe …, beides gleich in der Primitivität der Ausstattung. Aber es war alles da, was zu einem Gotteshaus gehören muss: der mit Decke und Leuchtern verzierte Altar, das Kruzifix an der Hinterwand und – was sonst in einer evangelischen Kirche meist nicht üblich ist – an der Seite, auf einer Staffelei, ein schönes, großes Gemälde von der Madonna mit Kind. Wahrscheinlich von einem der vielen Maler, deren Kunst überhaupt erst sichtbaren Ausdruck in Theresienstadt gefunden hatte. Der Gottesdienst wurde von Dr. Goldschmidt im Ritual abgehalten, wie man es von der Hamburger Landeskirche gewohnt war, in der Predigt jedoch ganz anders, als ich es erwartet hatte.

Ich kannte Dr. Goldschmidt von Jugend auf; er war in meinen Jungmädchenjahren oft mein Tischherr und Tänzer gewesen. Wir hatten viele ernste und interessante Gespräche miteinander geführt. Auch im späteren Leben trafen wir uns öfters, da wir demselben Gesellschaftskreis angehörten. Er galt in Hamburg als einer der großen juristischen Leuchten, hatte es in seiner Karriere sehr jung noch und andere überspringend zum Oberlandesgerichtsrat gebracht, obwohl es auch schon damals vor der Ära Hitler marode Strömungen in Deutschland gab, die getauften Juden den Aufstieg erschwerten. Ich kannte ihn immer als einen äußerst kultivierten, beinahe überzüchteten Menschen; hatte bei Grabreden in Dissidentenkreisen seine bis in die letzten Feinheiten ausgearbeiteten Reden bewundert. Ich wusste auch von seinen theologischen Interessen, von seinen für einen Laien seltenen Kenntnissen und erwartete also etwas ganz Besonderes von seiner Predigt. Und nun war es so verschieden von dem, was ich vermutet hatte. Goldschmidt sprach sehr innig, mit Wärme der Überzeugung, aber er vermied jede seiner Art entsprechende Redewendung, jede an eine tiefere Philosophie grenzende Auslegung. Es lag etwas Gewolltes darin. Ob er als Konvertit und Laie sich nicht das Recht zugestand, eigene, vielleicht abwegige Bibeldeutungen auszusprechen, die doch seinem scharfen Verstand entsprachen? War das ein sich selbst auferlegter Verzicht auf literarisch-philosophischen Ehrgeiz? Ich könnte es mir denken.

Hier in Theresienstadt lag sein Wirken ganz im Seelsorgerischen. Den Kranken, den Sterbenden und auch den seelisch Leidenden wusste er mit feinstem Einfühlungsvermögen Trost zu spenden. Und dass er so vielen zu helfen vermochte, gab ihm dieses ausstrahlende Glücksgefühl, das uns beim ersten Treffen so beeindruckt hatte. Er war es ja auch, der am Anfang seiner Deportation die Initiative ergriffen hatte und neben einer, der Majorität entsprechenden und von der Verwaltung begünstigten, jüdischen Synagoge diese kleine evangelische Gemeinde zusammengeholt hatte. Manchmal, wenn Goldschmidt durch Krankheit oder aus einem anderen Grund verhindert war, wurde er von einem Berliner Juristen, der ebenso theologisch interessiert war wie er, vertreten. Es war ein Dr. Otto Stargardt (früher Landgerichtsdirektor in Berlin), der auch Leiter der geselligen Abende war, von denen Dr. G. uns gesprochen hatte.

Der katholische Gottesdienst fand in demselben Raum statt und wurde jeden Sonntag anschließend an den unsrigen abgehalten. Ich verharrte dort einmal, um auch dieser Feier beizuwohnen. Die Ausstattung war dieselbe. Der einzige Unterschied bestand darin, dass das Madonnenbild in den Vordergrund gerückt wurde und dass der Chor – bei uns etwas spärlich und ungeübt – dort von ganz anders geschulten Kräften besetzt war. Überhaupt gaben bei den Katholiken Musik und lateinische Texte das Gepräge. Rührend war es anzusehen, wie ganz alte, verschrumpelte Mütterchen – anscheinend Frauen aus dem Volk, denen man in keiner Weise die jüdische Abkunft ansah – in inbrünstiger Andacht vor dem Madonnenbild knieten und das Zeichen des Kreuzes machten.

Nach diesem ersten Kirchgang kam auch für uns erstmalig ein Mittwochabend im evangelischen Kreis, den Dr. Stargardt leitete. Er verstand es gut, mit Gewandtheit, Liebenswürdigkeit und Humor eine behagliche Stimmung zu verbreiten. An diesem Abend, dem viele andere folgen sollten, erzählte er uns in geistvoller Redekunst von seinem Leben und den vielen Beziehungen seines Hauses zu bekannten Theologen. Später erfuhren wir, dass er Vortragende aus jeder Richtung, Katholiken und orthodoxe Juden, oder auch [einen] dort amtierende[n] Rabbiner an diesen Kreis heranzog, dessen Bestreben es war, im Lessing'schen Sinn jeder Konfession mit Toleranz zu begegnen.

Die einsetzende Februarkälte machte unseren Bodenraum immer unerträglicher, und immer mehr suchte man am Tage nach einem wärmenden Obdach, wenn es auch nur für ein paar Stunden war. Umso mehr freuten wir uns, als wir durch die Verwalterin der kleinen Bibliothek die Erlaubnis erhielten, uns in diesem Heiligtum aufzuhalten. Sie war eine reizende jüngere Frau und stammte aus Lübeck, wo sie mit Helenes Schwiegertochter bekannt gewesen war. Weil sie Mitleid mit uns hatte und uns vor allem freundschaftlich gesinnt war, durchbrach sie für uns die Regel. Denn die Benutzung der Bibliothek war an sich nur Wissenschaftlern vorbehalten. Es war nicht nur die Wärme des Raumes, die uns lockte. sondern die lange entbehrte Lektüre war uns ein willkommenes Geschenk. Ich hatte allerdings ein paar Bücher mitgenommen. Goethes Gedichte und der „Faust" sollten mir im Exil Gefährten sein. Aber da unsere Schlafstelle in die dunkelste Ecke unserer Bucht eingeklemmt war, drang das Tageslicht kaum durch, und die schwache elektrische Birne an der Decke genügte nicht zum Lesen. Die Werke, die uns in der Bibliothek zur Verfügung standen, waren meist rein wissenschaftlicher Art, aber ich entdeckte dort auch eine recht umfangreiche, wenn auch etwas veraltete literarische Enzyklopädie, auf die ich mich mit Heißhunger warf und zu der ich immer wieder greifen konnte, da sie wenig Liebhaber fand.

Wenn auch Helene und ich als Unzertrennliche geneckt wurden, so fand ich doch oft den Weg zu Anna Hertz, mit der mich Freundschaft und Verwandtschaft so innig verband. Eines Tages hatte Anna für mich eine Überraschung bereit. Sie nahm mich mit ins „Café"! Dass es in Theresienstadt ein kürzlich eingerichtetes Kaffeehaus gab, hatte ich noch gar nicht vernommen und kam dann aus dem Staunen nicht heraus. Für ein geringes „Gettogeld" [Abb. 33] kam man in einen großen hellen und freundlichen Raum. Auf modernen kleinen Tischen glänzten die Glasplatten, die Stühle waren hübsch und bequem, und an den Wänden prangten Zeichnungen, Aquarelle und allerlei lustiges Zeug, von Künstlerhand angefertigte Stofftiere und Puppen, wie sie damals Autobesitzer als Maskottchen in ihren Wagen hatten. Eine Musikkapelle spielte heitere Weisen, und in kleinen Metallbechern, wie sie auch Frau R. besaß, wurde Muckefuck-Extrakt mit Würfelzucker serviert, der in dieser Aufmachung und in dieser Umgebung wie ein köstlicher Trank schmeckte. Dieser erste Eindruck war für mich wie ein Traum! Eine Stunde lang fühlte ich mich aus der Gegenwart herausgehoben und der Zivilisation wiedergegeben.

Oft konnte man sich diesem Zivilisationstraum leider nicht hingeben, denn wir, die wir nicht arbeiteten, hatten ja keinen Verdienst, und unser karges Taschengeld wurde für die Heimatpakete benötigt, für deren Aushändigung immer eine gewisse Summe abgehoben wurde. Aber über diese Art Steuer murrte niemand, es war so herrlich, wenn man diese ersehnten, man kann wohl sagen: lebensnotwendigen Spenden entgegennehmen durfte. Wenn ein solches „Avis" ankam, konnte uns kein Regen, kein Glatteis, kein Unwetter zurückhalten, das Paket abzuholen. Die Schwächsten unter uns fühlten sich beflügelt und empfanden keine Ermüdung, auch wenn sie stundenlang an der Ausgabe Schlange stehen mussten. Es hatte lange gedauert, bis das erste Paket von meiner Tochter anlangte, obgleich es die prompte Antwort auf meine erste Karte mit Adresse war. Denn die Postkarten für die Heimat [Beispiel s. Abb. 47] wurden uns erst nach Wochen ausgehändigt – mit vielen Verhaltensmaßregeln, vielen Verboten, und sie war der strengsten Zensur unterworfen. Was durfte alles *nicht* geschrieben werden! *Nie* durfte eigene Krankheit oder der Sterbefall eines Angehörigen erwähnt werden, *nie* auch nur die Andeutung eines Ernährungsmangels. Mehr als zwei Namen durften auf der Karte nicht erscheinen; verboten war jede Bitte um irgendetwas, verboten jede Klage Die Strenge und die Starrheit der Zensoren, die doch selbst Juden waren, wirkten sich so unerbittlich aus, weil dieses Amt von SS-Männern kontrolliert wurde und die Zensoren selbst für die geringste Laxheit zur Rechenschaft gezogen wurden.

Nach ein paar Lichtblicken fiel es uns immer besonders schwer, in unsere trostlose Behausung zurückzukehren. Und der einzige Vorzug: dass unser Betreuer, Herr Ledermann, uns das Anstehen in der eiskalten Essensausgabe ersparte, sollte auch bald aufhören. Dieser Herr L., der mir und Helene ein guter Freund und Beschützer war – ich hatte mit ihm durch unsre gemeinsamen Hamburger Beziehungen so viele Berührungspunkte –, war vielen der übrigen Insassen unseres Bodens nur ein unangenehmer Vorgesetzter. Es hatten schon mehrmals Streitigkeiten über die Essenverteilung stattgefunden, da behauptet wurde, dass er die Speisung willkürlich verteile und *seine* Schützlinge angeblich mehr als die anderen erhielten! Anfangs versuchte er, die neidischen und ganz ungerechten Äußerungen zu beschwichtigen und richtigzustellen, aber als die Nörgeleien nicht aufhörten, riss ihm schließlich der Geduldsfaden und er verkündete, dass von nun an jeder sein Essen selbst abholen müsse. Und so geschah es, dass zu allem Ungemach auch noch der mühsame Weg und das lange Anstehen an der Essenausgabe hinzukamen. Das mussten ja eigentlich alle Theresianer, aber die Wohnverhältnisse von manchen waren doch zum Teil nicht so entsetzlich wie die unsrigen.

Unsere Freunde hatten sich vergebens bemüht, uns beim Wohnungsamt und bei einflussreichen Persönlichkeiten einen anderen Wohnraum zu beschaffen. Einige Kameradinnen hatten es für sich erreicht, so lichtete es sich etwas auf unserem Boden. Nur Helene und ich hatten beinahe die Hoffnung aufgegeben, als eines Tages – es war Anfang März – die erlösende Tat uns überraschte. Die Umsiedlung in ein Haus, in ein richtiges heizbares Zimmer war erreicht, allerdings mit einer einzigen Enttäuschung, Einschränkung: Ich sollte vorläufig allein umgesiedelt werden, da das andere Bett erst in einigen Wochen frei werden würde und Helene erst dann folgen könnte. Das war ein Wermutstropfen in unser Glücksgefühl. Wir waren in Leid und Freud so ineinander verschmolzen, dass selbst solche kurzen Trennungen im augenblicklichen Elend uns tief schmerzten und also keine Freude aufkommen ließen. Außerdem packte mich großes Unbehagen, ja sogar Angst, bei dem Gedanken, mich allein in eine fremde Umgebung einleben zu müssen. Helene war von uns beiden die Praktischere, Erfahrenere, Resolutere und Umsichtigere, und so kam mir die Idee, die Rollen zu tauschen. Sie sollte als Pionier vorausgehen, meinen Platz dort einnehmen und das Terrain für mich vorbereiten. Es war ja nur ein kurzer Aufschub, denn ich sollte doch bald folgen.

Mit diesem Tausch war man nun höheren Orts einverstanden. Die neue „Wohnung", die wirklich eine kolossale Verbesserung bedeutete, war nicht weit entfernt, und wir konnten nach Verabredung täglich etwas zusammen unternehmen.

Diese Wochen flogen dahin, das ersehnte Ziel kam immer näher! Und dann auf einmal die Katastrophe: Durch einen Übergriff der Nazis wurde der ganze Plan umgestoßen. Das Haus, in dem wir auf Vereinigung hofften, sollte einstweilen nicht neu belegt werden, da es in Kürze für eine ganz andere Verwendung geräumt werden würde. Das war eine bittere Enttäuschung, aber Nazibeschluss war eben Schicksal, und da hieß es halt resignieren und sich mit dem Elendsquartier abfinden.

Vielleicht half mir dabei eine Krankheit, die mich bald danach befiel. Es war die berüchtigte „Enteritis" an der so viele zugrunde gingen, mit Schüttelfrost, Darmkatarrh und hohem Fieber. Herr Ledermann war ängstlich besorgt um mich. Helene umgab mich mit ihrer Liebe, und die anderen Kameradinnen halfen, wo sie nur immer konnten. Ein tschechischer Arzt, indifferent und unwirsch, wie er allen Deutschen gegenüber war, verordnete einige Medikamente, aber am meisten halfen mir die Haferflocken, die ich für solche Fälle mitgebracht hatte und die bis dahin, allen Versuchungen zum Trotz, in der Tiefe meines Koffers geschlummert hatten. Es ging jedoch nicht schnell mit der Genesung. Ich weiß nicht, wie viele endlose Tage, wie viele qualvolle, schlaflose Nächte ich auf dem harten Brett lag, das mir als Lager diente. Im Hindämmern der wachsenden Schwäche, durchzuckt von Fieberphantasien, durchzogen Wachträume mein Bewusstsein. War *ich* das, die in Mangel und Erniedrigung hier lag, ich, die ich einmal in jungen Jahren an der obersten gesellschaftlichen Spitze stand, damals, als mein Mann zum Senator erwählt worden war, die höchste Ehrung, die der Hamburger Staat einem Bürger erweisen konnte?

Abb. 34 Unser Haus Heilwigstraße 42, Gratulation zur Senatswahl, März 1909

Bilder zogen an mir vorbei, Bilder von Fahrten in der Staatskutsche, vor deren Insignien jeder Schutzmann stramm stehen musste, und bei deren Vorfahrt am Portal des Rathauses die Wache heraustrat und salutierte? War das mein Mann, der als Landherr vierspännig durch die Vierlande fuhr wie ein Fürst? Hatte wirklich im Krieg der Admiral, der Cuxhaven regierte, bei einem offiziellen Besuch, den wir ihm abstatteten, mir als Zeichen persönlicher Verehrung ein Ständchen bringen lassen von der Musikkapelle? Auch noch andere Erinnerungen zogen an meinem geistige Auge vorüber, Erinnerungen an die Zeit, als mein Mann noch Syndikus der „Hapag" war und unser Freund und Gönner, Albert Ballin, uns an dem märchenhaften Luxus seiner verschiedenen Veranstaltungen teilnehmen ließ. Das waren beispielsweise acht Tage in Paris im „Ritz", dem elegantesten Hotel dort, oder das Erlebnis der Kieler Woche auf einem Luxusdampfer der „Hapag", wo als Gäste ein großer Teil der Europäischen Prominenz figurierte. Ich entsann mich ferner einer Fahrt nach England auf der „Imperator", auf der mir ein Appartement zur Verfügung gestellt wurde, was sich sonst nur amerikanische Millionäre oder hohe Fürstlichkeiten erlauben konnten. Wenn meine Fieberträume sich mit diesen Bildern beschäftigten, so nicht deshalb, weil ich früher diesen Dingen etwa eine besondere Wichtigkeit eingeräumt hätte, denn meine Lebenswerte lagen auf ganz anderen Gebieten. Diese Erinnerungen drängten sich wohl auch nur durch den schreienden Gegensatz zwischen 'einst' und 'jetzt' auf.

Das Fieber hatte endlich nachgelassen, aber eine große Mattigkeit war über mich gekommen und ein Bedürfnis nach Ruhe und Stille. Ich litt unter einer peinigenden Geräuschempfindlichkeit, und das nun in dem mir sonst schon gewohnten Lärm der schnatternden, lachenden oder streitenden und keifenden vierzig Insassen unseres Bodenraumes. Ich muss hier aber erwähnen, dass in unserer kleinen Bucht die Kameradinnen ihre Stimmen dämpften und so viel Rücksicht nahmen wie möglich. Die Apotheke hatte ein leichtes Schlafmittel geliefert, und ich war einmal eben am Einschlummern als ein furchtbares Getöse, das Trampeln von vielen Schritten auf der Treppe mich aufschreckte. Herr Ledermann erschien und meldete, dass es noch am heutigen Abend eine lustige Überraschung geben würde. Das Kabarett von Theresienstadt, das von einem Künstlerkreis der leichten Muse gebildet war, wollte unserem stiefmütterlich behandelten Boden eine Extra-Vorführung bieten. Und dies begann dann auch sofort mit Deklamationen, Schlagern und Jazzmusik, jede Darbietung stürmisch von den Zuhörern applaudiert. Und ich – ich lag da ... verzweifelt im Kampf mit meiner Müdigkeit und dem nervenzerrüttenden Lärm.

Aber auch diese Krankheit und ihre Nachwehen gingen vorüber. Ich war meinen Kameradinnen dankbar für ihre Hilfsbereitschaft, für alle Erleichterungen, die sie mir während dieser Zeit verschafft hatten. Jeder Einzelnen kam ich menschlich näher. Wir führten lange Gespräche miteinander, ich lernte sie innerlich näher kennen. Sie vertrauten sich mir an, und ich entdeckte viel Liebenswertes in ihnen. Dabei half mir meine ausgesprochene Fähigkeit, zuhören zu können, mich in die Mentalität anderer einzufühlen und durch Verständnis manches Verkrampfte zu lösen. Auf diese Weise habe ich im Leben Freunde heterogenster Art erworben.

Mehrere Monate waren seit unserer Ankunft vergangen, und Helene und ich bangten noch immer um das Schicksal unserer Fahrtgenossin Ada M., die damals bei der Ankunft gleich ins Gefängnis musste, weil sie Schmuck und Geld geschmuggelt hatte. Wir hatten von einem gleichen Fall vernommen, wo die Tochter dann ihre Mutter besuchen durfte. So fassten wir den Entschluss, bei einem der Justizmächtigen, die natürlich auch alle Juden waren, um eine Besuchs-Genehmigung zu ersuchen. Die Audienz wurde erteilt, und wir konnten unsere Bitte vortragen. Ein jovialer Herr empfing uns, der uns gar nicht einschüchterte, dann aber gewisse verfängliche Fragen an uns stellte, die darin gipfelten, in welchem verwandtschaftlichen: Beziehungen wir denn zu Frau M. ständen. Als wir wahrheitsgemäß die Verwandtschaft verneinen mussten, lachte er und sagte:

„Aber meine Damen, dann kann ich Ihnen leider keinen Besuch gestatten. Ein Gefängnis ist doch kein 'five-o'clock tea'!" Und damit wurden wir sehr höflich, aber bestimmt, entlassen – zu unserer größten Enttäuschung. Nun bangten wir also weiter um unsere Fahrtgenossin. Aber wie sehr überrascht sollten wir werden, als uns nach etwa sechs Wochen die endlich entlassene Gefangene auf der Straße lachend entgegen kam! Sie sah aufgeblüht und heiter aus, und des Erzählens war kein Ende! Sie hatte es in jeder Weise gut gehabt, viel besser als wir: Sie hatte weder gehungert noch gefroren. Von uns Unfreien unterschieden sich die Gefangenen nur durch doppelte Unfreiheit, die aber in diesem Fall ihre Vorzüge hatte: Sie brauchten nicht in Wind und Wetter um Essen anzustehen; in den geheizten Gefängnisräumen wurden ihnen alle Mahlzeiten gebracht, und es waren genau dieselben, die wir erhielten. Sie schliefen in sauberen Betten, und sie brauchten nur leichte häusliche Arbeiten zu verrichten. Ein lustiges Gefängnis – also wie in der „Fledermaus" –, nur … dass die Musik von Strauss fehlte! Als wir dies alles hörten, überkam uns das Bedauern, dass wir uns keiner Gesetzesverletzung schuldig gemacht hatten! Hinzu kam, dass unserer Freundin auch noch bei der Entlassung aus dem Gefängnis sofort ein viel besseres Quartier zugewiesen worden war als unser primitiver Boden.

Die Tage wurden länger, und ich kroch häufiger aus diesem unwirtlichen Bodenraum heraus. Ich war viel mit Anna zusammen, und wir besuchten gemeinsam öfters ihre kleine Enkelin, die in einem Kinderheim dort untergebracht war. Es war das Kind ihrer unglücklichen Tochter [Elisabeth Liebrecht], die in dem Glauben, das Kind sei vor Verfolgung gerettet, sich in der eigenen verzweifelten Lage das Leben genommen hatte. Hitlers Schergen hatten aber dem Versteck des Kindes nachgespürt und es dem entsetzten Vater [Heinrich Liebrecht] nach Theresienstadt nachgeschickt. Das Kinderheim – es waren deren eine ganze Anzahl dort – gehörte ebenfalls zu den Institutionen, wie das „Prominentenhaus", das „Café" und vor allem das Krankenhaus, die den manchmal zugelassenen fremden Kommissionen Sand in die Augen streuen sollten. Wie ich bereits erwähnte, bekamen diese ja die Elendsquartiere nicht zu Gesicht. Annas zweieinhalbjährige Enkelin Reha war ein bildschönes Kind, ähnlich, wie die Mutter in jenen Jahren ausgesehen hatte. Reha war die ganze Wonne der Pflegerinnen, der Vorzug des Vaters, der das Kind – ich weiß nicht aus welchen Quellen – sogar mit Spielsachen überschüttete. Der ungewöhnliche Name Reha, der so hübsch klingt, war mit Geschick aus der Liste der erlaubten Namen ausgesucht worden. Man muss nämlich wissen, dass ein Verbot erlassen worden war, Kindern jüdischer Eltern einen arischen Namen zu geben. Selbst biblische Namen wie etwa Eva oder Ruth, die sich in den deutschen Sprachgebrauch fest eingenistet hatten, waren verboten. Die auf der Liste erlaubten Namen waren meist dem entarteten Jiddisch entnommen, unmissverständlich dem Kind einen Stempel aufdrückend. Abgesehen von den Eltern wurden Besuche im Kinderheim nicht gern gesehen, denn bei den grassierenden Seuchen konnten zu leicht Krankheiten übertragen werden. So musste Anna ihre großmütterliche Sehnsucht oft unterdrücken. Aber über das Wohlergehen der Kleinen konnte sie beruhigt sein.

Keine Zeitung erreichte uns je in Theresienstadt; wir fühlten uns wie auf einer Insel gestrandet. Und doch sickerten manchmal ein paar Nachrichten durch. Die Männer und Frauen, die außerhalb des Gettos unter der Knute der braunkundigen Aufseher arbeiteten, kamen zuweilen in Berührung mit der Bevölkerung, die nicht immer mit Nachrichten zurückhielt – wie über den Verlauf des Krieges oder neue Bombenabwürfe. So kam auch dies und jenes Herrn Ledermann zu Ohren, der es aber fertig brachte, uns über Hamburgs Geschick bis zum Ende zu beruhigen. Und wir nahmen diese – von ihm rosig gefärbten – Berichte ohne Skepsis auf, denn wer Hamburg 1943 in Schutt und Asche erlebt hatte, konnte sich nicht vorstellen, dass es dem Feind einen neuen Angriff wert war. Ich glaube sogar, dass, wenn Herr Ledermann den günstigen Fortgang des Krieges für uns erdichtete, er sich selbst damit nur Mut einflößen wollte. Ihn belebte nämlich eine große Hoffnung: als geschiedener Mann hatte er seit Jahren heimlich eine arische Braut, die durch dick und dünn zu ihm hielt und ihn oft mit Briefen und Sendungen beglückte. Aber zur Erfüllung dieser Hoffnung brauchte es das Ende des Tausendjährigen Reiches!

Nun waren wir schon drei Monate in der Verbannung. Die Nachrichten aus Hamburg kamen regelmäßig in Form von Karten und Päckchen von Irene und meiner Schwiegertochter aus Baden-Baden. Sie durften zwar nicht viel schreiben, aber man wusste wenigstens, dass alle noch lebten und gesund waren. Und die Pakete waren auch durch Verordnung in der Größe beschränkt, enthielten aber immer etwas Belebendes, etwas, was einen vor dem gänzlichen Erschöpfungszustand rettete. Ich wusste ja, dass es Irene in dem ausgehungerten Kriegs-Hamburg schwer fiel, von ihren kärglichen Rationen etwas für mich zu erübrigen …, aber mitleidige Hilfe kam ihr von ihrer nächsten Umgebung. Die Pakete wurden angekündigt, und die Spannung am Schalter gab den so lang anstehenden Beinen die Kraft durchzuhalten.

Die Gottesdienste an den Sonntagen wurden von mir regelmäßig besucht. Das war einem zum Bedürfnis geworden. Dort allein fand man eine Stätte der Einkehr, der Selbstbesinnung selbst wenn die Predigt nicht ganz befriedigte. Denn ein stilles „Zuhause" hatte ja keiner. Wenn auch in meiner Bucht Eintracht herrschte, so war es in einigen anderen leider ganz anders. Da prallten Neid, Missgunst, Gehässigkeit in unbeherrschtester Weise aufeinander – Zank und Gezeter in einem Wortschwall beleidigender Ausdrücke, deren Vielfalt man hätte bewundern können, wäre es nicht so widerlich gewesen! Das waren natürlich nicht die Elemente, die die Kirche aufsuchten.

Die Mittwochabende behielten weiter ihre Anregung, und Dr. Goldschmidt fing an, uns auch für seine Bibelstunden zu interessieren. Ganz im Gegensatz zu seinen Kanzelreden gab er dort sein Bestes an erstaunlichem Wissen, an Gestaltungsgabe und Tiefe der Deutungen. Und dann kam noch etwas anderes in unseren Gesichtskreis, was uns bis dahin verborgen geblieben war, und zwar gab es Klavierkonzerte für Musikliebhaber. Ein Berliner Künstler, James Simon, hatte dafür einen schönen Flügel zur Verfügung gestellt bekommen. Simon führte uns in das Werk Beethovens ein, erläuterte es und interpretierte wundervoll. So intensiv habe ich Musik nie genossen wie in jener Zeit; es war eine Versunkenheit in eine Welt der Kunst, bei der man die Entbehrungen des Alltags vergaß. Ebenso waren wir der Bücherstube treu geblieben. Und, jetzt, wo die Tage länger wurden, nutzten wir die Zeit vor dem Anstehen für die Abendmahlzeit aus, indem wir unsere in ganz Theresienstadt verstreuten Freunde besuchten. Es gab ja immer irgendwie zu helfen. Viele waren bettlägrig, von feindlicher Umgebung schlecht versorgt, und ihr Leiden entbehrte doch der Voraussetzungen für eine Aufnahme in das so gut geführte Krankenhaus.

Die Tageseinteilung mit all ihren Anregungen gab unserem Leben einen gewissen Rhythmus, der Nerven und Gemüt zuträglich war. Langeweile kannte ich nicht, obgleich ich in meiner dunklen Ecke des Bodens weder lesen noch schreiben konnte und diesen Genuss nur erfuhr, wenn mir eine der arbeitsverpflichteten Kameradinnen mal erlaubte, auf ihrem helleren Bett zu sitzen!

Eine Änderung in den Wohnverhältnissen schien nicht zu erwarten zu sein. Meine Freunde waren mit ihrer Vermittlung immer wieder abgewiesen worden. Da entschloss ich mich, es einmal selbst zu versuchen, und mich brieflich an die Oberste Instanz zu wenden, an den sogenannten „Getto-Ältesten". Dieser Titel hatte aber nichts mit dem Alter zu tun. Man brauchte sich dabei keinen alttestamentarischen Patriarchen vorzustellen mit einem wallenden weißen Bart. Dieser Rang entsprach ungefähr unserem Begriff von „Senior". Der „Getto-Älteste" stand an der Spitze der Verwaltung und war mit allen Befugnissen betraut, welche die wirkliche Spitze, nämlich der braunhemdige Kommandant, ihm zubilligte. Die Bezeichnung „Ältester" spielte überhaupt in der Hierarchie des Gettos eine maßgebende Rolle. So gab es „Hausälteste", was wir mit „Hausverwalter" übersetzen könnten, „Zimmerälteste", die für die Sauberkeit und Ordnung verantwortlich waren und das Recht zu kommandieren hatten – ein Recht, von dem manche sehr gern Gebrauch machten. Und so hieß auch unser Herr Ledermann der „Bodenälteste".

Ich wagte also, ein Bittgesuch an diese gewichtige Persönlichkeit des „Getto-Ältesten" zu richten, den ich noch nie zu Gesicht bekommen hatte. Ich übte mich mit vielen Kladden an stilistischer Überzeugungskraft, dabei meine ganze Diplomatie anwendend, und schließlich fand ich wohl diejenigen Worte, die selbst ein verhärtetes Herz zum Erweichen bringen mussten. Denn: die Antwort kam prompt, und sie war freundlich, wenn sie auch nicht die Einladung zum sofortigen Einzug in das „Prominentenhaus" enthielt. Aber sie brachte doch eine Liste von „Wohnnachweisen", teils in Kasernen, teils in Häusern oder auch in neu erbauten Baracken, wohin ich umziehen könnte. So machte ich mich also auf die Suche, teils mit Anna, teils mit Helene zusammen. Aber auch in den hellsten und freundlichsten Räumen stieß ich mich an übereinander geschichteten Betten oder an dem Gedanken einer Gemeinschaft mit tschechischen Frauen, mit denen, wie ich wusste, keine Kameradschaft möglich war. Oder aber das Quartier lag nach Norden und war kalt, oder – und das war das Schlimmste –, es wimmelte von Wanzen! Wanzen!! Auf meine Frage danach (und ich versäumte es nie, mich danach zu erkundigen) musste der Hausälteste ja wahrheitsgetreu antworten. Schon dort, wo viele Schlafstellen leer standen, schöpfte man Verdacht. Ich hatte bereits viele Klagen hierüber vernommen. Auch in unserem Haus, im Parterre und in der ersten Etage, nisteten solche Biester, aber unser Boden mit seinem ständigen Durchzug blieb in dieser Beziehung verschont. Und dies war für mich besonders wichtig, denn zu den Nachteilen meiner körperlichen Beschaffenheit gehörte auch leider sehr süßes Blut, so dass ich von jeher auf Sommerreisen von stechenden Mücken heimgesucht worden war, wenn ich auch Wanzen bisher nie begegnet war! Dieser Probe wollte und durfte ich mich jedoch keinesfalls aussetzen. Ich kam mir nun vor wie der Mann aus der Legende, der unter seinem Kreuz zusammenbricht und der, nachdem ihm der Tausch mit einem anderen Kreuz schließlich bewilligt wird, dann doch das eigene Kreuz wieder aufnimmt. So verzichtete ich auf das ganze Angebot und kehrte reumütig zu meinem Bodenplatz zurück – zu meiner dunklen Ecke auf mein hartes, aber wanzenloses Lager. Diese reumütige Rückkehr sollte dann aber ihre Belohnung finden. Kurz danach erschien Herr Ledermann und schleppte ein merkwürdiges Gestell heran. Das war ein Bett, das mir – als einzig Siebzigjährigen und eben erst Genesenden – zugedacht war! So etwas Kurioses von einem Bett hatte ich noch nie gesehen! Wenn es auch sicher nicht einstmals Marie-Theresias Brautbett gewesen war, so stammte es bestimmt aus ihrer Zeit. Das ganze bestand aus einem Drahtgeflecht, das sich kaum vom Fußboden abhob. Es hatte aber die Elastizität von Sprungfedern; es gehörte eine richtige Matratze dazu, und man lag so weich und angenehm darauf, wie ich es mir nie erträumt hätte! Da das „Provisorium" immer mehr zur „Permanenz" wurde, folgten nun auch bald für die anderen die üblichen Holzbetten, auf denen vor allem junge Glieder, von Arbeit ermüdet, wohlige Ruhe fanden.

In diese Zeit etwa fiel der Geburtstag unseres Bodenältesten, Herrn Ledermann, und zu meinem Schreck erging an mich seitens der ganzen „Bodenbelegschaft" die Bitte, in ihrer aller Namen die Festrede zu halten. Ich wehrte mich mit allen Kräften dagegen, sagte, ich hätte noch nie in meinem Leben eine Rede gehalten und würde bestimmt beim ersten Satz schon steckenbleiben! „So schreiben Sie die Rede halt auf, und lesen Sie sie ab", hieß es dann. „Dass Sie schreiben können und Phantasie haben, haben Sie ja mit Ihren Gedichten bewiesen!!!" Alles Sträuben meinerseits half also nichts, ich musste nachgeben! Als Kuriosität hatte ich die Kladde dieser meiner Rede (die auch die einzige in meinem Leben geblieben ist) aufbewahrt. Ich fand das ganz verblasste Bleistiftkonzept zwischen meinen Andenken an Theresienstadt und kann es jetzt nur noch mühsam entziffern:

Rede zum Geburtstag von Herrn Ledermann

„Mein lieber Herr Ledermann!
Mir wurde als Bodenältester den Jahren nach die Ehre zugewiesen, dem Bodenältesten dem Amte nach zum heutigen Geburtstag die herzlichsten Glückwünsche der ganzen Bodengemeinschaft auszusprechen. Lassen Sie mich dazu etwas zurückgreifen. Wir kamen hierher, vorigen Januar, erstarrt von dreitägiger Reise in Dunkelheit und Kälte, zerschlagen, verstört. Und als uns als Schlaflager die ungastlichste Behausung angewiesen wurde, Schlafsäcke auf feuchtem eiskalten Boden, da fühlten wir uns so recht im Gefängnis. Der unbekannte Begriff „Bodenältester" erschien uns wie „Kerkermeister", und wir fürchteten uns! Auch für Sie war es nicht leicht! Eine Horde von etwa drei Dutzend Frauen, teilweise nicht mehr jung, bisher unabhängig, selbstständig, unumschränkte Herrinnen im eigenen Hausstand, unkundig jeder Art militärischer Disziplin, sollte von Ihnen geführt, erzogen, regiert werden! Und doch ist es gegangen. Denn bald erkannten wir, dass der Bodenälteste uns kein Kerkermeister sein wollte, sondern ein Freund, mehr Berater als Vorgesetzter, mehr Kamerad als Erzieher. Für all unsere kleinen Leiden hatte er ein Ohr, für alle unsere Wünsche bereitwilligste Hilfe. Von morgens bis abends ging es los: „Herr Ledermann hin, Herr Ledermann her!" Und, als die Stettiner Kameraden sich zu uns gesellten, erst recht. Und er war ebenso vielseitig wie unermüdlich. Kaffee holen und Kohlen schleppen, elektrische Birnen unter akrobatischen Kunststücken einsetzen, Tauschgeschäfte für uns günstig abschließen: er war immer auf dem Posten! Und wenn wir einmal krank wurden, so konnte keine pflegsamere Kinderfrau die großen, oft unvernünftigen Kinder besser betreuen als unsere Kinderfrau Ledermann. Aber auch die seelische Fürsorge haben Sie nicht vergessen. Wie haben Sie unseren Nachrichtenhunger täglich mit Berichten gestillt, Berichte – geschaut durch die rosa Brille optimistischer Auffassung! Es stimmte nicht immer, aber uns baute es eine Brücke von der anfänglichen Verzweiflung zur jetzigen Schicksalsergebenheit. Und wie hoben und belebten Sie die Stimmung durch Ihren Humor, Ihren Witz und die Anekdoten, die uns zum Lachen brachten!

Das alles verdanken wir Ihnen in diesen vier Monaten liebevoller Betreuung, und so sprechen wir unserem Kameraden und Freund heute zum Wiegenfest unseren innigen Dank aus und wünschen ihm baldige Heimatluft.

Und nun möchte ich zu unseren anderen Wünschen noch einen besonderen Wunsch hinzufügen. Es ist der Wunsch, dass der lang gehegte Traum einer Vereinigung mit Ihrer fernen Freundin, die in schwerer Trennung Ihnen die Treue hält, bald in Erfüllung gehen möge, dass Ihnen am eigenen Herd noch Jahre des Glücks beschieden werden, dass im Alter für Sie gesorgt werden möge, wie Sie jetzt für uns gesorgt haben.

Unser Berater, unser Freund, unsere Kinderfrau Ledermann, er lebe hoch!"

Der große Tag kam heran, und – „gestützt" auf mein Manuskript – gelang mir auch die Sicherheit und Spontaneität der Ansprache. Herr Ledermann war freudig überrascht und sehr gerührt, so gerührt, dass ihm die Tränen kamen. Es war wirklich ein Erfolg, und ich war glücklich, die rechten Worte gefunden zu haben, um unsere Dankbarkeit auszudrücken. Natürlich erntete ich viel Lob, aber nachdem es geschehen war, merkte ich zu meinem Erstaunen, wie gespalten eigentlich die Meinungen über Herrn Ledermann waren, wie viel Kritik an ihm geübt wurde, wie sehr Anerkennung und Ablehnung sich die Waage hielten. Hätte ich das vorher gewusst, ich hätte mich entschieden gewehrt, Sprecher für alle zu sein, obwohl meine Sympathie natürlich die gleiche geblieben wäre.

Wir waren jetzt im April. Die erstarrte Natur wachte aus dem Winterschlaf auf. Wie sehr hatte Anna recht gehabt, als sie mir Ungläubigen am Anfang sagte: „Theresienstadt ist nicht hässlich, lass erst mal die Sonne scheinen!" Und nun drang sie durch, die ersehnte Sonne, zuerst noch in scheuen, seltenen Strahlen, aber doch schon dem ganzen Stadtbild einen unbekannten Glanz verleihend. Diese ersten Strahlen färbten die im Grau des Winters unsichtbaren Pastelltöne der getünchten Häuser in zartes Rosa, die kahlen Bäume belaubten sich, und hinter den Wolken tastete sich manchmal ein südliches Blau hervor. Alles erschien in diesem Licht anders: die so schön im Raum stehende stilvolle Kirche [Abb. 32], selbst die eintönigen Kasernen boten den Anblick der einheitlichen Architektur einer altehrwürdigen, die Zeit überdauernden Festungsstadt. Und mit dem anbrechenden Frühling ging es mit einem Mal aufwärts. In diese Zeit fiel nämlich eine erstaunliche Veränderung. An den Holzplanken des mysteriösen großen Platzes, der am ersten Tag in mir so schauerlich-makabre Befürchtungen ausgelöst hatte, wurde auf einmal eifrig gearbeitet. Und ein paar Tage später fielen die Planken ..., eine keimende Grünanlage kam zum Vorschein: Ansätze von Blumenbeeten und – unserer Wahrnehmung noch unglaubhaft – die Kunde von der Errichtung eines Musikpavillons und Aufstellung vieler Dutzende von Bänken ringsherum! Mit welcher Spannung verfolgte man die Weiterentwicklung dieses Arbeitsprozesses!

Bei aller Freude war es mir aber sehr schmerzhaft, dass gerade Helene von alledem nichts miterleben konnte. Sie war an einem sehr ernsten und langwierigen Bronchialkatarrh erkrankt. Leider war es, wie damals bei mir, wieder eine von den Krankheiten, die eine Behandlung im Krankenhaus nicht gewährte. So entging ihr dieser Zauber, der mich ganz gefangen hielt. Denn auch im Krankenhaus, wo ich eine Kameradin besuchte, die das Glück hatte, sich im Genesungszustand einer harmlosen Operation zu befinden, war das Entzücken der erwachenden Natur fühlbar. Das Krankenhaus, in theresianischer Sprache „Ambulanz" genannt, lag in einer malerischen Grünanlage und war mit allem ausgestattet, was zu einem modernen Krankenhaus gehört. Da herrschte Sauberkeit, Akkuratesse, da waren schneeweiß bezogene Betten, geübte Pflegerinnen und ein Stab der besten Chirurgen und Internisten; Spezialisten aller Art, rekrutiert aus der Anzahl der Mediziner, die hier in Theresienstadt unser Schicksal teilten. Der kleine Park mit den schattigen Bäumen und den anmutigen Barock-Figuren hatte auch Bänke, auf denen es gestattet war zu sitzen, wenn sie nicht gerade von Rekonvaleszenten besetzt waren. Ein paar Monate später besuchte ich dort Frau Gertrud Katz, die an einer früher in Deutschland verpfuschten Operation litt und die hier, von neuem operiert, ganz gesund wurde. Sie denkt noch mit Dankbarkeit an diese Zeit in der Ambulanz zurück.

Noch etwas Erfreuliches geschah in diesen Tagen. Ein Wechsel in der Kommandantur setzte einen Kommandanten über uns, der etwas mehr Verständnis für menschliche Würde hatte. Mit der letzten fallenden Planke fiel auch eine der widerlichsten Anordnungen des vorigen Systems, und zwar der erniedrigende Grußzwang vor dem Hakenkreuz. Ich selbst war nie in die Lage gekommen, mich dem zu unterwerfen. Bei den seltenen Fällen, in denen mir eine Gruppe von Hakenkreuzträgern entgegen kam, war ich schnell in einen Torweg oder in einen Hauseingang geflüchtet und hatte mich an meinem Strumpf zu schaffen gemacht, so dass mein Vorderteil einem vielleicht spähenden Blick verborgen blieb.

In diese Zeit fiel auch ein Ereignis, dass auf die Plusseite der theresianischen Erlebnisse gebucht werden musste: Als ich nach einem Nachmittagsspaziergang mit Anna auf meinen Boden zurückkehrte, wurde ich mit großem Hallo empfangen und mit der Nachricht, dass ein Besuch für mich da gewesen sei, eine sehr vornehm aussehende Dame, die mich kennenlernen wollte. Sie hatte ihre Adresse hinterlassen. Ich las auf dem Zettel: „Edith Stargardt, Prominentenhaus", und die Nummer ihres Zimmers. Das war also die Frau des von mir so sehr bewunderten Leiters unserer Mittwochabende, den ich ja auch nur als Zuhörerin bisher kannte. Ich hatte die schlanke und aparte Frau oft in seiner Nähe gesehen und wohl manchmal den Wunsch gehegt, mit diesem Paar in Verbindung zu treten. Und nun fiel mir die Erfüllung dieses Wunsches also auf unerklärliche Weise in den Schoß!

Gleich am folgenden Tage machte ich mich auf den Weg zum sagenhaften „Prominentenhaus". Ich klopfte an das bezeichnete Zimmer, und mit gewinnender Liebenswürdigkeit kam mir Dr. Stargardt entgegen. Er war allein, da seine viel jüngere Gattin noch dem Frondienst verpflichtet war. Und nun kam die Erklärung dieser mir so willkommenen Annäherung: Frau Stargardt hatte von ihrer in Deutschland zurückgebliebenen Schwester eine etwas rätselhafte Karte erhalten, worin sie eindringlich gebeten wurde, auf Empfehlung einer gemeinsamen Freundin, Anita v.H., eine „Frau Dodi Mumssen" aufzusuchen, die sicher zu ihnen beiden passen würde. Das kam ihnen merkwürdig vor, sie rätselten mit Bekannten an der Karte herum und meinten, dass *Dodi* doch kein Name sei, das wäre sicher eine getarnte politische Nachricht! Da unterbrach eine dazu gehörige Freundin, Frau v.T., das Rätselraten und erklärte zu ihrer aller Verblüffung: „Aber nein, Dodi ist keine politische Nachricht ..., die gibt es hier, das ist die Schwiegermutter einer meiner Cousinen!" Daraufhin hatten sie also beim Wohnungsamt die Adresse einer Frau Mumssen aus Hamburg leicht erfahren können.

Zwischen Herrn Dr. Stargardt und mir entstand sofort eine spontane Sympathie – hervorgerufen aus gleicher Geisteshaltung, gleichen Interessen, gleichem Milieu und gleicher Lebenshaltung – die ich später ihm gegenüber als „Freundschaft auf den ersten Blick" bezeichnete und die sich jetzt noch – nach vierzehnjähriger Trennung – frisch und jung erhalten hat. Seine Frau habe ich damals viel weniger kennengelernt, denn während meiner häufigen Plauderstunden mit ihrem Mann war sie ja die meiste Zeit zwangsbeschäftigt. Die richtige Bekanntschaft mit ihr machte ich Jahre nach der Befreiung, als ich das Buch las, in dem sie mit großem Talent das Lebensbild ihrer berühmten Mutter, Frau Luise Wolff, schilderte. Ich las es mit Interesse und Bewunderung und kam dadurch auch ihr näher.

Seitdem die Möglichkeit zu Spaziergängen gegeben war, war ich viel mit Anna zusammen. Wir beide waren schließlich „Familie" – uns verband eine lange gemeinsame Vergangenheit, die niemals durch irgendeine Uneinigkeit getrübt worden war. Unsere Kinder – gleichaltrig – waren intim miteinander befreundet gewesen. So sah ich damals mit beklommenem Herzen das Herannahen des 17. April, dem Geburtstag ihrer auch von mir so sehr geliebten Tochter Lieschen [Liebrecht]. Wir hatten uns vorgenommen, diesen Gedenktag jedenfalls zusammen zu verbringen, wussten aber infolge der beiderseitigen ungemütlichen Behausungen nicht recht, wo wir das tun sollten. Da kam von ihrem Schwiegersohn Heinrich [Liebrecht] eine Einladung, dass wir uns bei *ihm* treffen, und zwar zu einer Gedenkfeier im Rahmen eines richtigen Mittagessens. Nur unsere Bestecke sollten wir mitbringen, unsere Ration der allgemeinen Speisung aber dafür zum Abend aufbewahren. Für alles Andere wolle er sorgen. Es war alles genial geplant und eingerichtet. Seine Schlafgenossen hatte er listig entfernt. Man saß nicht auf dem Bett wie sonst bei allen Besuchen; drei Böcke umstanden einen runden Tisch, auf dem – man traute einfach seinen Augen nicht – ein Tischtuch prangte! Geschirr hatte er sich – wie natürlich auch Böcke und Tischchen – von allen Seiten geliehen. Es passte zwar nichts zueinander, aber es gab dadurch ein buntes Bild, das noch durch zwei Veilchensträuße für uns verschönt wurde. Ein dampfendes Gulasch mit Kartoffeln füllte unsere Teller, und irgendein Pudding aus der Tüte schloss diese lukullische Mahlzeit. Das war für Theresienstadt etwas unglaublich Köstliches, und trotz des wehmütigen Untertons unseres Zusammenseins erfüllten uns diese Stunden, die so aus dem Rahmen unseres sonstigen Lebens herausfielen, mit Wohlbehagen und mit unendlicher Dankbarkeit für die Absicht unseres Gastgebers, uns eine so große Freude zu bereiten.

Wenn man die letzte Zeit bedachte, so hatte sich Vieles zum Besseren gewandelt. Bei unserer Ankunft war unter allen Übeln das ärgste, dass unser Haus noch nicht an die Wasserleitung angeschlossen war. Das war nun kürzlich geschehen, und neben dem jetzt modernisierten WC in der ersten Etage war sogar ein Waschbecken angebracht mit der Händewasch-Vorschrift, die schon aus den religiös-hygienischen Anweisungen von Moses stammte! Handtuch und Seife musste man selbst bei sich haben, und wenn man es einmal vergessen hatte, musste halt das Unterkleid herhalten!

Da wir nicht mehr die letzten Ankömmlinge waren, hatten wir auch nun die Aussicht, Karten für die sehr gut eingerichtete Waschanstalt zu bekommen, die bei dem Andrang im überfüllten Getto nie ausreichten. Das Waschen in der Waschküche war eine furchtbare Angelegenheit; man konnte sich wohl heißes Wasser aus einem Kessel dort holen, aber die Katastrophe war dann das Spülen! Das war nur möglich unter der Pumpe draußen im Hof, wo bei gutem Wetter auch eine Leine zum Trocknen der Wäsche aufgezogen war. Solange Helene noch mit mir wohnte, hatten wir nur Kleinwäsche gehabt und halfen uns dabei gegenseitig. Vor allem durfte man die Wäsche nie unbeaufsichtigt lassen. Da unten wimmelte es nämlich von tschechischen Megären, die weder „mich" und „mir" noch „mein" und „dein" unterscheiden konnten. Ihnen galt der kommunistische Slogan: „Eigentum ist Diebstahl!" Und so „langfingerten" sie in jedem unbeobachteten Augenblick mit affenartiger Geschwindigkeit in fremden Wäschebündeln.

Als ich nun das erste Mal ganz allein mit meiner inzwischen von Betttüchern und Bezügen zu einem Berg angewachsenen Wäsche hantieren musste und hilflos vor der Pumpe stand (die ich natürlich nicht in Schwung zu bringen vermochte), wurde ich von einem entrüsteten alten Ostjuden – dem sicher der Kaftan näher stand als der Smoking – wegen meiner Ungeschicklichkeit angepöbelt: „So alt sind Sie und können noch keine Pumpe bedienen!" Ich hoffte, dass diesem Zornausbruch erbarmungsvolle Hilfe folgen würde, aber er ging verächtlich an mir vorbei. Als ich die Pumpe schließlich doch noch in Gang gebracht hatte, überkam mich das beschämende Gefühl einer neuen Hilflosigkeit beim Spülen und Wringen dieser schweren wassertriefenden Stücke! Aber nun kam Hilfe von einer Kameradin aus unserem Boden, die mir anbot, von jetzt an jedes Mal meine Wäsche mit der ihren zu waschen. Nun war ich gerettet …, und *wie gerne* quittierte ich mit der Teilung einiger meiner kostbaren Sendungen aus Hamburg!

Den Spaziergängen, an denen ich solche Freude hatte, sollte aber bald eine unliebsame Unterbrechung beschert werden! Ich erwähnte ja schon, dass wir Älteren zu Dienstleistungen nur gezwungen waren, wenn es sich darum handelte, im Hause eine erkrankte Angestellte zu ersetzen. Bis dahin war ich davon verschont geblieben, aber jetzt trat das Anliegen an mich heran, für eine der tschechischen Megären, die den Dienst einer „Klo-Frau" versah, einzuspringen. Ich hatte es im Leben nie nötig gehabt, mich für einen Erwerb zu entscheiden, und wenn ich darüber nachdachte, für welchen Beruf ich wohl tauglich gewesen wäre, so schwankte ich zwischen dem einer Schriftstellerin oder Schauspielerin. Zu einer „Klo-Frau" aber fehlte mir sowohl die Anlage als auch die Ausbildung. Im Dritten Reich lag die Unterwerfung in der Luft! Mit dem Motto: „Führer Ledermann befiehl, ich gehorche!" begab ich mich also auf meinen Posten. Sechs Stunden am Tag hatte ich dort Wache zu stehen, oder vielmehr – Wache abzusitzen, denn der ersehnte Stuhl, der mir in meiner Ubication fehlte, stand mir hier zur Verfügung. Klobesen und Wischtuch waren Attribute meines Amtes! Ich hatte die Verantwortung für die Sauberkeit des anvertrauten Gutes. ich musste die Zerstreuten, die Nachlässigen, die Ferkel von Natur zur Ordnung rufen! Bald hatte sich meine Tätigkeit im ganzen Bekanntenkreis herumgesprochen, und in den Stunden, wo der Andrang nachließ, wurde der kleine Vorplatz, auf dem mein Richterstuhl stand, zu einem besuchten Empfangssalon! Meine Eignung für diesen Posten entehrte nicht des Humors, und so geschah es, dass mehrere Jahre nach der Befreiung eine meiner Freundinnen (die rechtzeitig nach New York emigriert war) in einer dortigen deutschen Zeitung zwischen Berichten aus Theresienstadt meinen Namen entdeckte – in Verbindung mit meinem damaligen Beruf als „Klo-Frau", was als besondere Kuriosität erwähnt wurde.

Doch auch das ging vorüber, und ich kam nicht mehr dazu, meine begonnene Lehrzeit weiter auszuweiten!

Kurz danach bekam ich den Besuch der Fürsorgerin, die den Auftrag hatte, sich nach uns Älteren manchmal umzusehen und unsere Wünsche an höhere Stelle weiterzugeben. Sie brachte mir ganz unverhofft eine Karte für die Duschanstalt. Die Duschanstalt war eine von den viel gepriesenen Einrichtungen, deren Genuss uns wegen der Überfüllung noch nicht zuteil geworden war! Ich war einfach beseligt, und – mit Frottierhandtuch und Seife gewappnet – machte ich mich auf den Weg zum Reinigungsparadies!

Man stelle sich einen großen, gekachelten Raum vor mit etwa zwanzig Duschen, die an der Decke angebracht waren. Die wie Badewasser temperierte Dusche strömte so wohlig hernieder, war aber leider zeitlich begrenzt, und so gehörte jugendliche Beweglichkeit dazu, sich blitzschnell auszuziehen, einzuseifen und abzuspülen, ehe die Dusche sich nach wenigen Minuten wieder automatisch schloss. Weh mir, als ich einmal den Einfall hatte, mir dabei die Haare zu waschen! Das überdauerte natürlich die abgemessen Zeit, und als schaumgeborene Venus – mehr Schaum als Venus – musste ich mit dem klebrigen Zeugs in den spärlichen Locken den Duschraum verlassen!

In den ersten Maitagen hörten wir Neulinge zum ersten Mal die erregende Kunde von dem Besuch einer fremden Kommission! Die unablässliche Geschäftigkeit des Großreinemachens bemächtigte sich des ganzen Gettos. Obgleich fest stand, dass unsere Quartiere dem fremden forschenden Auge verborgen bleiben würden, wurde tagelang gescheuert und geschrubbt. Am besagten Morgen mussten alle früher als sonst aufstehen und unser Schlaflager mit besonderer Akkuratesse in einen Diwan verwandeln. Ich wurde auf die Straße beordert, man drückte mir einen Besen in die Hand mit dem Befehl, die ganze Front unseres Hauses aufs Peinlichste zu fegen. Solche Hexen auf Besenstielen gab es vor jeder Wohnung, und als es gar nichts mehr zu fegen gab, mussten wir doch immer noch weiter fegen. Dann kam die Instruktionsstunde. Es hieß, wenn wir den Herren von der Kommission begegneten und diese etwa Fragen an uns stellen sollten, so sei es uns aufs Strengste untersagt, irgendeine Klage verlauten zu lassen. Der Befehl war, uns aufs Ordentlichste anzuziehen und als Spaziergänger die Straße zu beleben. Das brauchte nicht zweimal gesagt zu werden; jeder wollte von der fremden Kommission etwas zu sehen bekommen. Es war schon interessant, allein die Verwandlung der Schaufenster unserer kümmerlichen Läden zu beobachten. Der Bekleidungsladen, in dem man mit dem Ausweis absoluter Bedürftigkeit für Gettogeld grobe Wäsche und getragene Kleidungsstücke erwerben konnte, war an diesem Tag mit Herrenanzügen und Damenkleidern bester Qualität ausgestattet. Diese Sachen waren natürlich den bei der Ankunft ausgeraubten Koffern entnommen – Eintagsfliegen, die abends bis zur nächsten Besichtigung wieder verschwanden.

Ich machte mich mit Anna auf den Weg, um die Kommission zu treffen. Dies war nicht schwer, denn alles drängte in die Richtung, die diese Herren eingeschlagen hatten. Wir begegneten ihnen vor dem Rathaus, ein größeres Gebäude, in dem Konzertsäle und mehrere Behörden untergebracht waren. Als die Kommission dort hineinging, schlängelten sich die Zuschauer mit durch, und wir beide wurden von der Menge – ganz gegen unseren Willen und ohne zu wissen, wohin es ging – mit hinein getrieben. Und so waren wir nun plötzlich mitten im Gerichtssaal, wo gerade die Vernehmung eines Delinquenten stattfand: Ein junger Mann hatte sich für den Einbruch in den Vorratskeller einer öffentlichen Speiseanstalt zu verantworten. Erschwerend für ihn kam hinzu, dass er dazu kleine Jungen als Handlanger benutzt hatte. Wäre der Richter ein Nazi gewesen, wäre es strenger zugegangen. Hier aber bekleidete ein milder und gütiger Jude das Richteramt; dem knurrte sicher der leere Magen, und das stimmte ihn daher nachsichtig. So hatte man von ihm mehr den Eindruck eines Verteidigers als eines Richters, und aus dem schweren Einbruch wurde schließlich nur ein Mundraub. Wir haben das Ende der Verhandlung nicht mehr erlebt. Die Kommission hatte scheinbar lange genug zugehört und machte sich zu weiteren Besichtigungen auf. Die Zuschauer wurden dann auch evakuiert. Wir sind den fremden Herren später nicht wieder begegnet und kamen somit nicht in den Gewissenskonflikt, eventuelle Fragen unaufrichtig zu beantworten.

Helene ging es inzwischen besser, und so konnte sie noch ein bisschen den Frühling genießen. Sie war gerade zur rechten Zeit gesund geworden, um den lange hingezogenen Umzug in ein anderes Haus zu vollziehen, das leider von meinem noch weiter entfernt war. Aber nun erkrankte Anna an einer fiebrigen Erkältung, die sich auf die Brust gelegt hatte, musste lange das Bett hüten. Ich war viel um sie, holte ihr das Essen und teilte mir die Pflege mit ihren Nachbarinnen. Aber die Unterhaltung zwischen uns wurde sehr erschwert durch meine beginnende und ihre zunehmende Schwerhörigkeit. Sie wohnte ja im mittleren Bett, ich musste also eine kleine Leiter erklettern, um dicht an sie heranzukommen – eine sehr unbequeme Stellung, die ich nicht lange aushalten konnte und was an Gemütlichkeit des Zusammenseins viel zu wünschen übrig ließ.

Um diese Zeit schwirrten unheimliche Gerüchte durch Theresienstadt. Aus mehreren, der von Hitler besetzten Länder waren neue Transporte zu uns gekommen, wie zum Beispiel aus Holland, Belgien, Polen und aus den Balkanstaaten. Man hörte neben Tschechisch eine Menge neuer, uns unverständlicher Sprachen, es glich alles der babylonischen Sprachverwirrung. Das Getto erstickte an Übervölkerung. Eine Statistik habe ich nie gesehen, aber man sprach von vierzigtausend Menschen in einem Distrikt, der kaum für zwanzigtausend reichte. Man flüsterte von teilweiser Evakuierung, vom Abtransport nach anderen Lagern! Ein Grauen erfasste uns: *Wen* würde es treffen? Nach welchen Gesichtspunkten würde sich die Wahl der Opfer richten? Noch ahnte keiner, was diese Aussicht an Schrecknissen barg. Keiner – wenigstens in meinem Umkreis – wusste von den furchtbaren Vernichtungslagern. Wohl fürchtete man noch schlechtere

Lebensbedingungen – also noch schwerer arbeiten, noch mehr frieren, noch mehr hungern zu müssen –, und das war genug, jeden mit banger Sorge zu erfüllen!

Von diesen Sorgen wurde ich etwas abgelenkt durch ein Angebot, das von der sympathischen Bibliothekarin gemacht wurde, derselben, die uns damals Zutritt zu der Lesestube ermöglicht hatte. Ich sollte ihr und einem befreundeten jungen Arzt französischen Unterricht erteilen …, sie unterstrich dabei „gegen Vergütung"! Ich willigte sofort ein, wehrte mich jedoch gegen jede Art von Bezahlung, weder in Brotscheiben noch in Gettogeld. Ich erklärte ihnen, dass, obgleich Französisch meine Muttersprache sei, mir von jeher jede Lehrfähigkeit gefehlt habe, ja, dass ich früher nicht einmal imstande gewesen sei, meinen Kindern – außer der guten Aussprache – bei den französischen Schulaufgaben zu helfen. Ich konnte nur sagen: „Es ist so", ohne auf das „Warum?" eine Antwort zu wissen. Da aber diese, meine großen Schüler, ein Lehrbuch zur Verfügung hatten, wollte ich es also damit versuchen. Ich meinerseits würde es nur als ein Vergnügen betrachten. Damit begann für mich eine besonders anregende Zeit, und ich merkte bald, wie viel leichter es ist, wissbegierige Erwachsene – die außerdem mehrere Sprachen beherrschen – zu unterrichten, als gelangweilten Kindern die Grammatik interessant zu machen. Es ging tatsächlich, und ich war glücklich über die Fortschritte der beiden. Daraufhin drängten meine Schüler mir die abgelehnte Vergütung dann doch auf, und in meinem nun erwachten Selbstvertrauen nahm ich die Bezahlung in Gettogeld schließlich an. Das war der erste Verdienst meines Lebens in Bargeld, und er erfüllte mich mit Stolz! Diese Scheine habe ich nie ausgegeben. Sie gehörten fortan zu meinen Reliquien der Gefangenschaft [s. Abb. 33].

Zu diesen französischen Stunden gehörte auch ein sehr netter Nachmittag, zu dem wir von meinem männlichen Schüler, Herrn Dr. G., auf seiner Bude eingeladen waren. Ich schreibe mit Absicht „Bude", denn als Arzt genoss er das Vorrecht, ein eigenes Quartier zu haben. Es war ein winziges Zimmerchen, aber mit Bett, Tisch, Stühlen und einem Schrank, wo er seine ärztlichen Geräte aufbewahrte. Das war ihm offiziell zugestanden worden. *Nicht* zugestanden – aber in seiner Häuslichkeit besonders reizvoll – war ein elektrischer Kocher, der in einer Kiste unter Kissen und Decken ein verborgenes Dasein führte, ihm viel Annehmlichkeiten gewährte und der an diesem Tage für uns aus seinem Versteck heraus geholt wurde, um uns einen köstlichen Tee zu bereiten. Natürlich gab es im Zimmer keine Ansteckdose, aber elektrotechnisch routinierte Menschen verstehen es ja, den Apparat an die Deckenbeleuchtung anzuschließen. Es gab sogar Gebäck dazu, wahrscheinlich eine Spende von dankbaren tschechischen Patienten, die ja durch die Erlaubnis, größere Pakete zu erhalten, viel besser mit Nahrungsmitteln versehen waren als wir.

Dieses angenehme Zusammensein wurde durch eine geringe Erkrankung seiner Freundin eine Zeitlang unterbrochen. Denn Dr. G. wollte nicht ohne die junge Frau zu den Stunden kommen. Sie sollte unbedingt mit ihm Schritt halten. Es war verabredet worden, mich sofort nach der Genesung zu benachrichtigen … Da kam das Verhängnis! Ich habe die beiden lieben, klugen Menschen nie wiedergesehen!

Inzwischen gingen die Arbeiten an dem freien Platz ihrem Ende zu. Die frisch gestrichenen Bänke gefährdeten unsere Kleidung nicht mehr, der Pavillon hatte noch keine Musikanten, aber er stand da in vielversprechender Vollendung. Es war köstlich, sich auf einer Bank zu sonnen, es schien herrlich, dorthin ein Buch mitzunehmen und sich endlich in Stille und Einsamkeit in eine Lektüre zu vertiefen. Ja, es *schien* nur so, denn es war einfach nicht möglich, einen Platz für sich allein zu finden. Es war schon ein Erfolg, wenn man es fertig brachte, sich als sechste in eine vollbesetzte Bank hineinzuzwängen. An Lesen war nicht zu denken, denn überall geriet man gleich in eine lebhafte Unterhaltung. Selbst wenn man sich nicht daran beteiligen wollte und sein Buch aufschlug, konnte man nicht umhin, Bruchstücke der Unterhaltung mit anzuhören. Und da entdeckte man wieder einmal etwas Merkwürdiges, etwas Unglaubliches: Fast alle Unterhaltungen drehten sich um das Essen! Und zwar nicht um das spärliche, abwechslungsarme Essen, das wir erhielten – dieses Thema wäre ja schnell erschöpft gewesen –, nein, es ging um die den Gaumen so anreizenden Speisen für frühere Zeiten. Ganze Menues, lukullische Diners hatten sich dem Gedächtnis eingeprägt und wurden aufgesagt wie Perlen der Poesie! Geheimnisse von Kochrezepten wurden preisgegeben, und zwar beileibe nicht nur von Frauen: In der Kunst mit dem Munde zu kochen, exzellierten auch die Männer! Alles schwelgte im verlorenen Paradies materieller Genüsse. Später erfuhr ich von zurückgekommenen Kriegsgefangenen, dass auch sie dieselbe seltsame Erfahrung gemacht hätten, und es sei erwiesen, dass dies eine allgemeine Form des zur Hysterie gesteigerten Hungers sei.

Einmal jedoch, Monate später – im Herbst 1944 –, es war schon kühler geworden und der Andrang zu den Bänken geringer, saß ich mit einem unbekannten Herrn zusammen, in eine Unterhaltung ganz anderer Art vertieft. Wir kamen im Laufe des Gesprächs auf das Dritte Reich, das wohl nun bald seinen Abschluss finden würde, und somit auch auf die Folgen der halb erhofften, halb gefürchteten Niederlage Deutschlands. Bis auf die Zionisten, die von jeher ihre ganze Hoffnung auf Palästina, das Land ihrer Väter, gesetzt hatten, standen wir anderen alle in einem schweren Konflikt der Wünsche. Und damit meine ich nicht nur uns, die arisch Versippten, die ihre Kinder und die Familien ihrer Männer in Deutschland zurückgelassen hatten, sondern auch die Volljuden, die sich durch und durch als Deutsche fühlten, denen Deutschland die geliebte Heimat bedeutete. Deutschlands Niederlage würde uns Juden die Freiheit bringen, das Ende der Entrechtung, der Diffamierung, aber auch die Schmach des Vaterlandes, und von seinem finanziellen Zusammenbruch würden auch wir getroffen werden! „Ist Ihnen die zukünftige Teilung Deutschlands klar?", fragte mich mein Gesprächspartner, der politisch sehr versiert schien, und, da er keine bejahende Antwort von mir erwartete, fing er an, mit seinem Stock die Karte Deutschlands im Sande aufzuzeichnen. Für ihn standen die Siegermächte schon überall. Alles, was sich später als Besatzungszonen verwirklicht hatte, sah er prophetisch voraus, ja, sogar noch schlimmer: er sah die Zerstückelung in Permanenz, als Annexion! Und das schilderte er nicht nur als Hypothese, sondern mit einer so verblüffenden Gewissheit, dass es mir den Ausruf entlockte: „Aber wer sind Sie denn eigentlich, und woher haben Sie denn diese Kenntnisse der feindlichen Pläne?!" – „Mein Name tut nichts zur Sache", antwortete er, und, als ob er seine Vertraulichkeit bereue, verabschiedete er sich ganz abrupt. Ich blieb nur kurze Zeit von seinen Äußerungen beeindruckt. Die Erinnerung daran kam mir erst wieder, als ich 1945, nach der Rückkehr nach Deutschland, die Beschlüsse von Jalta in ihren schrecklichen Auswirkungen erfuhr. Damals erstand plötzlich in mir das Bild meines Propheten, wie er das vernichtete Deutschland im Sande gezeichnet hatte!

Ich bin jedoch den Zeitgeschehnissen vorausgeeilt. Wir waren noch nicht im Herbst, wir lebten noch im Anbruch des Sommers. Die Bänke waren noch voll besetzt, und unsere Unterhaltungen brachten keine Prophezeiungen. Als ich von einem solchen „Sitz-Spaziergang" gesättigt von kulinarischen Gesprächen auf meinen Boden zurückkam, fand ich einen Zettel von Anna vor, der mich aufforderte, den Nachmittag mit ihr zu verbringen. „Es geht mir wieder gut", stand darauf, „Bring' eine Decke mit, wir wollen uns sonnen!" Wie war ich erfreut, dass Anna nun endlich wieder so weit war! Immer war sie ein „Männchen steh' auf!" gewesen, vom Krankenlager aus übersprang sie die Rekonvaleszenz und war sofort springlebendig und unternehmungslustig. Das dürftige Mittagessen war schnell geholt und verschlungen. Ich eilte zu ihr, und Anna deckte mir ihren Plan auf: „Die oberste Treppe der Kaserne führte hinaus auf die Schanze." Dort grünte und blühte es, und es gab da einen wunderbaren Liegeplatz in der Sonne. Wir kletterten hinauf, streckten uns auf unseren Decken aus und atmeten den Sommer in uns hinein. Nach dem langen Krankenlager in der kalten düsteren Kaserne war dies für Anna ein physischer Genuss ohnegleichen, und wir konnten uns endlich wieder frei unterhalten, ohne Nachbarinnen und Verständigungsleiter! Alles früher gemeinsam Erlebte, alles aus unseren Mädchenjahren und aus unseren so eng verbundenen Frauenjahren tauchte in unseren Erinnerung wieder auf. Wir trennten uns mit der Verabredung, dies bald zu wiederholen.

An diesem Abend schlief ich in wohliger Ermüdung ein. Plötzlich, es muss gegen Mitternacht gewesen sein, wurden wir geweckt! Noch ganz schlaftrunken sah ich Herrn Ledermann da stehen und eine Ansprache halten. Ihm zitterte die Stimme, als er den eben vernommenen Befehl verkündete: In zwei Tagen würde ein Transport stattfinden, ein Beschluss, der auch einige jüdische Insassen unseres Hauses betraf. Er nannte die Namen, es waren Bewohner der unteren Etagen, die ich nicht näher kannte. Ledermann hielt die Liste noch in der Hand, man merkte sein Zögern, und dann nannte er zwei weitere Namen aus unserer Bodengemeinschaft, die mir aber auch fremd waren, da diese Leute erst kürzlich zu uns gezogen waren. Der Schrecken und die Verzweiflung der Betroffenen waren furchtbar; ein Grauen erfasste uns, eine Welle des Mitleids ging durch unsere Reihen. Die eine Frau stammte – wie wir – aus einer Mischehe. Sie war aber nicht getauft, und in der paradoxen Beurteilung der heidnischen Nazis gehörte sie somit zu den schwarzen Schafen. Bei der anderen Frau, die arisch versippt und von christlicher Konfession war, stellte sich später heraus, dass sie irrtümlich bezeichnet worden war, ein tragischer Irrtum, der nicht wieder gutzumachen war. In dieser Nacht haben wir nicht mehr viel geschlafen, wir waren alle zu tief erschreckt! Gegen Morgen fiel ich jedoch in einen dumpfen Schlaf, aus dem ich aber wieder gerissen wurde, als ich meinen Namen rufen hörte. Es war sechs Uhr morgens. Vor meinem Bett stand Annas treue Nachbarin mit rot geweinten Augen. Stammelnd machte sie mir die entsetzliche Mitteilung, dass auch Anna [Hertz] – mit vielen anderen – den Evakuierungsbefehl erhalten hätte. Ich erstarrte, nahm mich aber mit aller Willenskraft zusammen, flog im Nu in die Kleider und stürzte zu meiner armen Anna. Die erste Verzweiflung und die erste Fassungslosigkeit waren bei ihr schon vorbei. Eine durchweinte Nacht lag hinter ihr, aber ihre energische Natur hatte schließlich die Oberhand gewonnen. Ich denke manchmal, wie es wohl gewesen wäre, wenn wir geahnt hätten, was *wirklich* bevorstand. Aber schon allein dieses Vertriebenwerden aus unserer Gemeinschaft, losgerissen aus allen Banden, die man in jahrelanger Not geknüpft hatte, dieses Gejagtwerden nach unbekannten Zielen – vielleicht nach Polen, wo die Lager noch viel primitiver sein sollten, das alles war schon schrecklich genug.

Es musste jetzt aber gepackt werden. Die Mitnahme von Gepäck war beschränkt, also war Überlegung notwendig. Da dachte Anna in all ihrem Kummer plötzlich daran, mir ihr Anrecht auf eine ihr zukommende Spende aus Schweden zu vermachen. Ganz kürzlich war nämlich aus Schweden eine Riesensendung von Sardinen angekommen, die laufend jeden Monat hatte eintreffen sollen und der immer eine Liste der Empfänger beigefügt war. Auf dieser stand auch Annas Name; sie hatte Freunde in Schweden. Die Reisenden waren davon unterrichtet worden, dass ihnen das Recht zugebilligt wurde, an

Verwandte – aber ausdrücklich nur an Verwandte – dieses Anrecht zu übertragen. Der Gedanke, mich durch ihr Unglück zu bereichern, war mir unerträglich, und ich ging nur darauf ein, indem ich es als Prokura betrachtete, in der Hoffnung, ihr die Sachen später nachschicken zu können. Die Formalität war schnell erledigt. Wir hatten Bekannte, die unsere nahe Verwandtschaft bezeugen konnten. Anna hatte aber ihre Kräfte überschätzt, sie bekam während des Teges mehrere Schwächeanfälle. Nach der noch nicht ganz überwundenen Krankheit war der Schock zu groß gewesen. Wie sollte sie die Strapazen der Reise überstehen, die für den folgenden Tag schon bestimmt war? Eine kleine Beruhigung war es für mich, als ich erfuhr, dass zu dem Transport auch eine jüngere Frau gehörte, die eine Zeit lang in Hamburg Anna im Haushalt geholfen hatte und ihr treu ergeben war, ein fröhlicher, tatkräftiger und gütiger Mensch, der mir versprach, sie unter ihre Fittiche zu nehmen. So war der Kummer der totalen Vereinsamung von ihr genommen. Am Tag der Abreise war Annas seelisches Gleichgewicht einigermaßen wiederhergestellt, aber körperlich übermannte sie immer noch die Schwäche. Die gute Nachbarin und ich trugen das Gepäck; wir mussten sie bei jedem Schritt stützen. Es gab noch viele Tränen beim Abschied.

    Wir hatten wenigstens erfahren, dass der Transport nach Birkenau ginge und dass wir von dort aus Nachricht erhalten würden. Zuerst glaubten wir nicht daran, aber nach einer Woche hieß es, es ginge ein Kurier nach Birkenau und wir dürften ihm Karten an unsere Angehörigen mitgeben; er würde uns bei seiner Rückkehr die Antwort übermitteln. Und wirklich, diese Antwort kam im zensierten Kartenstil, den wir ja kannten. Es stand drauf, dass es ihr gut ginge und dann noch ein paar Fragen. Es wurde uns gesagt, dass wir in einer Woche noch einmal schreiben könnten. Inzwischen war ein weiterer Transport vor sich gegangen, aber nach einer anderen Richtung. Er betraf wohl einen anderen Stadtteil, so dass ich in der kurzen Spanne der Zeit nicht erfuhr, ob das Verhängnis noch andere Bekannte getroffen hatte. Nun lag mir vor allem daran, Anna irgendetwas Erfreuliches über ihr Enkelkind schreiben zu können, und so machte ich mich auf den Weg zu dem Kinderheim. Dort erfuhr ich zu meinem grossen Leidwesen von den Pflegerinnen, dass das Kind nicht mehr bei ihnen sei, es wäre nach einem anderen Heim gebracht worden, und sie wüssten nicht, in welches. Ich graste alle Kinderheime ab, aber wo immer ich auch anklopfte, ich erhielt überall dieselbe Antwort: eine Reha Liebrecht sei nicht eingeliefert worden! Auch ihr Vater war spurlos verschwunden. Da wurde mir allmählich klar, dass Vater und Tochter ebenfalls das furchtbare Schicksal ereilt hatte. Auf meine nichtssagende, ach so gequälte Karte kam nach einiger Zeit von Anna eine ebenso lakonische, stereotype Antwort. Darin ließen die Autoritäten verkünden, dass Birkenau nur ein Durchgangslager sei; unsere Angehörigen wären jetzt viel weiter weg gekommen, und es bestünde keine Verbindung mehr. Das war der härteste Schlag, denn diese summarischen Berichte waren doch wenigstens ein Lebenszeichen gewesen! Nach Kriegsende sind manche Andere selbst aus Auschwitz oder Belsen zurückgekehrt, das waren jedoch meist Jüngere. Viele entgingen der schrecklichen Vernichtung, dem Gastod, weil Hunger, Erschöpfung oder Seuchen sie dahin gerafft hatten. Das Ende unserer armen Anna blieb im Dunkeln [s. Abb. 47].

    Ich trat also die Sardinen-Erbschaft an; im Laufe der Monate sammelte ich Dose auf Dose immer noch in der Hoffnung, dass ich sie einmal Anna zusenden könnte. So sehr auch der unterernährte Körper nach dem Ölgehalt der kleinen Fische schmachtete, kam es mir doch frevelhaft vor, an diesen Bestand zu rühren. Nach vielen Monaten, als jede Hoffnung geschwunden war, je eine Nachricht von den inzwischen immer zahlreicheren Transporten zu erhalten, überwand ich endlich die Scheu und teilte einmal eine Dose mit einer Kameradin als Entgelt für Dienstleistungen. Und viel später, als ich endlich meinen Bodenplatz gegen eine normale Ubication tauschen konnte, verwendete ich einige Dosen zum Ankauf eines Hockers und eines Bordes. Brot und Sardinen waren im Getto die Hauptwerte, mit denen eine Bezahlung berechnet wurde. Dieser oder jener Gegenstand, diese oder jene geleistete Arbeit kostete je nachdem drei oder fünf oder zehn Scheiben Brot. Der Gegenwert einer Dose Sardinen entsprach zwanzig Scheiben Brot, also eine große Summe! Man muss sich aber vorstellen, was eine Bezahlung in Brotscheiben für uns Ausgehungerte bedeutete! Wir erhielten ein halbes Brot die Woche, das waren fünf Scheiben auf den Tag verteilt. Dazu gab es abends meistens nur Kaffee-Ersatz oder sonst eine dünne Suppe. Niemals in den siebzehn Monaten meiner Gefangenschaft erhielten wir frisches Gemüse, nie ein Salatblatt – von Obst überhaupt nicht zu reden –, und das in dem fruchtbaren Land, das uns umgab, dessen landwirtschaftliches Getriebe wir jetzt im Sommer von jeder Anhöhe zu Gesicht bekamen. Niemals haben wir ein Ei erhalten oder eine Eierspeise. Milch gab es reichlich für die Kinder, aber nicht für die sklavisch arbeitenden Menschen. Einmal im Monat wurde uns Alten ein Becher Milch verabreicht. Dafür musste man aber so lange Schlange stehen, dass man vor Erschöpfung keinen Genuss mehr davon hatte und ich mir somit oft den Weg dahin ersparte und lieber darauf verzichtete. Wer aber einmal die Mülleimer untersucht hätte, der würde meine Worte Lügen strafen! Da fanden sich Abfälle von Kohl, Mohrrüben, Blumenkohl und so weiter. Das stammte alles von den 10-Pfund-Paketen der Tschechen, deren Angehörige zu solchen Sendungen die Erlaubnis hatten, während uns nur Päckchen zugebilligt wurden. Diese Gemüsesendungen waren nicht dem Verderb ausgesetzt, da sie meist von nah her kamen. Ich habe damals manchen Deutschen gesehen, der sich solche Abfälle erbettelte und sie sich auskochte, um sich eine Vitamin-Illusion zu verschaffen. Die Unterernährung empfand man wohl noch stärker während der schönen Jahreszeit, in der man sich mehr im Freien aufhielt. Aber die frische Luft und die Spaziergänge waren sonst eine Erquickung.

Einer der am häufigsten besuchten Punkte war die „Bastei". Sie lag hügelaufwärts auf einer breiten Anhöhe, von wo aus der Blick weit ins Land über Wiesen und Felder bis zu einer entfernten Bergkette reichte. Unvergesslich schön waren die Sonnenuntergänge dort. Von der „Bastei" aus blickte man auf eine Art Stadion hinunter, wo sich die Jugend nach getaner Arbeit in allerhand Sport erging. Dort saßen auch stundenlang sportbesessene Zuschauer und klatschten Beifall.

Die schönere Jahreszeit hatte auch die bessere Kleidung aus den Koffern hervorgezauhert; man sah luftige Sommerkleider und einige Herren sogar in weißen Strandhosen. Ein Besucher, der die wirklichen Verhältnisse nicht kannte, hätte sich in einem Badeort der böhmischen Wälder gewähnt!

Wer Augen dafür hatte, fand übrigens noch manch andere malerischen Punkte in Theresienstadt. Ich begleitete oft Helene, die zeichnerisch sehr begabt, sich Papier und Zeichenstifte zu verschaffen gewusst hatte und nun immer auf der Suche nach Motiven war. Die beliebtesten Objekte waren die Kirche und die alten Höfe mit ihren Brunnen, woran alle Künstler ihre Talente versuchten. Dabei unterschieden sich oft Auffassung und Zeichenart: Die einen versuchten es mit der exakten Wiedergabe, die anderen mit der Kunst des Weglassens! Der Vorstand des Gettos, der alles Künstlertum unterstützte, erlaubte auch die Ausstellung von Bildern. An der Mauer der einen Kaserne gab es einen großen Schaukasten, in dem man alle Künstlererzeugnisse in wechselnder Folge bewundern oder auch ablehnen konnte. Durch Helene wurde ich mit einer Malerin bekannt, die wahres Können auswies. In der Baracke, in der sie wohnte, hatte man ihr eine Staffelei und Malutensilien zur Verfügung gestellt, und sie lebte so intensiv in ihrer Kunst, dass sie dem entbehrungsvollen Leben hinter Stacheldraht sogar Freude abzugewinnen vermochte. Auch unseren Prediger, Dr. Goldschmidt, traf man oft – den Pinsel in der Hand – versunken in sein Hobby, das er so gerne neben seinem Amt pflegte.

Abb. 35 Hinterhof in Theresienstadt
Buntstiftzeichnung der Freundin Helene Heinichen

Die alten Höfe von Theresienstadt waren ein Charakteristikum. Häuserkomplexe waren an der Rückfront durch solche Höfe miteinander verbunden, wohl ein Überbleibsel aus der Zeit, als Theresienstadt noch eine Festung gewesen war. Durch diese Höfe konnte man sich manche Wege verkürzen, aber … mit meinem mangelnden Ortssinn kam ich mir darin immer wie in einem Irrgarten vor, und so bevorzugte ich die geraden Straßen. Wir hatten ja keine Bombardierung zu befürchten, nicht einmal aus der Luft, wie in Deutschland. Manchmal heulte aber auch hier die Sirene, und wir mussten die Straße meiden. Doch das tat man in aller Gemächlichkeit, denn wir wussten doch, dass uns die fremden Flieger nicht feind waren, von ihnen erwarteten wir ja die Befreiung!

Der Kreis meiner Beziehungen vergrößerte sich zusehends. Auf diesen sommerlichen Spaziergängen traf ich manche Hamburger Bekannte, die ich bisher noch nicht entdeckt hatte, oder auch andere Leute, die durch ihre Tätigkeit so in Anspruch genommen waren, dass ein Zusammenkommen erschwert gewesen war. Zu Letzteren zählte auch ein Hamburger Rechtsanwalt, Dr. E.K., Vetter und Berater meiner hier verstorbenen Freundin Lischen L[azarus]; Dr. E.K hatte hier seinen juristischen Beruf gegen den eines Leiters der Waschanstalt eintauschen müssen! Im Anfang unseres Aufenthalts in Theresienstadt, als wir noch frierend abends aus unserem Boden flüchteten, hatte er uns manches Mal ein Asyl in seiner wärmeren Ubication gewährt. Und er zeigte sich uns auch jetzt freundschaftlich gesinnt, indem er uns öfter Konzert- oder Vortragskarten – die *ihm* zukamen – überließ. Bei einem dieser Vorträge sollte ich bald eine neue Freundschaft erwerben, von der ich sagen kann, dass sie zu den wertvollsten dieser Jahre damals zählte.

Ich ging an jenem Tage allein zu diesem Vortrag. Vorn im Saal waren einige bequeme reservierte Plätze. Ich saß dahinter, ziemlich eingeengt auf einem Sitz ohne Lehne und versuchte – in Erwartung dessen, was da kommen würde – mich darin zu üben, meine physische Unbehaglichkeit dem bevorstehenden geistigen Genuss unterzuordnen! Plötzlich drehte sich eine Dame von einem der begünstigten Sitzplätze vor mir um und sagte zu mir im freundlichsten Ton: „Der Platz neben mir bleibt leer. Wollen Sie ihn nicht einnehmen?" Dankbar nahm ich diese Aufforderung an. – Nach dem Vortrag kamen wir ins Gespräch und staunten beide über die Übereinstimmung unserer Urteile. Ganz impulsiv verabredeten wir ein Wiedersehen. Aus dieser Zusammenkunft erwuchs nun eine ganze Folge von neuen Verabredungen, und jedes Mal kamen wir uns näher und entdeckten in uns andere Ähnlichkeiten im Denken und Fühlen. Dies war besonders erstaunlich, wenn man unsere ganz verschiedene Herkunft verglich. Ich, die Ausländerin, halb Luxemburgerin, halb Belgierin, aufgewachsen in französischer Kultur und … Hamburgerin durch Anpassung. Sie: Schlesierin – auf Gütern groß geworden –, die immer nur im selben Lebenskreis verblieben war! Wir waren eben Europäerinnen und hatten Kunst, Literatur und alle politischen Ereignisse unseres langen Lebens aus einer ganz gleichen Mentalität in uns aufgenommen, in gleicher Begeisterung oder Ablehnung. Es war nicht – wie mit so vielen Anderen – nur die Schicksalsgemeinschaft, die uns verband, es war die so seltene gleiche seelische Beschaffenheit. Diese Freundschaft gehört zu den Lichtpunkten, die sich tiefer in mir einprägten als vieles Erlittene. Äußerlich war Frau Magdalene von E. von hoher imposanter Gestalt. In Ihren vornehmen Zügen erkannte man Merkmale früherer Schönheit. Sie hatte ein sicheres, etwas herrisches Auftreten, das mit der Zartheit ihres Empfindens kontrastierte. Als sie mir einmal entgegen kam – kerzengerade, jeden Schritt mit dem Stock betonend –, hörte ich, wie ein vorübergehender Herr seinem Begleiter zuflüsterte: „Sehen Sie mal, da geht Potsdam!" Natürlich hatte diese anziehende Persönlichkeit, die schon mehrere Jahre in Theresienstadt weilte, einen Kreis von Freunden erworben, den sie mit mir bekannt machte. Mit einigen von diesen Leuten sympathisierte ich sofort, und so entstand eines Tages der Gedanke, einen Club zu gründen, um einmal in der Woche in dem berühmten „Café" zusammenzukommen. Die erste „Sitzung" war äußerst amüsant. Eine waschechte Berlinerin – frühere Gutsbesitzerin aus der Mark Brandenburg – beherrschte die Unterhaltung. Mit einem ausgesprochenen Sinn für Humor gab sie im unverfälschten Berliner Jargon eine Fülle von Anekdoten zum Besten, die sie im Umgang mit ihren Untergebenen und mit der dörflichen Bevölkerung gesammelt hatte. Niemals hätte ein Nichteingeweihter in diesem robusten derben Herrenmensch mit den bäuerlichen Zügen eine Jüdin vermutet – besonders keine Jüdin der gehobenen Gesellschaft. Ein paarmal noch bot der Club eine angenehme Abwechslung. Da aber jeder das Recht besaß, einen Bekannten einzuführen, erweiterte sich in kurzer Zeit unser Kreis derartig, dass jeder Zusammenhang unmöglich wurde. Er artete in Klickenwesen aus, verlor jeden Reiz und steuerte somit bald seinem Untergang zu.

Inzwischen gab es jedoch eine andere Attraktion, die uns gefangen nahm: Ein bis dahin verschlossenes Gebäude, „Sokolowna" genannt – anscheinend ein früheres Offizierskasino –, wurde renoviert und dem Publikum erschlossen. Unvorstellbar für Theresienstadt war die innere Einrichtung: Neben den Sälen für Konzerte und andere Veranstaltungen war das Prunkstück ein riesengroßes Lesezimmer mit einer reichhaltigen Bibliothek und mit bequemen Sitzgelegenheiten. Davor lag eine breite Terrasse mit Tischen und Stühlen, verziert durch große bunte Sonnenschirme. Wie viele Stunden habe ich dort verbracht, versunken in klassische Dramen: Goethe, Lessing, Shakespeare, die ich natürlich kannte, jedoch nie mit solchem Verstand, durch das Leid verschärft, in mich aufgenommen hatte.

Immer wieder wurden unsere Gefühle durcheinander gewirbelt. Hier die Entspannung durch die mir bis jetzt unverständlich gebliebenen Verbesserungen, daneben das dauernd über uns schwebende Damoklesschwert der Deportation und die Niedergeschlagenheit, die sich unser bemächtigte nach jeder neuen Trennung von Freunden. Bei den Rücktransporten der deutschen Emigranten, die in Holland eine Zuflucht gesucht hatten, war mir auch im abendlichen Kreis bei Dr. Walter R. zwischen ihren holländischen Freunden der Enkel meiner Freundin Lischen L[azarus] begegnet – ein strammer Junge von sechzehn Jahren [Ernst Rudolf Reis]. Durch holländische Verwandte war er einige Jahre vor dem Krieg der Hitler'schen Schreckensherrschaft entronnen und in einem dortigen Internat erzogen worden. Aus der Sorglosigkeit dieser zweiten Heimat wurde er heraus gerissen, als die Deutschen Holland besetzten und alle Juden in einem Lager zusammenfassten. Jetzt aber waren sie auch bei uns gelandet. Der Junge war oft bei mir, und ich hatte meine Freude an seinem frischen und liebenswürdigen Wesen. Die ihm aufgetragene Arbeit verrichtete er ordentlich und gutwillig; er war auch außerhalb der Arbeitszeit jedem behilflich und erwarb sich überall Sympathien. Ach, es sollte nicht lange dauern! Bei einem Transport nach Polen erbot er sich, einigen älteren Damen beim Tragen ihrer Gepäckstücke zu helfen, und das wurde ihm zum Verhängnis. Auf dem Ausladeplatz herrschte ihn ein Aufseher an, fragte ihn nach dem Anlass seiner Anwesenheit, und da er den Grund sagte, schrie der Unmensch ihn an: „Na, da du gerade hier bist, kannst du gleich mitkommen", und riss ihn mit sich fort. Dies wurde uns von anderen Begleitern berichtet. Später, viele Jahre später erfuhr man durch einen Kameraden, der mit ihm in einem Lager im Osten gewesen war, dass man bei Schluss des Krieges ihnen beiden scheinbar die Freiheit schenkte und dann, als ob sie auf der Flucht seien, hinter ihnen her schoss. Ernst Rudolf brach unter der Kugel tot zusammen, der Andere entkam!

Die heißen Sonnenstrahlen überzogen nicht nur die Haut der schönen Theresianerinnen mit der kleidsamen Bräune, sie hatten auch ihre Nachteile: Sie brüteten nämlich auch das schrecklichste aller Ungeziefer aus, die Wanzen! Die Klagen häuften sich derart, dass schließlich eine ganze Anzahl Häuser desinfiziert wurden, wobei wir auch dran kamen. Zu diesem Zweck mussten wir für einige Tage das Haus verlassen. Da unser Boden wanzenfrei war, hofften wir, während der Prozedur dort oben bleiben zu können, aber das wurde nicht gestattet, und so wanderten wir mit ganz leichtem Gepäck auf drei Tage in eine Kaserne, wo wir unsere Zelte auf einem sauberen, geräumigen Boden aufschlugen. Aber … oh weh! Als wir den eigenen Boden wieder bezogen und uns zu freuen begannen, dass unser Geruchssinn nicht wie in den unteren Stockwerken noch von den hartnäckigen Düften der giftigen Gase incommodiert wurde, stellte sich heraus, dass etwas Furchtbares geschehen war! Das Wanzenvolk, schlauer als seine Henker, hatte bei dem ersten Anzeichen der Vernichtungsaktion instinktiv seine Schlupfwinkel verlassen und den Weg nach oben genommen, wo es sich frei atmen ließ. …. Und nun hatten wir die Bescherung! Ein Nachholen des Versäumnisses war nicht ausführbar, andere Häuser waren nun an der Reihe. Was diese Wanzeninvasion auf dem Boden in der allmählich unerträglich gewordenen Hitze für uns bedeutete, vermag ich gar nicht zu beschreiben. Eine Nachtruhe war einem überhaupt nicht mehr gegönnt. Mich plagten die Biester ganz besonders. Da half auch die peinlichste Sauberkeit nichts, kein dauernder Wechsel der Bettwäsche vertrieb die Unliebsamen! Sie fielen nachts von der Decke auf unsere Kopfkissen, saugten an unserem Blut, und das Jucken verfolgte uns noch den ganzen Tag. Es gab nur eines: so spät wie möglich ins zu Bett zu legen, in aller Frühe wieder aufzustehen und uns auf jede Weise abzulenken.

Unsere Kinder erfuhren wenig von uns. Allerdings erhielten sie nach jeder Sendung eine vorgedruckte Bestätigung mit unserer eigenhändigen Unterschrift. Anfangs durften wir ein paar belanglose Worte hinzufügen. Was dabei nach Ansicht der Zensur in diesem kurzen Satz an politischen Geheimnissen oder Indiskretionen durchgesickert war, ahne ich nicht! Jedenfalls wurden auch diese wenigen Worte verboten. Alle paar Monate wurde uns aber wie vordem die scharf zensierte Korrespondenz auf offenen Karten gestattet. Dabei gab es, wie ich es schon einmal erwähnte, viele Einschränkungen. Kein Todesfall durfte mitgeteilt, keine Deportation erwähnt werden. Die Karte durfte nie mehr als zwei Namen enthalten und keine Bitte um Nahrungsmittel. Das war recht schwer, und mein Stil passte nie in die Schablone. Nun war es nach Annas traurigem Fortgang unumgänglich, meiner Tochter für Annas Angehörige eine, wenn auch noch so verschleierte Mitteilung zu machen, die auch die Beruhigung enthielt, dass ich Nachricht von ihr erhielt. Niemals, auch nicht einmal während meiner Schulzeit, habe ich so über einem schwierigen Aufsatz gegrübelt wie über dieser Karte. Zweimal erhielt ich sie von der Zensur zurück. Als ich mir schließlich gar nicht mehr zu helfen wusste, holte ich mir Rat bei Frau Edith Stargardt, deren Mann ja selbst Zensor war, wenn auch in einem anderen Bezirk. Sie hatte den Einfall, den Namen Anna Hertz zu teilen. Einmal sollte ich schreiben: Anna ist nicht hier, das klang wie eine Antwort auf eine Frage nach irgendeiner anderswo weilenden Anna, und dann nach einigen anderen, nichts sagenden Worten schrieb ich: „Tante Hertz schreibt mir öfters!" Und diese Karte kam durch!

Von Hamburg aus war die Namensnennung nicht eingeschränkt, und doch erhielt ich einige Monate später von meiner Tochter eine Empfehlung, die nicht der Komik entbehrte. Sie schrieb unter anderem: „Du sollst eine Dame aufsuchen, deren Namen ich vergessen habe. Sie kommt aus Holland, wohnt Querstraße 16 und ist die Schwiegermutter von Richard Baas." Das war keine leichte Aufgabe, denn diese Adresse bezeichnete einen ganzen Häuserblock. Ich konnte doch keinen trommelnden Herold engagieren mit dem Auftrag auszuschreien: „Wer ist hier die Schwiegermutter von Richard Baas?" Meine Verlegenheit überwindend, ließ ich mich bei der Hausältesten besagter

Adresse melden. Ich entschuldigte mich sofort über die Verrücktheit meines Anliegens und zeigte ihr die Karte. Sie musste auch darüber lachen und sagte dann: „Wir haben über achtzig Insassen hier, aber Sie haben Glück. Es gibt hier zwei Damen, die aus Holland gekommen sind. Die eine von ihnen, die ich als die richtige vermute, ist aber momentan noch im Krankenhaus. Kommen Sie mal in acht Tagen wieder her, dann wird sie entlassen sein, und ich werde sie verständigen. Die Vermutung traf zu, und so lernte ich Frau D. kennen, eine Journalistin aus Berlin: rührig, lebendig, unterhaltend, und die es sich in Theresienstadt zur Aufgabe gemacht hatte, den ganz Unglücklichen in Blinden- und Krüppelheimen aus der reichen Vergangenheit ihrer journalistischen Tätigkeit durch heitere Vorträge etwas Freude zu bringen. Sie hatte die Freundlichkeit, mich aufzufordern, sie einmal dorthin zu begleiten, was ich natürlich gern annahm. Es war an einem schönen Sommertag, und der Vortrag fand im Freien, im Hof eines Krüppelheims, statt. Ihr Thema lautete: „Meine Begegnung mit berühmten Leuten". Zuerst war ich von der Umgebung ganz benommen. Eine solche Anhäufung von Abnormitäten hatte ich noch nie gesehen. Wohl hatte ich früher in orthopädischen Kliniken, wo mein Sohn einmal wegen seines Beinleidens behandelt wurde, Kranke mit vielen körperlichen Defekten zu Gesicht bekommen – Menschen auf Krücken oder mit Prothesen und Gelähmte im Rollstuhl waren mir nicht fremd –, aber hier schien alles Elend der ganzen Welt zusammengetragen zu sein. Krüppel jeder Art, Bucklige, Klumpfüßige oder Menschen, die einen Wasserkopf hatten, und andere, denen mehrere Glieder fehlten, halb Gelähmte und ganz Gelähmte – Rollstuhl reihte sich an Rollstuhl! Zu grausam schien es mir, dass man Unglückliche, die vielleicht zu Hause von liebenden Händen umsorgt waren, hierher verschleppt und zusammengepfercht hatte. Ich brauchte einige Zeit, um mich auf die Vortragende zu konzentrieren. Damals wurde ich ganz gefangen genommen von ihrer anmutigen Plauderei, von der natürlichen und witzigen Art, wie sie ihre Erlebnisse mit den vielen Größen des früheren literarischen Berlins zum Besten gab. Ich bemerkte, wie sich die Züge der Zuhörer belebten, wie Spannung sie in Atem hielt und Heiterkeit durch alle Reihen ging. Das war wirklich ein gutes Werk, was sie da tat.

Gerade aus diesem Krüppelheim sollte ich einige Wochen später eine neue, ganz gewaltige Anregung erhalten. Helene erzählte mir, dass Bekannte ihr Vorträge empfohlen hätten, die ein total gelähmter Tscheche namens Dr. Braun für einen beschränkten Kreis geistig Interessierter in einem abseits gelegenen kleinen Zimmer hielt. So gingen wir beide einmal hin. Im Rollstuhl saß ein etwa vierzigjähriger Mann, der sich uns vorstellte und uns sehr herzlich begrüßte. Die Lähmung der Beine war schon durch den Rollstuhl offensichtlich, aber was sofort auffiel, waren die Hände, die im verkümmerten Wachstum Kinderhänden glichen. Wirklich lebendig schien an ihm nur der Kopf – die Stirn war die eines Gelehrten, Mund und Augen die eines Träumers, eines Dichters. Er erzählte seinen Lebenslauf. Da wir die ersten Sitzungen nicht mitgemacht hatten, fehlte uns der Bericht seiner Kindheit, der seelischen Belastung bei der ersten bewussten Auseinandersetzung mit seinem Leiden. Jetzt war er dabei, seine fast autodidaktische Aneignung von Wissen zu schildern, das durch ein außergewöhnliches Gedächtnis unterstützt wurde. Seine echt tschechische Musikalität fand in einer unverbildeten Naturstimme ein Ventil. Er war arm, er war krank, ein fast unbeweglicher Krüppel. Sein ganzes Dasein war umzäunt von Hindernissen, aber sein Lebenshunger überwand alle diese Hemmungen. In diesem siechen Körper steckte eine tolle Abenteuerlust und ein bis zur Verwegenheit sich steigernder Wille. Seine Jugend und sein Rollstuhl waren sein einziger Besitz, dazu die Anhänglichkeit seines gleichaltrigen Betreuers. Mit ihm zusammen hatte er einen Plan ausgeheckt, eine Reise durch die angrenzenden Länder zu unternehmen, die sie sogar bis Paris führen sollte. Bettelnd und singend wollten sie die Welt erobern. Und dies Wagnis war gelungen! Nicht allein durch seine sichtbare Not und seinen zu Herzen gehenden Gesang, sondern auch durch die werbende Kraft seiner Persönlichkeit war es ihm gelungen, die Straße aufhorchen zu lassen, und die Menschen für sein Schicksal zu erweichen. Und dann folgten in meisterhafter Erzählerkunst alle seine damaligen Erlebnisse. Später fand er, wie er erzählte, Gönner, die ihm ein Studium ermöglichten. Er hatte sogar den Doktortitel erworben und war vor der Deportation an der obersten Spitze der Prager Krüppelfürsorge. In den nächsten Vorträgen wollte er über Dichtung und Philosophie sprechen mit anschließender Diskussionen und bat uns, ihm noch einige neue Zuhörer zuzuführen.

Eine junge Frau, die sich mir sehr angeschlossen hatte, forderte ich also auf, mich zu begleiten. Ich witterte in ihr eine helle Intelligenz. Sie hatte jedoch – wohl infolge ihres bisherigen Milieus, ihrer Erziehung und einer gewissen oberflächlichen Veranlagung – nie über die Lebensprobleme richtig nachgedacht. Es war bei ihr alles Brachland, aber ich dachte mir, dass man etwas darauf züchten könnte. Sie ging auch gleich sehr willig auf meinen Vorschlag ein und folgte den Ausführungen von Dr. Braun mit sichtbarem Interesse. Und nicht nur das, denn als die Diskussion einsetzte, griff sie ganz unbefangen in die Debatte ein, nicht nur mit Fragen, sondern auch mit Skepsis und klug formulierten Einwänden. Ich weiß noch, wie das andächtige und etwas scheue Publikum, in welchem sich nur einige alterfahrene und redegewandte Sprecher in der Diskussion zu Wort meldeten, diesen Neuling empört ansahen. Ich hörte Stimmen hinter mir wie: „Unerhörte Dreistigkeit! So eine Frechheit …" und so weiter. Obgleich ich selbst diese Empörung gar nicht teilte, fing ich nun doch an zu bedauern, Frau Sch. mitgenommen zu haben. Beim Abschiednehmen wurde ich von unserem Gastgeber gebeten, ihm doch die neue Zuhörerin vorzustellen, was ich nämlich versäumt hatte, da bei unserem Erscheinen der Vortrag schon angefangen hatte. Es entspann sich nun ein längeres Gespräch zwischen den beiden. Alle anderen hatten sich schon entfernt, und ich wartete draußen. Auf dem Rückweg erzählte mir Frau Sch., dass der Vortragende sie für den nächsten Tag zu einer weiteren Aussprache zu sich gebeten habe. Diese Begegnung, die den Unwillen des Auditoriums hervorgerufen hatte, sollte für die junge Frau zum Schicksal werden: Sie muss sofort von dem Fluidum, das von Herrn Braun ausging, angezogen worden sein. Ihm war damals gestattet worden, sich selbst eine neue Betreuerin auszusuchen, und seine Wahl war blitzartig auf diese aufgeschlossene und so gesunde und unbefangene Frau gefallen, eine Wahl, die nur noch ihrerseits eine wunscherfüllende Bestätigung brauchte. Der Stellenwechsel wurde ihr erleichtert. Sie erhielt von der Behörde sofort die Genehmigung zur Betreuung des Krüppels. Von diesem Augenblick an geschah in dieser Frau eine vollständige Wandlung. Alles Leichte, etwas Oberflächliche streifte sie ab; sie lebte nur noch für den Dienst an diesem körperlich so gehemmten, geistig sie aber so reich beschenkenden Mann. Ich habe die beiden noch öfters besucht. Wir trafen uns dann meist unter einem gedeckten Torbogen, auch bei Regen. Das war ihr Empfangssalon. Jede Stunde mit Herrn Braun war auch mir ein Gewinn. So tschechisch national er auch empfand, über den Hass gegen die Deutschen, auf den wir hier immer wieder stießen, war er erhaben. Die beiden blieben zusammen, bis die ohnmächtige Wut des untergehenden Nazitums ihren Paroxismus erreicht hatte und die Krüppel- und Blindenheime räumen ließ, um diese unglücklichen Menschen in den Zug zu verfrachten, der sie in das Vernichtungslager brachte, wo die Gaskammer ihr unschuldiges, armseliges Leben auslöschte.

Je länger die Internierung andauerte, desto mehr verfielen wir der Unterernährung. Kein Wunder also, dass in diesen geschwächten Körpern die Krankheiten auf keinen Widerstand stießen und dass vor allem die „Enteritis", die fast alle einmal befiel, so unendlich viele Todesopfer forderte. Auch Sophie Wohlwill, die in ihrer asketischen Geistigkeit kaum noch den Mangel empfunden hatte, erlag diesem Zustand. Leider war diese letzte Erkrankung der besseren Betreuung des Krankenhauses nicht würdig befunden worden. Als ich sie besuchte, lag sie in einem Pflegeheim mit ganz unzureichendem Pflegepersonal, für alle Bedürfnisse sich selbst überlassen, selbst als sie schon so schwach geworden war, dass sie sich im Bett nicht mehr aufrichten konnte. Ich half ihr, so gut ich konnte. Sie klagte nie, sie war kaum noch von dieser Welt. Ich versprach, am folgenden Tag wiederzukommen. Als ich dann hinkam, lebte sie nicht mehr.

Das war die erste Trauerfeier, die ich in Theresienstadt erlebte. Viele meiner Freunde waren dort gestorben, aber das war vor meiner Ankunft. Manche fehlten, waren aber durch Deportation in andere Lager verschollen. Ich verabredete mich mit einer Freundin von Sophie, zur Trauerfeier zu gehen. In einer Halle – am äußersten Ende des Gettos – sahen wir fünf gleiche Särge nebeneinander stehen, kalt und schmucklos, die sich nur durch ein Schild mit dem Namen des Verstorbenen voneinander unterschieden. Die Feier war aber nicht gemeinsam, sie sollte sich für jeden Einzelnen wiederholen. Da wir zu früh erschienen waren, wohnten wir der ersten bei; Sophie sollte die nächste sein. Die Feier wurde eingeleitet durch sehr schönen Einzelgesang mit hebräischem Text, und nach bewegenden deutschen Worten schloss sie wiederum mit Gesang. Dann wurde der Sarg hinausgetragen, keiner der Angehörigen durfte folgen. Es berührt einen merkwürdig, dass bei Sophie die exakte Wiederholung dieser Feier stattfand. Ich erfuhr später, dass es immer so unterschiedslos vor sich ging. Das Schablonenhafte dieser religiösen Handlung löste viel bittere Kritik aus. Ich hatte einen anderen Eindruck: diese Worte – so indifferent sie auch klangen, und so wenig sie der Eigenart der Persönlichkeit gerecht wurden – waren doch nicht das Ergebnis von Oberflächlichkeit und Gleichgültigkeit. Ich erinnere die Worte nicht mehr, aber sie enthielten in ihren wenigen Sätzen das, was jeden der nach Theresienstadt Deportierten im tiefsten Grunde seiner Seele bewegte … die Sehnsucht nach der verlorenen Heimat, den Schmerz der Trennung von den Seinen, die Ungewissheit des eigenen Schicksals und das Gottvertrauen in der Inbrunst des Gebetes. Und diese Worte wurden durch Musik ergänzt, eine wundervolle Komposition in der Ausführung eines tief ergreifenden Gesangs des Kantors. Alle fünf Särge wurden auf einen Karren gepackt und gingen der Verbrennung an einem unbekannten Ort entgegen, wo die Asche in einfachen Kartons mit Namensschildern untergebracht wurde.

In der Reihe der Umzüge wurde auch unsere Ersatzkirche vom Boden in einen Keller verlegt. Das war in der Gluthitze des Julimonats eine entschiedene Verbesserung. Später eroberte unsere Gemeinde sogar ein leer stehendes früheres Kino zu diesem Zweck. Der Kintopgeist war längst verweht, und dies blieb bis zuletzt unsere viel würdigere Andachtsstätte. Die Vorträge an den Mittwochabenden brachten uns weiter sehr viel Fesselndes. Obgleich die große Gemeinde der orthodoxen Juden sich von uns Renegaten fernhielt, gab es doch bei den theologisch interessierten Menschen Beziehungen zwischen den verschiedenen Konfessionen. Die katholische und die evangelische Gemeinde waren sogar in enger Verbindung miteinander, und als Redner erschien mehrere Male ein als „Exzellenz Friedländer" bezeichneter hoher österreichischer Offizier. Ich erinnere mich noch eines Vortrages über die Päpste der letzten zwei Jahrhunderte – an sich ein Thema, das uns fremd war. Aber sein umfassendes historisches Wissen, seine Beredsamkeit, seine glänzende Schilderung jeder einzelnen Persönlichkeit weckten sofort unser Interesse, und wir folgten fasziniert seinen Ausführungen. Auch ein amtlich fungierender Rabbiner wurde einmal zum Vortrag geladen. Ich habe seinen Namen vergessen.

Ich habe mich später oft gefragt, ob es der berühmte Leo Baeck gewesen war, von dem ich nachträglich erfuhr, dass er in Theresienstadt gewesen war. Äußerlich war dieser Rabbiner eine imposante Erscheinung. In einer Auslegung des Alten Testaments vertrat er den jüdischen Standpunkt mit gewissen Spitzfindigkeiten, denen ich nicht immer zu folgen vermochte, aber mit einer Überzeugungskraft, der man sich nicht entziehen konnte. Seine Erscheinung, seine Ideen und seine ganze Art zu sprechen wirkten lange in mir nach, und es muss wohl daran gelegen haben, dass plötzlich in mir der Wunsch entstand, einem jüdischen Gottesdienst beizuwohnen. Es war nicht der Spuk einer religiösen Jugenderinnerung, die mich dazu trieb, denn auch vor der Taufe, die meiner Heirat vorausging, war mir der israelitische Kult fast ganz unbekannt. Meine Familie gehörte zu den vom Judentum losgelösten Freidenkern, und nur bei Hochzeiten einiger jüdischer Freundinnen und einmal aus purer Neugierde hatte ich an einem hohen jüdischen Feiertag einen Tempel besucht. Im Unterschied zum christlichen, so primitiven Raum war hier ein großer Saal als Synagoge eingerichtet, und als weiterer Unterschied waren es keine Laien, die den Kult versahen. Der Rabbiner war nicht derselbe, den ich gehört hatte. Beim wundervollen Gesang des Vorbeters merkte man den zu diesem Amt ausgebildeten Sänger. Eine dicht zusammengedrängte Gemeinde saß da, in tiefe Andacht versunken. Eine Stimmung unendlicher Traurigkeit, Schicksalsergebenheit und Gläubigkeit lag über dem Ganzen. Diese Menschen waren in den vergangenen Jahren viel schlimmer als wir der Verfolgung preisgegeben worden, viel mehr erlittenes Unglück prägte sich in ihren Zügen aus. In meinem Herzen beugte ich mich vor diesem tieferen Leid und empfand es wie Scham, nicht zu ihnen zu gehören. Die Predigt ergriff mich nicht; sie war durchsetzt von hebräischen Sprüchen, die nur den Zusammenhang störten, weil ich sie nicht verstand. Ich sah kein einziges bekanntes Gesicht, und die kultischen Handlungen waren mir ungewohnt. Mich überfiel ein Gefühl tiefster Verlassenheit. Hier war ich Gast in einer fremden Kirche! Ich habe nie wieder die Synagoge besucht.

Als ich an diesem Tag auf meinen Boden zurückkam, fand ich das Nachbarbett, das infolge der dauernden Umsiedlungen tagelang leer geblieben war, besetzt. Von der bisherigen Regel abweichend, war es diesmal keine Hamburgerin. Diese Frau kam aus Stettin. Sie wurde gleich vom ersten Tage an von der Umgebung scheel angesehen. Sie war unschön, nachlässig gekleidet und – zum Entsetzen der guten Hausfrauen – in allem unordentlich. Sie legte gar kein Gewicht darauf, ihr Bett, das am Tage mit Decken in eine Couch verwandelt wurde, wie andere zu glätten, überhaupt die kleine Ubication so ansehnlich wie möglich zu gestalten. Auch fanden getragene Strümpfe und gebrauchte Taschentücher nicht im Wäschesack ihren verschwiegenen Platz! Nicht, dass diese Zigeunerwirtschaft mich etwa gar nicht störte, aber ich entdeckte bald an ihr gewisse Vorzüge. Sie war jahrelang Sekretärin im Stettiner Stadttheater gewesen, besaß einen feinen Sinn für Humor und hatte – in steter Berührung mit der Schauspielerwelt – eine Fülle von Anekdoten gesammelt, die sie mit einer besonderen Erzählerkunst zum Besten gab. Von ihrem arischen Mann war sie früh geschieden worden, wahrscheinlich ob ihrer unordentlichen Haushaltsführung. Sie hatte einen erwachsenen, verheirateten Sohn, der seine große Anhänglichkeit durch viele Sendungen bewies. Die langen Sommerabende brachten wir im Freien zu, und ich bin selten in so amüsanter Gesellschaft gewesen.

Nach 1945 konnte sie nicht mehr nach Stettin zurück. Als Vertriebene hatte sie sich mit Sohn und Schwiegertochter in der Nähe von Hamburg niedergelassen und besuchte mich ab und zu. Mit den Besuchszeiten hielt sie es auch nicht mit der üblichen Konvention, sie war entschieden keine Konformistin der von Knigge genormten Gesellschaftsformen. Zum großen Schreck meiner Kinder erschien sie einmal morgens um acht Uhr, als ich noch im Bett lag und der Hausstand auch noch nicht empfangsbereit war. Ich hörte zuletzt von ihr, als in der Zeit der Kohlennot sie mich einmal bat, einen größeren Posten Schwarzmarkt-Kohlen zu übernehmen, den sie bestellt und bezahlt hatte, ohne zu überlegen, dass es ja keinerlei Transportmöglichkeit für sie gab. Die Schwiegertochter holte sich dann das Geld von uns ab, und der unverhoffte Kohlenreichtum beglückte uns. Sie zogen dann weiter fort von Hamburg, und unsere Beziehungen hörten damit auf.

Ich hatte in Theresienstadt noch eine andere Begegnung, die mit der Welt der Bretter im Zusammenhang stand. Als ich mich beim Abholen der Mittagsspeisung etwas verspätet hatte und auf dem Rückweg die Straße ziemlich leer war, ging ein anderer Nachzügler neben mir her, der anscheinend in bester Stimmung für sich allein aus voller Kehle sang. Er hatte wirklich eine besonders schöne Stimme, und als er einen Augenblick pausierte, redete ich ihn auf seinen mich erfreuenden Gesang an. Das machte ihm offensichtlich Vergnügen, und er erzählte mir, dass er ein Operetten- und Varieté-Sänger in Wien gewesen wäre, erzählte von seinen Rollen, von seinen Erfolgen und wie er besonders mit dem so bekannten Fiaker-Lied, das er zwar nicht kreiert, mit dem er jedoch als Epigone das Herz der Wiener erobert hätte. Und dann gab er mir dies Lied zum Besten, so anmutig wienerisch – mit dem Schmelz seiner Stimme, von der man verstand, dass sie einst Begeisterung ausgelöst hatte. „Schiffe, die sich nachts begegnen", hieß ein Roman in meiner Jugendzeit. So war es auch hier. Wir haben uns nie mehr gesehen, aber in meiner Erinnerung lebt der fröhliche, musikbesessene alte Mime noch in der ganzen Liebenswürdigkeit dieses kurzen Zusammentreffens.

Ganz überraschend für uns kam der Beschluss unserer Hausverwaltung, den wanzenwimmelnden Boden zu räumen, ihn zu desinfizieren und uns alle in den leer gewordenen Betten des eigenen Hauses unterzubringen. Es war ein unbeschreibliches Gefühl der Erlösung, denn abgesehen von dem Ungeziefer wurde die aufgespeicherte Hochsommerhitze unter dem Dach mit der Zeit unerträglich. Ich kam in ein Zimmer der ersten Etage, das mir schon bekannt war. Eine Dame, die dort seit Jahren wohnte und auch mit zum Vorstand der Hausverwaltung gehörte, hatte damals – in der ersten Zeit der winterlichen Kälte – Helene und mir manchmal Zuflucht an ihrem warmen Ofen gewährt. Diese Frau Poppe stammte aus Prag, aber mit ihren achtundsechzig Jahren gehörte ihre Jugend noch dem alten kaiserlichen Österreich an. Ihre Erziehung war deutsch gewesen. Sie stammte aus einem wohlhabenden Haus und sprach stolz von ihrem „Prager Besitz", den sie durch kluge Manipulationen behalten hatte. Sie hatte dort nämlich ihre arische Haushälterin mit allen Vollmachten eingesetzt, die es ihr nun mit reichhaltigen und wohl überlegten Lebensmittelsendungen lohnte. Sie brauchte also wirklich nicht zu hungern wie die armen Deutschen, die jetzt das Zimmer mit ihr teilten. Die 10-Pfund-Pakete enthielten alles, was das Herz begehrte. Sogar eine Menge Kartoffeln hortete sie in einem der vielen Koffer, die, aufgestapelt hinter und neben ihrem Bett, eine Barriere zu ihrer nächsten Schlafgenossin bildeten: vierzehn Koffer, große und kleine waren es, die sich dort türmten und den Raum schmälerten, der uns an dieser Wand belassen war. Mein Platz, an der äußersten Ecke dieser Wand, leider wieder vom Fenster weit entfernt, war so beschränkt, dass nur der kleine Hocker meiner Nachbarin, der ihr als Nachttisch diente, zwischen unseren Betten stehen konnte und dass, wenn eine von uns beiden sich wusch und anzog, die andere so lange liegen bleiben musste. Die Betten standen einander gegenüber, so dass der Gang in der Mitte sehr schmal war. Linkerhand stieß mein Bett – jetzt leider nur ein einfaches Holzbett – an die Tür, die zu einem Nebenzimmer geführt hatte, nun aber verschlossen und zur dauernden Trennwand gemacht worden war. Diese Tür hatte eine Milchglasscheibe, die einen großen Sprung aufwies und somit im Sommer als angenehmer Ventilator diente. Es zeigte sich sofort, dass mir alles fehlte, was für die neue Behausung dringend erforderlich war. Die Anderen, die vor mir dort eingezogen waren, besaßen bereits ein Kleider- und Geschirrbord sowie einen Hocker. Zwei Stühle hatte nur Frau Poppe. Auf dem Bodenraum war das alles nicht notwendig. Dort war für meine beiden Koffer, die meine gesamte Habe enthielten, Platz genug neben dem Bett, wo ich ran kommen konnte, und ein Vorsprung von Mauersteinen diente als Bord für Geschirr und so weiter.

Zu den besonderen Günstlingen von Frau Poppe gehörte unter anderem ein Tischler, der auch hier mit Erfolg sein Handwerk betrieb. Die Bezahlung geschah in Form von Lebensmitteln, was man ihm auch ansah, denn er war dick und rund und rotbackig. Hier konnten mir also nur Annas Sardinen-Dosen helfen, denn ich wusste ja, dass es keine Möglichkeit gab, sie ihr zukommen zu lassen. Diese Verwendung quälte mich weniger, als wenn ich sie verzehrt hätte. So ließ ich mir also ein Bord mit Stangen und Haken anfertigen, wo meine gesamte Garderobe, für die ich Reisebügel besaß, Platz hatte. Durch irgendjemanden bekam ich auch eine alte bunte Gardine, die davor gezogen wurde. Und an der linken Seite des Bettes, an dem Holzteil der verschlossenen Tür, wurde ein Bord angebracht, auf dem Geschirr, Kochtöpfe und Toilettengegenstände in süßer Eintracht nebeneinander standen. Auch ein alter, etwas wackliger Hocker kam in meinen Besitz. Um jeden Zentimeter Raum hatte ich mit der mir noch fremden Nachbarin kämpfen müssen, denn auch sie war durch die vierzehn Koffer der Frau Poppe sehr bedrängt. Als aber der Kampf ausgefochten und jede zu ihrem Recht gekommen war, vertrugen wir uns vortrefflich. Sie war ein herber, verschlossener Mensch, einsam nicht nur hier, sondern anscheinend auch in der Heimat, denn sie erhielt wenig Pakete. Sie war von kräftigem Körperbau, sehr groß und noch im arbeitspflichtigen Alter. Mehr als andere litt sie unter der mangelhaften Ernährung, die ihr doch besser zugemessen war als uns Untätigen. Ich hörte sie manchmal nachts vor Hunger schluchzen. Natürlich half ich, wenn mir etwas Besonderes zuflog.

Dafür, dass wir es besser hatten als auf dem Boden, erwuchsen uns hier Haushaltspflichten, welche die schöne Freiheit und unser bisher unabhängiges Leben etwas beschnitten. Zu einer dieser Obliegenheiten gehörte nämlich auch das Brotholen. Das geschah zweimal in der Woche, und zwar sehr früh morgens. Frau Poppe, die uns begleitete, hatte die Verantwortung für die genaue Berechnung der wechselnden Anzahl von Broten für das ganze Haus und deren Bezahlung. Sie hatte es zu Hause auf das Akkurateste zu halbieren, wobei ein Millimeter Unterschied schon zu Beschwerden führte. Sie nahm auch die Verteilung der Margarine vor. Über die Lüftung unseres Zimmers hatte *sie* zu bestimmen, wobei später – in der kalten Jahreszeit – unser Bedürfnis nach frischer Luft und ihre Angst vor jedem Luftzug nicht in Einklang zu bringen waren und somit zu mancher Palastrevolution führten. Aber jetzt im Sommer gab es diese Konflikte nicht, und unsere Zimmerälteste zeigte sich von der liebenswürdigsten Seite. Sie war für diesen Posten besonders geeignet. Schnell, gewandt und umsichtig verband sie Verbindlichkeit mit Autorität. Ich hatte die meisten Berührungspunkte mit ihr. In jungen Jahren hatte ich mich bei wiederholten Aufenthalten im damals böhmischen Marienbad mehreren jungen Prager Mädchen angeschlossen, deren Familien sie auch kannte. Außerdem war ich Ausländerin, was sie bevorzugte, denn den Reichsdeutschen schien sie nicht sonderlich hold.

In demselben Zimmer hausten noch zwei Hamburgerinnen, die dem Boden entronnen waren, zwei unzertrennliche, von denen die eine Beziehungen zu meiner Schwägerin hatte und mir schon am ersten Tag Grüße von ihr vermittelte. Die andere stammte aus einer bekannten Familie. Eine dritte Frau war mir fremder, sie lag mir gegenüber und hatte in den vergangenen Monaten am entgegengesetzten Ende unseres Bodenraumes gehaust. Dadurch hatten wir uns nur flüchtig kennengelernt. Sie war mir von Anfang an aufgefallen, weil sie sich – entgegen fast allen anderen, die wir mit unseren in Theresienstadt üblichen Kopftüchern wie Marktweiber aussahen – damit elegant drapierte. Sie war klein, zierlich, im Alter noch hübsch und zeigte in jeder Bewegung eine anmutige Nonchalance. Sie stammte aus Lüneburger Finanzkreisen und war von ihrem verstorbenen Mann unsagbar verwöhnt worden, eine Erbschaft, die ihre zwei Töchter als Pflicht zur Verwöhnung übernommen hatten. Die Lüneburger Gestapo schien großzügiger als die Hamburger zu sein, denn sie erhielt fast täglich Sendungen, mit denen sie gegen ganz Bedürftige freigebig war. Sie war eine passive Natur, ohne Antrieb zu irgendeiner Tätigkeit, aber auch ohne jeden Wunsch zu irgendeinem Vergnügen. Energie entwickelte sie nur im Widerstand gegen jeden Befehl von Herrn Ledermann, der ja auch hier, vom Bodenältesten zum Hausältesten avanciert, unser oberster Vorgesetzter war und über die Indolenz der verzogenen Frau in Raserei geriet. Mich neckte sie immer, wenn ich den Anordnungen folgte: „Ach Sie mit Ihrer preußischen Disziplin!" Ich musste lachen, denn preußisch hatte man mich noch nie beschimpft.

Von meiner anekdotenreichen Sekretärin war ich durch die Umsiedlung nicht ganz getrennt; sie war in den Parterreräumen untergekommen, in einem großen luftigen Saal, in dem jeder Ausdehnungsmöglichkeiten hatte. Wir verabredeten uns öfters, und sie blieb eine der vielen, mit denen ich täglich – den Sommer genießend – etwas unternahm. Diese Gegend dort hat ein fabelhaftes Klima. Selbst in der Sommerzeit wehte es einen wie Waldesfrische an, nie drückte uns die Schwüle nieder. Und wie selten hat es in den eineinhalb Jahren geregnet! Wohl überraschte uns hin und wieder mal ein kurzer Schauer, aber einen Dauerregen, wie wir ihn so gut in Hamburg kennen, habe ich dort nicht erlebt! So schön und mannigfaltig auch die Spaziergänge waren – ob auf der Bastei oder auf den Wällen –, so lockte mich doch immer wieder die Tafel im Hof einer der Kasernen, wo täglich das Programm der Veranstaltungen angezeigt war. Es war erstaunlich, was alles geboten wurde, unglaublich, dass diese bunte Künstlerwelt nach getaner schwerer Tagesarbeit noch Zeit und Lust fand, sich ihrem gewählten Beruf zu widmen. Ihnen machte das Freude, und wie viele rissen sie damit aus ihrer gedrückten Stimmung.

Herausheben möchte ich eine Aufführung von Rostands „Cyrano de Bergerac" in deutscher Fassung. „Aufführung" konnte man es kaum nennen, es wurde nicht gespielt, sondern nur gesprochen. Aber *wie* gesprochen! Jeder einzelne Sprecher war vollendet im Vortrag. Die Akteure saßen auf einer Estrade an einem langen Tisch dem Publikum gegenüber. Hinter ihnen schwebte von der Decke ein für diesen Zweck in Lebensgröße gemaltes Portrait von dem Titelhelden mit seiner abnorm hervorstehenden Nase, die ihn in der Literatur zur tragischen Figur gestempelt hat. Dieses nur andeutende Bild genügte, um uns mit Hilfe von etwas Phantasie die Illusion der Handlung zu geben. Mir, die das Drama von der Bühne her kannte, verhalf es jedenfalls zu der stärksten Ergriffenheit. Dem Hauptdarsteller, der ein ganz junger Mensch war und von dem ich hörte, dass er eine der größten Hoffnungen der Bühnenwelt gewesen sei, wurde bei einer Szene frenetisch applaudiert. Und er dankte, indem er diese Szene im Original wiederholte, und zwar im reinsten Französisch.

Ich hatte bald Gelegenheit, meine preußische Disziplin, wie Frau H. es nannte, auszuüben. Von hoher Warte aus war in der ganzen Stadt befohlen worden, den Inhalt der Mülleimer durchzusuchen und zu sortieren, das Papier für sich, dann die Textilien, die Metallbestände wie Konservendosen und so weiter. Für diese Arbeit hatte Herr Ledermann nun gerade Frau H. und mich ausersehen. Es war eine ekelhafte Arbeit, denn man kann sich vorstellen, in welchem Unrat man dabei wühlen musste! Frau H. war empört über diesen Auftrag und noch wütender, weil ich mich nicht widersetzte. Ich wollte mich aber nicht zieren, denn einer musste es doch tun, und warum andere eher als ich? Natürlich kostete es Überwindung, allmählich geriet ich dabei jedoch in Eifer, es schnell und gut zu machen und, als meine Haufen wohl geordnet nebeneinander lagen, empfand ich schließlich eine gewisse Befriedigung – Freude will ich es nicht nennen. Meine Kollegin hatte nur daneben gestanden und ein bisschen umher gestochert.

Bereits auf unserem Boden erfreute ich mich einer gewissen Popularität, die ich nicht meinen Tugenden verdankte, sondern vielmehr einer kleinen Bratpfanne, die ich als alleinige Besitzerin eines solchen Kleinods gerne allen zur Verfügung stellte. Bratkartoffeln und abgebackenes Kartoffelmus spielten eine große Rolle bei uns und gehörten zu den Dingen, die manchen über die Unbill des Schicksals etwas hinweghalfen. Ich selbst hatte sie selten gebraucht, denn mir fehlten sowohl die überzähligen Kartoffeln als auch das notwendige Fett. In meiner neuen Residenz wuchs nun meine Popularität ins Unermessliche, denn es kam nicht nur die Bratpfanne zu hohen Ehren, sondern ich entpuppte mich auch als Alleinbesitzerin eines Weckers! Drei Kameradinnen waren in den Arbeitsprozess eingespannt und gehörten abwechselnd zur Tages- oder zur Nachtschicht. Die „Tagschichtigen" mussten sehr früh am Arbeitsplatz sein, und ich übernahm nun jeden Morgen um viereinhalb Uhr das Wecken für diejenigen, die meinen sehr leisen Reisewecker überhörten. Ich selbst schlief nachher wieder ein, so war es also kein großes Opfer, das ich der Nachtruhe brachte.

Gewiss waren es nicht nur Pfanne und Wecker, denen ich Freundlichkeit und Gefälligkeit von allen Seiten verdankte, besonders bei den Jüngeren. Es lag wahrscheinlich auch an meinem Alter und an einer gewissen Hilflosigkeit in praktischen Dingen, die ich in meinem bisherigen Leben zu wenig exerziert hatte. Unter meinen Gönnerinnen war unter anderem auch eine etwa vierzigjährige Frau, die sich allgemeiner Unbeliebtheit erfreute und nichts dazu tat, um sich irgendeine Gunst zu erwerben. Es kursierten Gerüchte um sie, dass sie wegen Gattenmordes aus Eifersucht jahrelang im Zuchthaus gewesen sei. Sie hatte einen einzigen Sohn, den sie über alles liebte und der anscheinend seine Mutter vergötterte. Er musste wohl schon in jenen Jahren in geschickter Weise dem Schwarzmarkt gehuldigt haben, denn es war erstaunlich, was er alles der Mutter an Lebensmitteln zukommen ließ. Obgleich sie das alles gar nicht allein verzehren konnte, bot sie nie auch nur das Geringste ihren Nachbarinnen an – lieber ließ sie alles verderben. War das nun Geiz oder Menschenhass? Den passionellen Mord hätte ich ihr leichter verziehen als die Herzenskälte hungernden Kameradinnen gegenüber.

Mich verteidigte sie aber einmal wie eine Löwin ihre Jungen! Es gab eine Art Volkszählung, bei der wir uns mit all unseren Ausweisen einzufinden hatten, um registriert zu werden. Ich stand schon eine Stunde in einer endlosen Schlange, die sich noch weit vor mir dehnte. Es war längst Abendbrotzeit. Es war heiß, mir war flau, und ich fühlte mich einer Ohnmacht nahe. Sie war bereits abgefertigt worden, kam an mir vorüber und sah mich blass und kläglich wie ein Häufchen Unglück dastehen. Ehe ich mich besinnen konnte, riss sie mich aus der Reihe und schleuste mich nach vorne. Sie ließ den erstaunten und unwilligen Beamten gar nicht erst zu Wort kommen, ja – sie steigerte sich in eine Entrüstung hinein und beschimpfte ihn laut: „Wie kann man bloß eine so alte Frau, die dazu auch noch gerade erst nach schwerer Krankheit aus der Ambulanz entlassen worden ist, so stundenlang stehen lassen? Das ist unmenschlich, barbarisch …!" Und es folgten noch andere ebenso verlogene wie überzeugende Argumente, deren Stichhaltigkeit zu meinem Glück von den verdutzten Beamten nicht weiter geprüft wurde. Und schon war ich mit dem notwendigen Stempel entlassen. Ich hatte gar keine Zeit, auf die Stimme meines Gewissens zu achten, ich fühlte mich erlöst und gerettet, aber auch wie eine entkommene Hochstaplerin.

Es ging nun auf den Herbst zu, und alle, die in Arbeit standen, wurden herangeholt, um Kartoffeln zu lagern. Das tat man gern, vor allem die Jungen und Kräftigen, denen dann als Belohnung täglich mehrere Kilo Kartoffeln zustanden. Das stopfte halt ordentlich die leeren Stellen im Magen, das regte auch den Erfindergeist zu immer neuen Kartoffelgerichten an, und dazu kam dann auch meine Pfanne zu volleren Ehren. Natürlich fiel dabei etwas als Entgelt für mich ab, aber obwohl ich mit Muckefuck das mangelnde Fett ersetzen und eine gewisse Bräune zustande bringen konnte, schrien die ungefüllten Stellen in meinem Magen doch nach mehr. Zu dieser Kartoffelaktion wurden jetzt alle herangeholt, auch die Älteren – sofern sie Lust dazu verspürten. *Lust* hatte ich schon, aber würden meine Kräfte ausreichen? Ich zögerte wohl etwas lange, schließlich aber meldete ich mich. Ich war mit zwei Taschen ausgerüstet, die den ersehnten Lohn im Gleichgewicht balancieren sollten. Diese Taschen, aus ausgedienten Matratzensäcken angefertigt, besaßen wir jetzt alle. Sie dienten verschiedenen Zwecken. Ich machte mich also hoffnungsvoll auf den Weg. Die Kartoffeln, die eingekellert werden sollten, lagerten in einem Kasernenhof. Es galt, schwer beladene Schubkarren über schwankende Bretter zu ihrem Bestimmungsort zu befördern. Die Karre durfte nicht umkippen, was eine Geschicklichkeitsprobe und eine große Anstrengung war. In dem Riesenkellerraum erhielten wir dann eine lange, schwere eiserne Schaufel, mit der wir die Kartoffeln zu einem Berg auftürmen sollten. Das war furchtbar mühsam, eine wahre Sisyphusarbeit, denn die Biester rollten immer wieder herunter. Während der Pause war ich so erschöpft, dass ich zunächst ein Murren, das auch durch unsere Reihe ging, gar nicht wahrnahm, bis ich auf das, was eben geschehen war, aufmerksam gemacht wurde: Es war verkündet worden – und am Ausgang auch angeschlagen – dass von heute an die Erlaubnis zur Mitnahme von Kartoffeln aufgehoben sei. Man kann sich nun meine schmerzliche Enttäuschung vorstellen! Ich war erschöpft, alle meine Glieder taten weh und nun fehlte noch der Antrieb! Ich glaube nicht, dass von da an mein Kartoffelberg seinen Gipfel erreichte. Als nun die Glocke das Ende unserer Arbeitszeit verkündete, ging ich sehr deprimiert mit meinen beiden leeren Taschen dem Ausgang zu. Dort traf ich eine ehemalige Bodenkameradin, die ich nicht besonders schätzte, da von ihr behauptet worden war, dass sie kleptomanisch angekränkelt sei. Sie schien dort bei der Kontrolle zu helfen. Als sie mich mit meinen leeren Taschen sah und meine Enttäuschung bemerkte, riss sie mir die eine aus der Hand und schubste mich durch den Ausgang, wo die Hauptaufseherin meine andere leere Tasche zu ihrer Zufriedenheit prüfte. Als ich draußen war, stürzte die Erste durch einen anderen Ausgang auf mich zu und überreichte mir den gerade geraubten Beutel, der aber jetzt mit Kartoffeln gefüllt war! Hätte ich nun ehrlich sein sollen und den Inhalt wieder abliefern?!

Neben den Ascheimern im Hof hatte ich einen alten Karton gefunden, in dem ich nun wochenlang meinen kostbaren Besitz aufbewahrte, mit dem ich mit äußerster Sparsamkeit umging. Ich hatte mir etwas Köstliches ausgedacht: kalte Pellkartoffeln in Scheiben schneiden und mit gezuckertem Kaffee bestreichen, das heißt, was man als Kaffee bezeichnete! Das war gegen den Hunger ein angenehmer Selbstbetrug und für den Gaumen gar ein Genuss, wie ich ihn in guten Zeiten bei keinem Leckerbissen empfunden hatte. Über die Illegalität dieses Besitzes verspürte ich nie die geringste Reue! Im Gegenteil – ich wurde mir nun darüber klar, wie falsch doch die als ewige Wahrheiten anerkannten Sprichwörter waren, die mir meine Erziehung eingeprägt hatte, wie zum Beispiel: „Unrecht Gut gedeihet nicht!" oder „Ehrlich währt am längsten" und so weiter.

Also schwelgte die ganze Zimmergemeinschaft in Kartoffeln, und wenn wir – wie bisher – das uns verabreichte Mittagessen in der Parterreküche aufwärmen ließen, so musste jetzt für diese extra Mahlzeiten auch der Ofen in unserem eigenen Reich in Anspruch genommen werden. Kohlen sollten wir erst im Winter erhalten. Schon diese Aussicht erfüllte uns mit Vorfreude – dachten wir dabei doch an unsere erfrorenen Glieder im vergangenen Winter! Aber jetzt musste Rat geschaffen werden, und da sollte also die berühmte Sägerei in Aktion treten mit ihren Hobelspänen, die jedem zur Verfügung standen. Dieses Sägewerk war ein ganz modernes und musterhaft eingerichtetes Gebäude. Es war ein Genuss, dort zu verweilen, es roch so schön nach Holz und Sauberkeit. Das Einfüllen der Späne machte einem gar keine Mühe, und selbst ein großer Sack damit angefüllt trug sich ganz leicht. Leichter jedenfalls im Vergleich zu dem schweren Gewicht der Brote, die wir kübelweise schleppen mussten, was manchen von uns Herzbeschwerden verursachte.

Der Spätherbst mit seiner früh einsetzenden Dunkelheit hatte natürlich die schönen abendlichen Spaziergänge eingeschränkt. Tagsüber sah mich die „Sokolowna" häufig in ihrer Bibliothek. Die Freundschaft wurde wie sonst gepflegt. Besuche gingen hin und her. Aber wie beklemmend wurden jetzt diese Besuche, und wie oft fand man – ganz unvorbereitet – den Platz von lieben Freunden leer. Die Deportationen gingen jetzt viel geheimnisvoller, viel schneller vor sich, es gab nur selten noch ein Abschiednehmen. So leerte sich in diesen Monaten unter anderem auch das gastliche Heim von Dr. Walter R, dem Helene und ich so viele frohe Stunden verdankten; so musste ebenfalls Dr. Ernst K. den schweren Weg antreten; und so verlor ich die gütige May [Reis], die mich am ersten Tag freundlich umsorgt hatte und die mit ihren beiden schönen Töchtern von mir immer als die Jugend in meinen vielen Beziehungen begrüßt wurden. Unzählige fehlten! Trübe wie die herbstliche, sterbende Natur war die Stimmung der Zurückgeliebenen.

Dr. Stargardt und Dr. Goldschmidt gaben sich alle Mühe, uns immer wieder neue Attraktionen zu bieten. So waren wir in gespannter Erwartung eines Vortrages des glänzenden katholischen Redners, Exzellenz Friedländer, der über seine religiösen Erlebnisse im ersten Weltkrieg sprechen wollte. Doch am Vormittag dieses Tages sprengte eine Nachricht den mysteriösen Ring, der sich sonst um die Transporte bildete. Für den nächsten Morgen war ein neuer Transport vorgesehen, der die geistige Elite, die hier so stark vertreten war, treffen sollte. Und Friedländer stand mit auf der Liste! Wir waren ganz erschlagen, als wir das hörten, fassten uns jedoch einigermaßen und fanden uns abends in unserem Verein ein – schon aus dem Bedürfnis heraus, uns mit den anderen, denen wir uns in diesem Kummer verbunden fühlten, auszusprechen. Und da geschah, was unsere Sinne kaum fassen konnten: Pünktlich auf die Minute, auf die Friedländers Vortrag angesetzt war, erschien er selbst, und mit der souveränen Überlegenheit, die ihm immer zu eigen war, erklärte er uns, dass er uns diesen Vortrag versprochen und ein einmal gegebenes Wort noch nie gebrochen habe! Er würde also sprechen! Und dann begann er seinen Vortrag über seine religiösen Erlebnisse im Ersten Weltkrieg mit einer faszinierenden Beredsamkeit, legte darin seine Seele nackt vor uns in tiefster Bekenntnistreue und Inbrunst ... im Ausdruck noch intensiviert durch das Emotionale der momentanen Situation. Er schloss mit einem Appell, einem Gebet an die Jungfrau Maria. Und so suggestiv war die Glaubenskraft, die von ihm ausging, dass sich die ganze evangelische Gemeinde – von seinem religiösen Fluidum erfasst und durchglüht – in diesem Gebet vereinigte.

Ich blieb lange davon beeindruckt. Der Weggang meiner Freunde beschattete meine Gedanken auch derart, dass von den Vorgängen der nächsten Zeit nichts bei mir haften geblieben ist. So kam der Winter heran und mit ihm eine unliebsame Erscheinung. Wir erhielten Kohlen, und die mollige Wärme in unserem Zimmer hätte uns die Behaglichkeit schenken können, auf die wir uns schon im Voraus so gefreut hatten. Aber es kam anders: Ob wohl in einem verborgenen Winkel eine vor der damaligen Vernichtung gerettete Brut zum Leben erwacht war oder ob sich eine trächtige Wanzenmutter bei uns eingeschmuggelt und ihren Kindersegen über uns ausgeschüttet hatte ... jedenfalls war diese Plage wieder da, und vorbei war es mit den ruhigen Nächten! Ich möchte mich über diese Qual nicht ausbreiten. Sie gleicht den Erfahrungen, die ich früher mit Zahnschmerzen gemacht habe. Auch diese können noch so unerträglich sein, *nie* erwecken sie beim Nebenmenschen das Mitleid, das andere physische Leiden bei ihnen auslösen. Es sei hier nur gesagt, dass ich persönlich mehr unter dieser Pein gelitten habe als unter den Hungerqualen, für die jeder Verständnis hatte. Und damit sei das Wanzenthema erledigt!

Wie ich bereits einmal erwähnte, gab es einen Laden in Theresienstadt, in dem man für Gettogeld gewisse Ingredienzien kaufen konnte, die, wenn auch nicht nahrhaft, so doch dem unverwöhnten Gaumen die Annehmlichkeit einer Geschmacksverbesserung gaben. Das waren synthetische Aromen aller Art, so wie zum Beispiel Maggiwürfel oder ein mit sehr viel Essig getränkter ungesunder Gemüsesalat, der nur darum so reichlich vorhanden war, weil man ihn, wenn man einmal zu viel davon genascht hatte und daran erkrankt war, nicht mehr anrührte! Dann gab es dort – ungemein beliebt (aber sehr selten!) – einen wirklich guten echten, flüssigen Maggi. Dieser konnte allerdings nur verabreicht werden, wenn man ein Gefäß dafür mitbrachte. Von solchen Gefäßen (leere Medizinflaschen oder Marmeladengläser) nahm ich bei jedem Einkauf mehrere mit. Und wenn ich sie auch meistens zu meiner Enttäuschung leer wieder nach Hause brachte, ließ ich mich doch nicht davon entmutigen. An einem dieser Einkaufstage gab es ihn aber wirklich! Mit Wonne sah ich zu, wie der Verkäufer mittels eines Trichters meine kleine Flasche bis an den Rand füllte, als plötzlich ein unbekannter Mann neben mir den betrübten Seufzer ausstieß: „Nun gibt es ihn, und ich habe kein Gefäß bei mir!" Das gab mir den ganz natürlichen Impuls, ihm mein Marmeladenglas anzubieten. Er schien ganz erstaunt und wollte es erst nicht annehmen. „Sie können mir dieses Glas ja morgen zurückbringen", sagte ich. Er zögerte noch immer. „Aber so ein Gefäß ist doch etwas Kostbares!", rief er aus. „Und Sie kennen mich doch gar nicht!" Ich musste lachen: „Ich habe aber Vertrauen zu Ihnen, nun zieren Sie sich nicht mehr, ich gebe Ihnen meine Adresse!" Und so verabschiedeten wir uns voneinander.

Am folgenden Tag, als ich vom Essenholen nach Hause kam, wurde ich mal wieder mit großem Hallo empfangen. Mein Schuldner war inzwischen da gewesen, um mir das wertvolle Kristall wiederzubringen, und schien sich in Lobgesängen über mich ausgelassen zu haben. Er bauschte diese meine Tat derart auf, dass nur noch die Rettungsmedaille fehlte! Er wollte mich aber unbedingt wiedersehen und hatte mich für den nächsten Abend um sechs Uhr in seine Ubication eingeladen unter Hinterlassung seiner Adresse. Dieser Herr hatte auf alle einen sehr guten Eindruck gemacht, und, da eine Absage verletzend gewesen wäre, begab ich mich zur angegebenen Stunde in seine „Garçonnière". Es war ein kleiner Raum mit drei Betten und einem großen Kachelofen. Ein gedeckter Hocker diente als Tisch und zwei andere Hocker als Sitze. Mein neuer Freund empfing mich mit überschwänglicher Herzlichkeit und stellte mir seine Gefährten vor, die sich aber nach der Begrüßung diskret entfernten. Dann tischte er eine Riesenschüssel brodelnder Bratkartoffeln auf, die er in seinem Kachelofen warm gehalten hatte. Sie schwammen in Fett, sie dufteten nach Zwiebeln, und dazu gab es noch Brot mit Wurstbelag! Er freute sich über meinen Appetit, ich freute mich über seine Freude. Die Worte flogen hin und her, und ich entdeckte in meimem Gastgeber einen sehr unterhaltsamen Partner. Anscheinend stellte er dasselbe in mir fest, denn er ließ es nicht bei diesem einen Festessen bewenden. Er gab nicht nach: Ich musste zum nächsten Tag einer Einladung zu einem Varieté in der „Sokolowna" folgen!

Er holte mich anderntags ab. Vor dem Eingang des Lokals war es schwarz von Menschen, es herrschte ein fürchterlicher Andrang. Wir waren spät gekommen und standen sehr weit hinten. Ich sah uns bereits wieder unverrichteter Dinge den Rückweg antreten. Aber da kannte ich meinen neuen Freund schlecht! Mit mir am Arm schlängelte er sich durch, mit einer Selbstverständlichkeit und verbindlichen Sicherheit, die absolut den Eindruck erweckte, als ob er zum Komitee gehöre, so dass man ihm willig Platz machte. Und auch drinnen erhielten wir gleich einen guten Platz. Das Programm mit Schlagern und witzigen Vorträgen erschien mir etwas zu sehr gegensätzlich zu allem, was einen in Theresienstadt bewegte. Ich sagte mir aber, dass auch diese Menschen auf der Bühne täglich dasselbe erleben wie wir: sie hungern, sie haben Freunde verloren, über ihnen schwebt die gleiche Drohung; sie retten sich aus der Angst in diese Ausgelassenheit! Auf dem Rückweg summte mein Freund die gehörten Schlager. Als ich sein musikalisches Gedächtnis bewunderte, vertraute er mir an, dass sein Interesse und sein Verständnis sich nur auf Schlager und Operetten beschränke. Ihm fehle das Organ für jede höhere – klassische Musik. In ein Konzert brächten ihn keine zehn Pferde, und für Opern reiche sein Verständnis auch nicht aus. Im Übrigen würde jetzt von einer anderen Künstlergruppe „Carmen" – nach Hörensagen sehr gut – inszeniert. Er würde mir dafür einen Platz verschaffen, mich hinbringen und auch abholen, sich selbst aber davor drücken. – „Carmen" gehört zu meinen Lieblingsopern, ich hatte sie oft gehört, besetzt mit den größten Koryphäen. Aber diese primitive Aufführung hinterließ bei mir doch den unauslöschlichsten Eindruck, vielleicht gerade durch die – aus Mangel an allem – vereinfachte und doch so geschickte Inszenierung. Wie sich bei einem Späterblindeten alle anderen Sinne verschärfen, wie er, des Augenlichts beraubt, immer mehr nach innen sehend wird, so schaltete die Fülle, die Stärke der Konzentration alles andere in mir aus und befähigte mich zu einer Hingabe und zu einem Genuss wie nie zuvor.

So ging es weiter durch Wochen und Wochen. Wir beide waren wirklich miteinander befreundet, und meine Zimmergenossinnen amüsierten sich köstlich über die Älteste unter ihnen, die allein einen „Schatz" hatte. Ich musste mich natürlich mehr auf die leichte Muse einstellen, aber abgesehen von den Darbietungen, ließ ich mich gerne verwöhnen und beschützen. Ich musste immer wieder die Geschicklichkeit bewundern, mit der mir mein „Schatz" stets den besten Platz verschaffte. Er hatte eine glänzende Art, sich bei den Platzanweiserinnen einzuschmeicheln, die es dann seiner Tante gegenüber – die Tante, das war ich – an Beflissenheit nicht fehlen liessen. Als einmal wirklich kein Platz mehr vorhanden war, sah sich diese Tante plötzlich in der Künstlerloge sitzen, inmitten der Schauspieler, während er sich ganz hinten, ich glaube stehend, die Vorstellung ansah. Die Tante musste sich dem Neffen fügen, der ebenso despotisch wie treusorgend war. Obgleich ich den Pseudoneffen wirklich gern hatte, freute ich mich, doch nur seine „Tante" zu sein und nicht seine Ehefrau, die es gewiss nicht ganz leicht haben würde. Allmählich fand ich es aber an der Zeit, dem unvermeidlichen Überdruss, der sich ja schließlich bei ihm einstellten musste, Einhalt zu gebieten. Da er die ganze Skala der Couplets der letzten zwanzig Jahre kannte, knüpfte ich an ein Chanson an, dessen ich mich noch von früher her erinnerte. Es hieß: „Willst du mein Cousinchen sein?", und ich ermahnte meinen Freund, den für ihn unfruchtbaren Tanten-Kultus aufzugeben und sich dafür lieber ein „Cousinchen" zu suchen. Zuerst wollte er aber nichts davon hören und holte mich weiter immer wieder zu irgendeiner Belustigung ab. Aber eines Tages vertraute er mir doch etwas zaghaft und verlegen an, dass er jetzt ein „Cousinchen" gefunden habe. Er wollte mich aber trotzdem unbedingt immer dabei haben. Ich gab für einmal nach, um seinem Wunsch, das „Cousinchen" kennenzulernen, nachzugeben, ließ es aber sehr energisch bei diesem einen Mal bewenden und zog mich resigniert, aber ohne Bitterkeit zurück wie die Marschallin im „Rosenkavalier". Mein abgesetzter „Schatz" besuchte mich noch etliche Male, als ich kurz danach erkrankte, dann aber versickerte diese Beziehung im Rausch der „Cousinenliebe".

Jene Krankheit damals gehört zu der trübsten Zeit meiner Internierung in Theresienstadt. Es handelte sich um eine Nierenbeckenentzündung mit sehr hohem und hartnäckigem Fieber. Es muss mir recht schlecht ergangen sein, denn ich habe nur eine ganz dumpfe Erinnerung an diese Wochen. Vergebens hatten alle meine Freunde versucht, dass ich im Krankenhaus aufgenommen würde. Diese Krankheit, so schwer und bedrohend sie auch für meine siebzig Jahre war, gehörte halt doch nicht zu denen, die dort im Spital Einlass fanden. Das Lager auf der harten Matratze, was ich in gesunden Tagen kaum spürte, wäre bei der langen Liegezeit unerträglich gewesen, wenn mir nicht eine mitleidvolle Nachbarin, Frau H., eines ihrer vielen Daunenkissen untergelegt hätte und mir dadurch das Wundwerden ersparte. Ich hatte Schmerzen, das Fieber stieg täglich. Ich fühlte mich immer schwächer werden. Dazu kam, dass ich morgens immer im Durchzug lag. Wenn im Nebenzimmer gelüftet wurde und auch bei uns das Fenster offen war, drang eisige Luft durch die schadhafte Glasscheibe hinter meinem Rücken. Ein Arzt kam ein paarmal und verschrieb Medikamente, die von der Apotheke geliefert wurden. Er gab sich nicht viel Mühe mit mir; die Kameradinnen waren empört über seine Gleichgültigkeit. Sicher hatte er Schlimmeres erlebt und fand es wohl nicht wichtig, ob eine alte Frau starb. Ihm zum Trotz und durch die liebevolle Pflege meiner Umgebung überstand ich aber diese Krankheit. Wie lange sie gedauert hat, weiß ich nicht mehr. Zeitweilig war ich nur bei halbem Bewusstsein. Das Fieber sank, aber ich blieb sehr schwach und war erschreckend abgemagert. Der Arzt kam nun nicht mehr, und für die weitere Behandlung sollte ich in die Ambulanz. Das erste Mal konnte ich mich kaum auf den Beinen halten. Helene brachte mich hin, stützte mich auf dem Weg und nahm im Wartezimmer meinen Platz in der endlosen Schlange ein, bis ich nach Stunden endlich an die Reihe kam. Ich wurde nun von mehreren anderen Ärzten untersucht, es wurde Untergewicht konstatiert, und die Blutanalyse schien ziemlich besorgniserregend. Ich sollte nach einigen Tagen wiederkommen, um das endgültige Resultat zu erfahren. Ich war von der ganzen Prozedur derart angestrengt, dass ich am liebsten nicht wieder hingegangen wäre. Darüber gab es aber zu Hause ein großes Geschrei: Ich müsste unbedingt wieder hingehen, es gäbe vielleicht „Reko" für mich. Der Ausdruck „Reko" war mir bisher fremd geblieben. Ich wurde darüber unterrichtet, dass es eine Abkürzung für „Rekonvaleszentenkost" bedeutete, ein nicht geringer Zusatz zur sonstigen Ernährung, die denjenigen Genesenden zustand, bei denen Nachwirkungen einer schweren Krankheit erwiesen waren. Das lockte mich natürlich, und der Befund der Untersuchung wurde wahrhaftig als so schlecht erachtet, dass mir ein Attest auf das Zauberwort „Reko" ausgehändigt wurde. Das war lateinisch abgefasst, und Latein verstand ich nicht, aber soviel konnte ich doch daraus ersehen, dass mein Zustand an der Grenze der perniziösen Anämie angelangt war. Und diese Zusatzkost, die ich mir täglich abholen durfte, hat tatsächlich Wunder gewirkt. Nach ein paar Wochen hatte ich die Nachwehen der Krankheit überwunden. Nicht dass ich an Gewicht zunahm oder blühend aussah, aber meine Lebensenergien waren wieder erwacht, ich fühlte mich gesund!

Krankheit ist eine ständige Beschäftigung mit dem eigenen Ich; Krankheit macht blind und egozentrisch. So war die Veränderung meiner gesamten Umwelt spurlos an mir vorübergegangen. Ich war wieder sehend geworden. Theresienstadt hatte sich geleert, es mussten in der Zwischenzeit unendlich viele Transporte abgegangen sein, von denen man mir nicht berichtet hatte. Die Blinden- und Krüppelheime, auch viele der Kinderheime, waren erbarmungslos evakuiert. Konzerte und Vorträge waren selten geworden, war doch fast die ganze Intelligenz und die Künstlerwelt aus unseren Reihen gerissen worden. Und was zurückblieb, hatte die schöne Hingabe an die Kunst verloren über die Trauer um die aus ihrer Mitte Entführten, über dem Bangen um das eigene Schicksal. Meine Freunde waren nicht davon betroffen worden, aber die große Schar der mir Unbekannten schien dezimiert. Ich hatte keine genaue Übersicht, die besseren Kenner der Statistik behaupteten jedoch, dass wir bei unserer Ankunft vierzigtausend Getto-Insassen gewesen seien, jetzt wären aber nur noch fünftausend übrig. Auch für Unkundige, auch ohne Zählung, war das Verhältnis zu früher sichtbar. Ein Prinzip schien nicht zu walten. Kinder und Greise, Kranke und Gesunde, alle traf sie blind das schreckliche Los. Nur wir – die arisch Versippten – waren bisher verschont geblieben. Doch auch da gab es Ausnahmen, und zwar bei denjenigen, bei denen es hieß, dass ein Irrtum vorgelegen habe. Irrtum oder grausame Willkür, jeder von uns blieb dieser Bedrohung preisgegeben.

Was damals in Auschwitz, in Belsen geschah, all das Grauenhafte, das wir später erfuhren: ich selbst und mein damaliger intimer Kreis haben es bis zuletzt alle nicht geahnt. Aber eines ist gewiss: von den Anderen hat mancher davon gewusst und geschwiegen aus Barmherzigkeit für die noch Unwissenden.

Und weil wir nichts davon wussten, verstanden wir auch die Veränderung in ihrem Wesen nicht. Eine sehr beherzte Hamburgerin, eine von den Fröhlichen, Tapferen und ganz Optimistischen, an der sich jeder in depressiver Stimmung gerne aufrichtete, war plötzlich ganz anders geworden. Sie war mit einem Mal unwirsch, gereizt und wie besessen von einer fixen Idee, über die sie jedoch nie sprach und die wir nicht erraten konnten. Sie versuchte sich abzureagieren, indem sie manchmal drei Duschen täglich über sich ergießen ließ! Und auch draußen – unter den Unbekannten, die man täglich beim Essenholen streifte – war eine neue, undefinierbare Stimmung entstanden. Da, wo früher manche ritterliche Geste uns Älteren den Vorrang gewährte, war jetzt nur noch Rücksichtslosigkeit, ja Rohheit spürbar. Über ganz Theresienstadt lag ein Dunkel von Verbitterung, getäuschter Erwartung und Hoffnungslosigkeit. Denn anstatt des ersehnten Endes, das so viele gut gemeinte erlogene Berichte propagiert hatten, kam im Februar wieder ein neuer Transport aus Deutschland. Er bestand aus bisher verschont gebliebenen Partnern einer noch bestehenden Mischehe. Zwar war dies ein Beweis, dass auch Hitlers Nerven vor der Umzingelung der Feinde nicht standhielten und seine ohnmächtige Wut sich immer in der verschärften Verfolgung der Juden austobte, aber auch ein Beweis dafür, dass er noch die Macht in Händen hatte und zum Äußersten bereit war. Die Neuangekommenen raubten uns nun auch noch die letzte Hoffnung, welche die Optimisten immer genährt hatten: Das Ende müsse sehr nahe sein. Es hieß, dass sich die Deutschen noch drei bis vier Monate halten könnten. Und was alles konnte bis dahin ein infernales Gehirn noch ersinnen.

Selbst unsere wohlwollende, freundliche Frau Poppe wurde davon infiziert. Schon immer lag in ihr eine latente Feindseligkeit gegen die Deutschen – sie selbst war ja Tschechin – aber ihre natürliche Liebenswürdigkeit hatte dem bisher Einhalt geboten. Nun waren plötzlich alle Teufel in ihr entfesselt. Und das Merkwürdige daran war, dass sie tagsüber friedlich war, aber morgens, beim Frühstück – und das geschah an *jedem* Morgen –, brach es in ihr los in wilden Hasstiraden gegen alle deutschen Arier. Alle, so betonte sie immer wieder, alle – ohne Ausnahme – sind im Grunde genommen Nazis, grausam, unmenschlich, alle Sadisten! Nun waren wir doch auch [als] Witwen aus Mischehen hier, also Frauen dieser vermeintlichen Verbrecher – und ich nehme an, doch aus glücklichen Ehen –, denn meine Kameradinnen fühlten sich durch die Schmähungen aufs Tiefste verletzt. Aber auf empörte Widerreden, auf heftige Verteidigungen der Ehemänner und deren Familien antwortete Frau P. nur mit gesteigerter Wut. Es war ein unmöglicher Zustand geworden. Ich hatte von Anfang an dieses Verhalten als krankhaft empfunden, und meine Stellung dazu glich mehr der eines nachsichtigen Psychiaters, der sich durch das Irre-Reden eines Patienten nicht getroffen fühlt. Ich war es auch schließlich, die in einer Zwiesprache mit Frau Poppe die Wogen glättete. Aus der Ausnahmestellung heraus, die Frau Poppe mir als Ausländerin einräumte, und in einem Gemisch von Verständnis für ihre Gemütsverfassung und Aufklärung über den Schaden, den sie unserer Gemeinschaft zufügte, brachte ich sie schließlich zur Raison.

Da mir dies gelungen war, fasste ich auch Mut zu einer Aussprache mit Herrn Ledermann, der in seinem enttäuschten Optimismus seine Nervosität mit einigen neuen Schikanen an Frau H. und mir ausließ. Eines Morgens sollten wir bei eisiger Kälte die Fliesen der großen Terrasse reinigen. Das dazu gebrauchte Wasser fror unter unseren Füßen gleich zu Eis. Diese Arbeit war ebenso unsinnig wie gefährlich. Wir streikten schließlich, und ich ging zum Angriff über und hatte damit Glück! Das gefrorene Wasser brachte ich zwar nicht zum Schmelzen, wohl aber die Eiskruste um das Herz meines früher so wohlgesinnten Vorgesetzten! Wir wurden wieder Freunde, blieben es auch bis zuletzt, und wenn er sich auch nicht in Freundschaft zu Frau H. neigte, so ließ er sie von nun an doch wenigstens in Ruhe.

Der Frieden mit Frau Poppe dauerte an. Er wurde eines Abends besonders durch eine Unterhaltungs-Soirée besiegelt, die wir unter uns veranstalteten und die von Frau Poppe angeregt worden war. Jeder sollte etwas Markantes aus seinem Leben erzählen oder vorlesen, oder aber auch etwas improvisieren. Ich weiß nicht mehr, was ich erzählte, aber mir fiel ein, einiges aus den Gedichten meines Mannes vorzutragen, die ich, als ich Hamburg verlassen musste, als ein Stück „Heimat" mitgenommen hatte. Aus den humorvollsten und allgemeingültigsten holte ich mehrere heraus, die großen Anklang fanden. Besonders der „Hätt' ich" und der „Soll ich" lösten in Frau Poppe eine wahre Begeisterung aus. Diese beiden Gedichte stammten aus der Zeit nach dem Ersten Weltkrieg, als Niedelage und finanzieller Zusammenbruch in so vielen den Zwiespalt der Überlegungen erzeugt hatten. Ich gebe sie hier wieder:

Der „Hätt' ich"

Hätt' ich, als Christ geboren ward,
Auf Zins gelegt den Taler,
Wär' ich jetzt auf dem Erdenrund
Der größte Steuerzahler.

Und hätt' ich Lübeck-Büchener
Gekauft zum Kurs von Hundert,
So wär' ich als Finanzgenie
Von aller Welt bewundert.

Der „Hätt' ich" ist mein Nachtgespenst,
Schreckt mich in allen Träumen,
Der „Hätt' ich" ist mein Weggenoss,
Folgt mir in allen Räumen.

Der „Hätt' ich" frisst am Herzen mir,
Saugt das Gehirn mir leer.
Der Teufel ist ein Stümper nur,
Der „Hätt' ich" ist sein Herr.

Drum schreibt auf meinen Leichenstein:
Geh, Wanderer, und rett' Dich;
Dem Teufel war er viel zu gut,
Doch holte ihn der „Hätt' ich".

+

Der „Soll ich".

Ich hab's gewagt!, ich hab's gewagt!
Ich kaufte mir Papiere.
Dem „Hätt' ich" habe ich getrotzt,
Dem scheußlichen Vampyre.

Doch ach, der Zweifel sitzt mir nun
Im Herzen und Genicke.
„Soll ich" verkaufen, soll ich nicht
Die schön bedruckten Stücke?

Die Kurse fliegen auf und ab
Wie sausende Lawinen.
Erfasst ich nur den höchsten Punkt,
So könnt ich viel verdienen.

„Soll ich" verkaufen, soll ich nicht,
Wer kann mir helfen, raten?
Ich frage jeden Juden schon
Und jeden Geldmagnaten.

Ich frag' den Schaffner auf der Bahn,
Die Klofrau in der Kammer,
Und hielt schon jeden Schutzmann an
In meines Zweifels Jammer.

Den „Hätt' ich" habe ich besiegt,
Der „Soll ich" ist sein Erbe,
Der höhnt und grinst und quält und bohrt
Dass er mich ganz verderbe.

Und hab den „Soll ich" ich besiegt,
Verkauf ich die Effekten.
Dann kommt der „Hätt' ich" wieder aus
Der Hölle, der versteckten.

Wenn Ihr schon längst im Grabe liegt,
Behaglich, still und mollig,
Dann kämpft um meine Leiche noch
Der „Hätt' ich" mit dem „Soll ich".

Aus dem für die Betroffenen des Hamburger Transports so betrüblichen Internierungsbefehl noch kurz vor Toresschluss erwuchs mir eine große Freude: denn plötzlich erschien in unserem Zimmer mein Vetter Arthur Hertz, Annas Sohn! Das war Hamburg, das war Familie! Arthur gehörte der Generation meiner Kinder an, sie waren befreundet, und er konnte mir alles berichten, was mir seit einem Jahr in der zensierten Korrespondenz verborgen geblieben war. Tragisch nahm Arthur nur die zeitweilige Trennung von seiner jungen Frau, das Gettoleben nicht, denn Hamburg war für ihn auch ein Getto gewesen. Seine Frau war zwar arisch, aber da sie kinderlos geblieben waren, genoss er keine Vorteile einer sogenannten privilegierten Mischehe, wie sie mir die Existenz in Hamburg erträglich gemacht hatten. Er galt als Volljude. Man hatte ihm seine Fabrik weggenommen, und der Arbeitsdienst, zu dem er gezwungen wurde, stand in nichts an Härte der hiesigen Arbeit nach. Seine Wohnung hatte er ebenfalls räumen und sich mit dem begnügen müssen, was ihm in einem düsteren Quartier angewiesen wurde. Aber mehr noch als alle Einschränkungen bedrückte ihn die Diffamierung, die ihn im Tragen des Judensterns öffentlich anprangerte. Auch hier trug man ja den Judenstern, aber da ihn alle trugen, verfehlte er seinen Zweck. Wie ihm auch zumute gewesen sein mag, er zeigte sich jedenfalls von seiner heitersten Seite und ließ seinen ganzen Charme spielen. Er hatte es besonders Frau Poppe angetan. Ich sehe sie noch vor mir, wie sie ihm als höchste Gunstbezeugung eine auf einer Gabel aufgespießte Pellkartoffel verabreichte! Er verstand es ebenfalls sehr bald, auch andere für sich einzunehmen, vor allen die Küchenfeen, die, wenn sie einem flotten jungen Mann wohlgesinnt waren, öfters die Rationen verdoppelten.

Zu den Neuankömmlingen gehörte auch die dritte Schwester aus Baden-Baden, Tante Maria [Vierling, Abb. 44]. Genau wie ihre Schwester Gertrud war sie klug und suchte gleich nach einem Verdienst, um dem Hunger zu wehren. Sie besaß gewisse pharmazeutische Kenntnisse und meldete sich als Helferin in der Apotheke. Maria war eine bildschöne Frau, von stattlicher Erscheinung und versetzte Frau Poppe in Ekstase, so dass meine Aktien bei dieser dadurch noch höher stiegen; obgleich ich mich keinerlei Verwandtschaft mit der so Bewunderten rühmen konnte. Sie imponierte Frau Poppe derartig, dass selbst die ihr zugedachte Pellkartoffel in der Gabel stecken blieb.

Die Wochen flogen so dahin, und der Frühling brach viel früher durch als im vergangenen Jahr. Der große Platz belebte sich, auf den Bänken führte man wieder gastronomische Gespräche, und um den Musikpavillon gruppierten sich die Lauschenden. Man flanierte, man besuchte sich (unter Untätigen), die Angstgefühle, die uns eine Zeit lang in Atem gehalten hatten, beschwichtigten sich. Die menschliche Natur ist ja, Gott sei Dank, so beschaffen, dass sie nicht ständig in Angst leben kann.

Um nun auch irgendetwas zu leisten, etwas Nützliches für die Allgemeinheit – wenngleich für mich auch ohne Vergütung –, hatte ich meiner Zimmergemeinschaft angeboten, sie einer zeitraubenden Angelegenheit zu entheben. Und zwar machte ich denjenigen, die zur Arbeit mussten, den Vorschlag, für sie den Morgenkaffee zu holen. Dazu bediente man sich einer Trage aus Holz, eine Art Tablett mit Bügel und hochgezogenen Bändern, auf die dann alle Behälter gestellt wurden. Solange die Gefäße leer waren, war die Trage leicht; gefüllt wurde sie aber zu einer schweren Last, wobei ich auf einem Weg von circa sechs bis sieben Minuten öfters absetzen musste. Dieser Hilfsgang wurde mit Bratpfanne und Wecker nun der dritte Anlass zu meiner Beliebtheit und beruhigte mein Gewissen genügend. um den Rest des Tages mein Drohnendasein genießen zu können.

Diese Stunden des „dolce far niente" verbrachte ich öfters auf der Terrasse der „Sokolowna", die jetzt ihre Anziehungskraft verdoppelte, indem sie für geringes Getto-Geld Becher mit Limonade anbot. Dieses Getränk bestand nur aus Wasser, das mit irgendeiner synthetischen Essenz gefärbt war. Unter den bunten Sonnenschirmen verschönerte es aber die Illusion eines Kurortes, und das Bedürfnis der Selbsttäuschung war in allem so stark, dass auch dieses Getränk reißenden Absatz fand.

Eines Tages saß ich an einem solchen bunt beschirmten Tisch zufällig mit einer Dame allein, die durch ihre äußere Erscheinung und ihre ganze Aufmachung einem wie ein Stück Frühling anmutete. Das kam vielleicht durch das duftige Sommerkleid, das sie an hatte und das nicht wie bei unsereiner durch Monate langen Kofferaufenthalt ramponiert war; das machte wohl auch der zartfarbige Blumenhut, der von einer uns noch unbekannten Mode sprach! Man merkte es der Trägerin an, dass sie eine *Neue* war! Und wenn man es so nicht erraten hätte, sprach ein anderes untrügliches Zeichen dafür: Vor ihr lag eine leere Postkarte; grübelnd und ratlos saß sie davor. Ich hatte mir selbst genug Kopfzerbrechen über solche Postkarten gemacht, ehe ich begriffen hatte, worauf es beim Schreiben ankommt, um nicht gleich dem Impuls nachzugeben und meine Hilfe anzubieten. Und wie gerne wurde diese Hilfe von der Fremden angenommen. Gemeinsam vollzogen wir ein Werk makelloser Inhaltslosigkeit, das vor jeder Zensur bestehen konnte. – Frau v. K. war Berlinerin, sie war später als unser letzter Hamburger Transport aus der Metropole gekommen. Ihr Unterkommen im „Prominentenhaus" verdankte sie einer Verschwägerung mit irgendeiner hochgestellten Persönlichkeit aus dem Heer oder der Marine. Sie hatte sich noch an niemanden angeschlossen, und so erwuchs aus diesem Treffen eine freundschaftliche Beziehung zwischen uns beiden. An Freunden hat es mir in Theresienstadt nicht gefehlt, und sie sind es, die mir in der Erinnerung das ganze Bild meiner Gefangenschaft verklären.

In der zweiten Maiwoche – wie ahnungslos waren wir doch über die Fortschritte der feindlichen Umzingelung – wurden wir nachts durch eine ungewohnte Unruhe auf der Straße aufgeschreckt. Unter unserem Fenster erklang ein Stimmengewirr, und plötzlich erschien in höchster Aufregung Herr Kaspar, der Mitverwalter unseres Hauses, mit dem Ausruf: „Meine Damen, Sie sind frei...!" Halb elektrisiert stürzten fast alle hinaus, ein Freudengeschrei ertönte. Eine seltsame Intuition hielt mich jedoch zögernd, ja, skeptisch zurück. Und was dann geschah, ging betäubend schnell vor sich. Ein Schuss ertönte, dem weitere folgten. Danach folgte Totenstille, und alle stürmten zurück außer Atem, sprachlos vor Entsetzen, was in dieser Nacht wirklich passiert war. Ich habe nie genau erfahren, *wer* diese unheilvolle falsche Nachricht verbreitet hatte. Jedenfalls waren die Nazis sofort zur Stelle gewesen. Man hat später auch nicht erfahren, ob der Freudentaumel nur durch Warnschüsse niedergeschlagen wurde oder ob es blutig zugegangen war, denn in den folgenden Tagen überschlugen sich dann die Ereignisse.

Als ich früh morgens mit meiner schweren Holztrage den gewohnten Rückweg antrat, waren meine Glieder derart schlaff von der überstandenen Aufregung, dass ich die Trage mehrere Male absetzen und pausieren musste. In dieser Ruhestellung glaubte ich etwas zu vernehmen wie ein Donnergrollen von weit her, das aber immer näher kam. Dann sah ich mit einem Mal eine Reihe beweglicher Punkte in meine Richtung kommen. Mein Herz stand still ... ich begriff! Und dann sausten sie an mir vorüber: Panzerwagen nach Panzerwagen, rot beflaggt, Russen, die mich laut und freudig begrüßten! Mir kamen die Tränen, Freudentränen, ich schwenkte mein Taschentuch den Befreiern entgegen. Als ich – noch ganz überwältigt vom Geschehen mit schlotternden Knien zu

Hause anlangte, empfing man mich schon im Jubel berauschender Gewissheit. Diesmal hatten sie wirklich die Flucht ergriffen, die gestern sich noch in Sicherheit wähnenden Nazis! Wie vielen es gelang – ich weiß es nicht. Es hieß jedoch, dass der Kommandant entkommen sei. Das war uns auch ganz gleichgültig, wir kannten nur einen Gedanken:

Wir waren frei! Der Rausch währte den ganzen Tag lang, Freunde drängten sich zueinander und umarmten sich; selbst Fremde fielen sich um den Hals. Mit einem bisher nie gehörten Elan spielte die Musikkapelle heitere Weisen, man sah selbst die sonst so streng waltenden tschechischen Polizisten die jungen Mädchen im Tanz umherwirbeln.

Der russische Kommandant erwies sich als ein humaner und gebildeter Mann. Seine erste Äußerung soll gewesen sein: „Hier wird nicht mehr gehungert! Eine Lawine von Graupen ergoß sich über Theresienstadt! Graupen mittags und abends und in jeder Form. Graupen als Suppe, Graupen als „pièce de résistance" und Graupen auch als Süßspeise. Graupen müssen wohl ein Hauptnahrungsmittel der russischen Gulaschkanonen sein. Ich liebe Graupen und war glücklich über sie, doch manchen waren sie bald verhasst, und so verschlang ich noch gierig jede verschmähte Portion!

Der Stacheldraht fiel! Theresienstadt weitete sich ins Unendliche der Landstraße aus. Die Jüngeren – auch Arthur Hertz gehörte zu ihnen –, trunken vor wieder gewonnener Freiheit, hatten nicht die Geduld, um einen noch fragwürdigen Rücktransport zu erwarten. Sie schnürten ihre Bündel und liefen davon, ohne Geld, liefen durch das Chaos, das noch in Deutschland herrschte, nur im Vertrauen auf ihre siegreiche junge Kraft und die Hife ihrer Mitmenschen. Wir, die uns das Abenteuer nicht reizte, erhielten nun unseren ersten Ausblick in die Freiheit, indem sich uns ein bezaubernder kleiner Park aus dem Gebiet der entschwundenen Nazis erschloss, ein Park mit schattigen Laubengängen und verschiedenen Ruheplätzen, wo es uns gelang, die Erregung, die in uns tobte, etwas abzukühlen. Ebenso suchte man im regen Besuch der Gottesdienste innere Ruhe. Dort erklangen neben dem Ausdruck unendlicher Dankbarkeit für die Gnade der Befreiung Ermahnungen an die Zurückkehrenden, ohne Hass und ohne Rachsucht die abgerissene Verbindung mit den deutschen Ariern wieder aufzunehmen. Und dieser Appell an das Tiefste und Beste in uns Juden – an die Bereitwilligkeit zur Vergebung und Versöhnung, wurde von Woche zu Woche dringlicher.

Die Nachrichten aus der Heimat waren vernichtend. Deutschland war aus den Fugen geraten. Die Engländer hatten Hamburg besetzt, in Baden herrschten die Franzosen, in den anderen Gebieten die Amerikaner und die Russen. Alles, was der Unbekannte mir damals im Sand aufgezeichnet hatte, hatte sich erfüllt. In diesem posthumen Licht war mir die Prophezeiung noch unheimlicher geworden. Es fuhr kein Zug, die Post stand still. Wie sehr dämpfte das die jubelnde Stimmung der ersten Tage! Alle Sehnsucht, nach Hause zu kommen, musste zurückgedrängt werden. Ein Ende unseres Exils war noch nicht abzusehen. Wann würde in Deutschland genug Ordnung geschaffen werden, um einen Rücktransport für uns organisieren zu können? Ja, was sollte nun werden?

Und dann erschien eines Tages plötzlich in meinem Zimmer – rank und schlank in der entliehenen Uniform einer Rote-Kreuz-Schwester – Nona [Katz], die hübsche Tochter von Tante Gertrud! Sie kam direkt aus Baden-Baden mit dem Auto. Ein französischer Offizier hatte ihr seine Hilfe angeboten, um ihre Mutter und ihre Tanten abzuholen. Nona, die gut französisch spricht, hatte sich gleich zu Anfang dem Bürgermeister von Baden zur Verfügung gestellt und wirkte dort als Dolmetscherin. Die Besatzung war ihr gleich mit Sympathie entgegen gekommen, Nona hatte in rührender Weise auch an mich gedacht und bot mir an, mich mit nach Baden-Baden zu nehmen. Im ersten Augenblick war dieses Unverhoffte für mich überwältigend! Aber es gab eine Bedingung: Wir mussten alle unser Gepäck zurücklassen, im Auto war kein Platz dafür. Es war geplant, die Sachen später abzuholen. Ich sollte mir also die Sache überlegen – Nona wollte sich die Antwort in einer Stunde abholen. Was kämpfte alles in mir in dieser kurzen Zeitspanne der Überlegung? Konnte ich mein Gepäck im Stich lassen? Ich zweifelte sehr daran, dass es, wenn erst einmal verlassen, jemals wiederzufinden sein würde. Alles, was ich an Garderobe besaß, war in diesen zwei Koffern enthalten, und ich hatte niemanden im ausgebrannten und verarmten Hamburg, der mir auch nur das Geringste ersetzen konnte. Und dann war Baden-Baden nicht Hamburg, es war von Hamburg ebenso weit entfernt wie Theresienstadt! Wer sollte mich von dort abholen können? Der Entschluss zum Verzicht siegte schließlich. Er war mir schwer geworden, und den Anderen war er unverständlich. Aber die Zukunft gab mir recht, die zurückgelassenen Koffer der drei Schwestern waren später nicht mehr aufzufinden.

Nun hieß es sich also, sich in Geduld zu fassen. Ein Brief meiner Kinder gelangte auf Umwegen zu mir. In gewissen Abständen gingen Kuriere hin und her. Ich konnte also antworten. Es war die erste unzensierte Schilderung meines Lebens in Theresienstadt. Ich erfuhr, dass das Hamburger Rote Kreuz versuchte, einen Rücktransport für uns zu organisieren, was aber noch auf viele Schwierigkeiten stieß, so dass es also noch Wochen dauern konnte.

Inzwischen hatte sich das ganze Bild von Theresienstadt geändert. Die vielen Tschechen waren ja in ihrem eigenen Land und konnten leicht ihren Heimatort erreichen. Doch die Lücke sollte sich bald schließen. Nahe liegende andere Lager wurden aufgelöst, und die Insassen zu uns gebracht. In ihrem Befreiungseifer sprengten die Russen auch die Gefängnisse, so waren diese Gefangenen jetzt bei uns, teilweise Gestalten, denen man nicht gerne nachts begegnet wäre! Aber das Schlimmste war, dass sich mit diesen Neuankömmlingen eine Seuche bei uns eingeschleppte, die in kurzer Zeit erschreckende Proportionen annahm. Zuerst wurde ihr Name verschwiegen. Bald wusste man jedoch, dass es Flecktyphus war. Man ahnte nicht, woher die Ansteckung gekommen war. So wurden alle Neuangekommenen von uns abgesondert und hinter Stacheldraht in Quarantäne gelegt. Aber die Vorsichtsmaßregeln waren zu spät ergangen, und die Seuche breitete sich aus. Wie Pilze aus der Erde schossen Plakate hervor, makabre Plakate vor Häusern, vor Gebäuden etc., worauf ein Totenkopf mit der Inschrift zu sehen war: „Vorsicht, Flecktyphusgefahr!" Ich machte damals gerade eine Verschönerungskur in der zahnärztlichen Klinik der Ambulanz durch. Einer der dort fungierenden Hamburger Zahnärzte gab sich besondere Mühe mit mir, weil er die begonnene Behandlung in Hamburg weiterzuführen hoffte. Ich bekam es aber nun mit der Angst. Das ganze Krankenhaus roch nach Desinfektionsmitteln, denn alle die von dieser Seuche Ergriffenen wurden dort eingeliefert. Ich dachte, an das Spülglas bei der Zahnbehandlung –, wie leicht konnte ein Vorgänger den Keim der Krankheit darin hinterlassen haben! Da verzichtete ich also auf die Korrektur der Schönheitsfehler und unterbrach die Behandlung, obgleich Arthur mir gesagt hatte, dass ich mich *so* nicht in Hamburg sehen lassen könnte! Nach ein paar Tagen erfuhr ich dann, dass der Zahnarzt selbst an Flecktyphus erkrankt sei. Er starb daran. Und auch der Arzt, der mir die „Reko"-Kost verschafft hatte, erlag dieser Krankheit. Eine Fürsorgerin, die sich damals rührend um mich gekümmert hatte, war das nächste Opfer. Trauer und Grauen erfüllten mich.

Und dann wurde *ich* krank. Es war jedoch nicht schlimm, nur ein leichtes gastrisches Fieber. Zuerst lachte man mich aus, es käme vom Übermaß an Graupen, die ich mit solcher Wonne vertilgt hätte! Ein Arzt kam, ließ mich die Beschwerden erklären und machte ein bedenkliches Gesicht. Die Symptome seien ähnlich, ja eigentlich dieselben, wie beim Beginn der schrecklichen Seuche. Er könne noch nichts Genaues sagen, und vor drei Tagen könne er keine Diagnose stellen, man müsste halt hoffen. Nach dieser Eröffnung fühlte ich mich wie erschlagen! Eine Panik bemächtigte sich des ganzen Hauses. In zehn Tagen sollte der Hamburger Transport erfolgen. Würde sich der Verdacht des Arztes bewahrheiten? Sollte wirklich Flecktyphus bei mir festgestellt werden, so bedeutete das die Quarantäne für das ganze Haus, da helfe es dann auch nichts, dass ich in die Ambulanz eingeliefert wurde, *niemand* würde dann fortkommen! Die Tage dieses nagenden Zweifels wurden zur Ewigkeit. Ich fühlte mich von einer Atmosphäre vorwurfsvoller Feindseligkeit umgeben. Das Fieber stieg. Der Arzt hatte sich inzwischen von mir berichten lassen, und nach drei Tagen kam er wieder. Er untersuchte mich genau, und ich bemerkte, wie sich seine ernsten Züge entspannten! Es war also doch nur eine Wald- und Wiesen-Gastritis, die halt gepflegt werden musste, sicher aber in acht Tagen vorüber sein würde. Der Kelch war also an uns vorüber gegangen, und alle atmeten auf! Die eigentliche Krankheit klang bald ab – dafür stellte sich aber mein seelisches Gleichgewicht nicht so schnell wieder her. Der Schock, der mich tagelang in der Ungewissheit einer so fürchterlichen Bedrohung gefangen gehalten hatte, lag mir noch lange in den Gliedern. So kommt es, dass ich fast nichts aus dieser letzten Zeit in Theresienstadt erinnere. Ich war stark geschwächt, und eine furchtbare Dumpfheit machte mich gleichgültig gegen alles äußere Erleben. Meine ganze Willenskraft war nur darauf gerichtet, Kräfte für die Rückfahrt nach Hamburg zu gewinnen. So weiß ich auch kaum noch, wie der Abschied von den Freunden vor sich ging. Es war ja jeder nur mit sich selbst beschäftigt. Erst später vermisste ich bei den Vielen, die mir nahe gestanden hatten, den Austausch von Adressen.

Erst kurz vor der Abreise konnte ich das erste Mal aufstehen. Meines elenden Zustandes wegen wurde ich mit anderen Rekonvaleszenten und sonstigen Gebrechlichen für einen bequemen Autobus vorgesehen. Die Gesunden wurden in Lastkraftwagen befördert. Mit welcher Freude ging ich ans Packen! Meine Hinterlassenschaft erregte viel Heiterkeit. Ein Kilo Kartoffeln mussten zurückbleiben, das war meine eiserne Ration gewesen, die ich wegen meiner – so oft verulkten – Vorsicht und Sparsamkeit nie angegriffen hatte. Wir wurden reichlich mit Proviant versorgt: mit Brot, Würsten, Keksen und auch Suppen in Tüten oder Dosen, wobei ich mich fragte, wie man sie wohl im Auto würde verwerten können!

Im Omnibus waren die Sitze bequem, wenn auch reichlich eng. Mein Nachbar, ein Dr. L., stellte sich vor. Er war ein älterer Herr mit einer blauen Brille, der mir gleich anvertraute, dass er halb erblindet und somit ganz auf meine Hilfe angewiesen sei! Ich war natürlich gern zu allen Samariterdiensten bereit, die er auch während der ganzen Reise gründlich in Anspruch nahm.

Die Fahrt sollte – mit Unterbrechung in den Nächten – drei Tage dauern. Sie dauerte aber vier Tage, und für nächtliche Unterkunft war nur mangelhaft gesorgt.

An diesem ersten Tag hielten wir bei Einbruch der Dunkelheit einfach auf der Landstraße. Es war eine heiße Sommernacht. Ein Teil der Fahrgäste hielt es in dem luftlosen Raum nicht aus. Die Leute legten sich in einen Graben, wickelten sich in ihre Decken, schnappten frische Luft und konnten dabei einschlafen. Ich blieb sesshaft. Ich wäre lieber gestorben als mich Fledermäusen und sonstigem Getier auszuliefern. Auch mein Nachbar Dr. L. blieb sitzen, so dass ich mich leider nicht ausbreiten konnte. Im Gegenteil, Dr. L. rückte im Schlaf näher an mich heran und glitt schließlich mit dem Kopf auf meine Schulter. Erst dort eingebettet, schien er die ersehnte Ruhe gefunden zu haben. Ich schlief dabei natürlich weniger gut, aber ich hatte Mitleid mit seiner Blindheit und ließ es also über mich ergehen.

Am folgenden Tag machten wir eine mehrstündige Unterbrechung, hervorgerufen durch eine Panne. Das war eine richtige Erholung! Die Glieder waren durch das lange Sitzen gerädert, und Bewegung tat dringend Not! Mein Nachbar hängte sich bei mir ein, aber er war es, der mich führte. Sein Instinkt schien die schwache Sehkraft zu ersetzen, denn *er* entdeckte ein Lazarett, in dessen an der Straße gelegenen Garten sich genesende Soldaten ergingen. Sein helles Gehirn arbeitete schnell. Aus meiner Anhängetasche, in der ich etwas Proviant hatte, holte er kurzerhand eine der Suppentüten, rief einen der am Gitter stehenden Soldaten an und besaß zu meinem Schrecken die Dreistigkeit, diesen zu bitten, uns daraus eine Suppe in der Lazarettküche bereiten zu lassen. Der Soldat ging aber mit ausgesuchter Freundlichkeit auf diese Bitte ein und kam bereits nach zehn Minuten strahlend zurück mit zwei dampfenden Schüsseln in der Hand, in die der Koch noch alles Mögliche aus seinen Vorräten gezaubert hatte, wie Wurststücke, Teigwaren und so weiter. Ja, ich glaube sogar, dass er das Ganze noch mit einem Ei abgerührt hatte. – Im Übrigen sind wir auf der ganzen Reise bei der Bevölkerung nur auf Sympathie gestoßen!

Angenehm gesättigt, setzten wir also unsere Reise fort. Mein neuer Freund war durch diesen Erfolg besonders angeregt und gesprächig geworden. Er rollte sein ganzes bisheriges Leben vor meinen Augen auf, es war alles phantastisch, was er – seiner Aussage nach – geleistet hatte. Noch phantasievoller aber waren die Projekte, die er in seinem Gehirn wälzte. Bis zum Ende der Reise fragte ich mich dauernd: „Ist das nun ein Genie oder ein Scharlatan?" Eines war sicher, seine Erzählungen waren wie ein spannender Roman, und sie verkürzten mir die Zeit bis zum Abend.

Für die zweite Nacht waren wir in einer Gastwirtschaft angemeldet. Wir kamen in einen Saal mit Tischen und Stühlen. Die Klügsten und Schnellsten unter uns hatten gleich von den Tischen Besitz ergriffen und sich der Länge nach darauf gelegt. Es war zwar kein weiches Lager, aber immerhin eine „Liege"! Ich gehörte leider weder zu den Klügsten noch zu den Schnellsten. Außerdem hing an meinem Arm noch das Gewicht meines Blinden. Wir eroberten uns noch jeder einen Stuhl und legten unsere schlaftrunkenen Köpfe auf eine Ecke der Tischplatte.

Der dritte Tag brachte uns mittags in ein Kinderhospital, wo wir wirklich gut bewirtet wurden und abends in einen großen Raum kamen, der ganz mit Heu ausgelegt war und wo sich endlich jeder von uns richtig ausstrecken konnte. Ich hatte mir gerade weich und schmiegsam eine Kuhle zurecht gebaut, als mein Pflegling mich rief und dringend bat, doch ganz dicht an ihn heranzurücken, und zwar in fühlbare Nähe, falls er mich nachts zu einem Gang nach draußen bedürfte! Ich dachte bei mir: „Selbst bezahlte Krankenschwestern haben nachts manchmal Urlaub", aber ich gab nach. Am folgenden Morgen waren wir alle ausgeschlafen und geradezu beschwingt.

Wir hatten nun die letzte Strecke bis Hamburg vor uns. Während der ersten Stunden ging es mir ganz gut, dann erschlaffte ich plötzlich. Ich fühlte einen leichten Schwindel und Übelkeit. Von dieser letzten Fahrt habe ich kaum noch eine Erinnerung. Alles schien in mir erloschen, auch die Freude auf das Wiedersehen und die Wiederkehr. Noch vor dem Treffpunkt, der unseren Angehörigen angegeben war, machten wir irgendwo in Hamburg Station, wo der Vorstand der jüdischen Gemeinde uns begrüßte und uns eine erquickende Speisung gereicht wurde. Sie roch nach Speck und Zwiebeln, alle griffen hastig zu. Mir wurde schon allein von dem Geruch ganz schlecht. Ich schob meinen Teller Dr. L. zu, der sich daran labte, und suchte mir eine Bank aus, fern von allen Essensdüften.

Dann bestiegen wir unseren Autobus zum letzten Mal. Das Ziel war der Hof einer Schule in der Bogenstraße. Und da erwartete manche eine Enttäuschung, auch mich! Unseren wartenden Angehörigen war eine falsche Nachricht zugegangen, nämlich dass der Transport erst zwei Stunden später käme. Da hatten sich halt viele Ungeduldige, zu denen auch meine Kinder gehörten, in einer benachbarten Gastwirtschaft die Zeit vertrieben. Aber Arthur und seine Frau waren da und nahmen mich in Empfang. Mir war so hundsmiserabel zu Mute, dass ich nur den einen Wunsch hatte, so schnell wie möglich in ein Taxi steigen zu können, um nach Hause zu kommen. Ich musste jedoch erfahren, dass es in Hamburg kein einziges Taxi mehr gab. Und von der Bogenstraße zu uns gab es von jeher keinerlei Bahnverbindung. Ich weiß gar nicht, wie ich es damals fertig brachte, den langen Weg zu Fuß zurückzulegen. Arthur und Lisi stützten mich, vielmehr sie schleppten mich. Endlich war die Blumenstraße in Sicht …, unser Haus!!

Alles war zu meinem Empfang vorbereitet. Meine Kinder erschienen kurz nach mir. Irene erschrak zu Tode über mein Aussehen, ich hatte zudem hohes Fieber. So sank ich gleich ins Bett. Es war ein Rückfall der eben noch nicht ganz überstandenen Krankheit. Irene pflegte mich rührend, so ging es mir bald etwas besser. Besucher drängten sich zu uns, und ich musste erzählen, Frage auf Frage beantworten, immer wieder von Neuem berichten. Und daran liegt es wohl, dass sich diese Eindrücke meiner Haft trotz allem, was ich später noch erlebte, so tief in mir eingeprägt haben, dass ich sie jetzt, vierzehn Jahre danach, mit ziemlicher Genauigkeit zu schildern vermag.

Acht Tage nach meiner Rückkehr erkrankte meine Tochter an einer Art typhöser Grippe, die in Hamburg grassierte. Wer sollte uns nun versorgen? Es war wirklich ein Wunder, als es uns gelang, eine Krankenschwester zu bekommen. Diese pflegte uns sechs Wochen lang und führte unseren Hausstand. Im Oktober kam dann meine Schwiegertochter mit ihren beiden Kindern aus Baden-Baden zurück. Endlich waren wir alle wieder vereint!

So gingen wir gemeinsam in die furchtbaren Nachkriegsjahre – mit all ihrer Misere, ihrem Mangel, ihrer Not –, aber auch mit der fast unwahrscheinlichen Hilfe, die uns aus dem Ausland von Freunden und Bekannten, ja, sogar von Unbekannten kam!

IV. Ergänzende Bilder und Dokumente
Hamburg

Abb. 36 Blumenstraße 14 (Mumssen)

Abb. 37 Geffckenstraße 8 (Vortmann)

Abb. 38 Postkarte aus Weimar (1925)
Max und Dodi an Elisabeth Lazarus
nach Hamburg, Abteistraße 24

Abb. 39 Oskar und Olga Vortmann,
geb. Ladenburg (ca.1897)

Die Nachkommen

Abb. 40 Erwin und Irmgard Mumssen, geb. Vortmann (ca. 1935)

Abb. 41 Schwiegertochter Irmgard mit Enkelkindern Matthias und Irene
in Baden-Baden (1943)

Die Schwestern Ladenburg und ihre Ehemänner

Abb. 42 Hans Katz und Gertrud, geb. Ladenburg (1920)

Abb. 43 Ernst Wingenroth und Martha, geb. Ladenburg (1911)

Abb. 44 Hubert Vierling und Maria, geb. Ladenburg (1912)

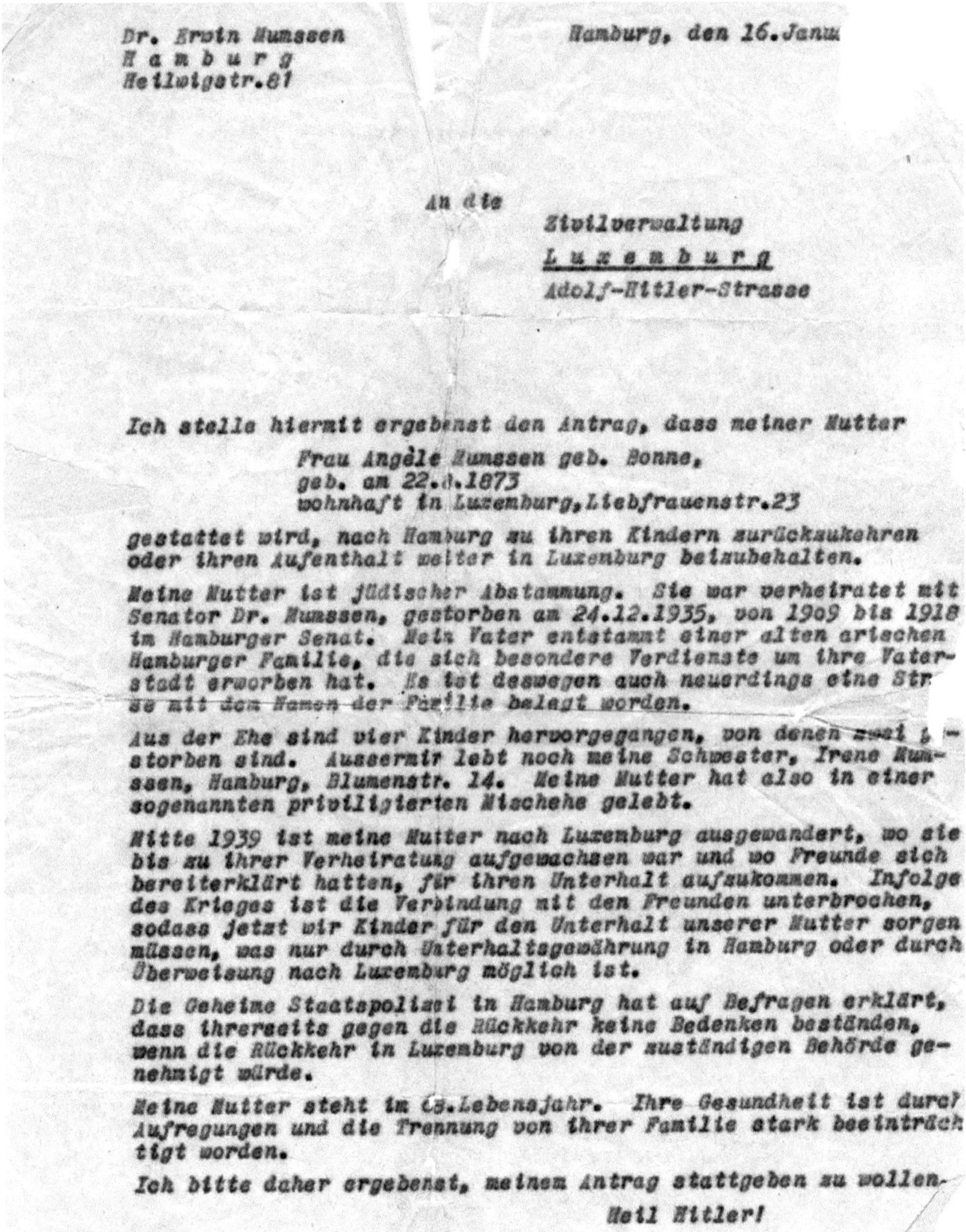

Dokumente

> Dr. Erwin Munssen
> Hamburg
> Heilwigstr.81
>
> Hamburg, den 16.Janu[ar]
>
> An die
> **Zivilverwaltung**
> <u>Luxemburg</u>
> Adolf-Hitler-Strasse
>
> Ich stelle hiermit ergebenst den Antrag, dass meiner Mutter
>
> Frau Angèle Munssen geb. Bonne,
> geb. am 22.4.1873
> wohnhaft in Luxemburg, Liebfrauenstr.23
>
> gestattet wird, nach Hamburg zu ihren Kindern zurückzukehren oder ihren Aufenthalt weiter in Luxemburg beizubehalten.
>
> Meine Mutter ist jüdischer Abstammung. Sie war verheiratet mit Senator Dr. Munssen, gestorben am 24.12.1935, von 1909 bis 1918 im Hamburger Senat. Mein Vater entstammt einer alten arischen Hamburger Familie, die sich besondere Verdienste um ihre Vaterstadt erworben hat. Es ist deswegen auch neuerdings eine Str[as]se mit dem Namen der Familie belegt worden.
>
> Aus der Ehe sind vier Kinder hervorgegangen, von denen zwei g[e]storben sind. Ausser mir lebt noch meine Schwester, Irene Munssen, Hamburg, Blumenstr. 14. Meine Mutter hat also in einer sogenannten priviligierten Mischehe gelebt.
>
> Mitte 1939 ist meine Mutter nach Luxemburg ausgewandert, wo sie bis zu ihrer Verheiratung aufgewachsen war und wo Freunde sich bereiterklärt hatten, für ihren Unterhalt aufzukommen. Infolge des Krieges ist die Verbindung mit den Freunden unterbrochen, sodass jetzt wir Kinder für den Unterhalt unserer Mutter sorgen müssen, was nur durch Unterhaltsgewährung in Hamburg oder durch Überweisung nach Luxemburg möglich ist.
>
> Die Geheime Staatspolizei in Hamburg hat auf Befragen erklärt, dass ihrerseits gegen die Rückkehr keine Bedenken beständen, wenn die Rückkehr in Luxemburg von der zuständigen Behörde genehmigt würde.
>
> Meine Mutter steht im 68.Lebensjahr. Ihre Gesundheit ist durch Aufregungen und die Trennung von ihrer Familie stark beeinträchtigt worden.
>
> Ich bitte daher ergebenst, meinem Antrag stattgeben zu wollen.
>
> Heil Hitler!

Abb. 45 Antrag des Sohnes Erwin vom 16.1.1941 an die deutsche Besatzungsbehörde in Luxemburg auf Angèles Rückkehr nach Hamburg

Dem Antrag wurde stattgegeben.

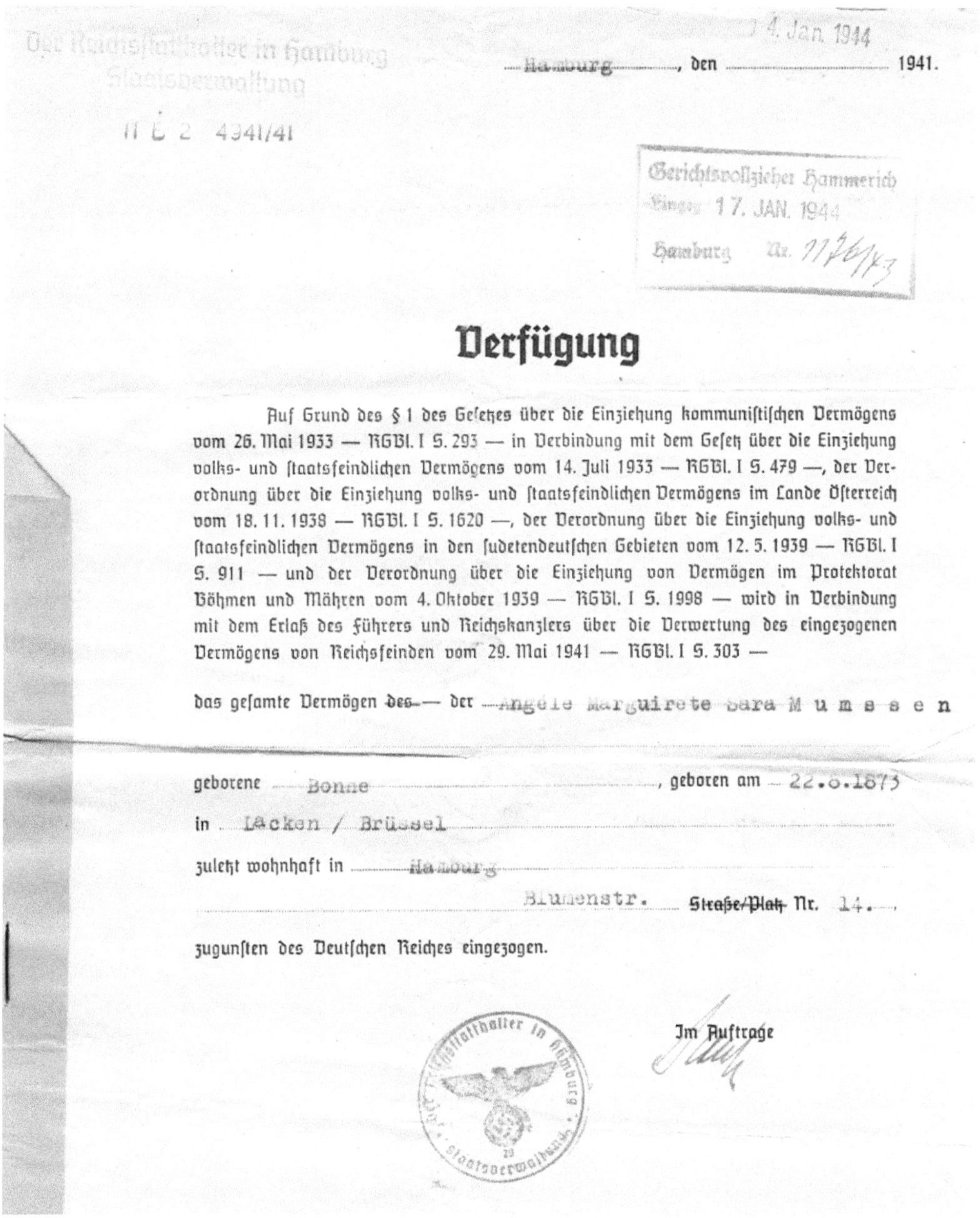

Der Reichsstatthalter in Hamburg
Staatsverwaltung

II E 2 4341/41

Hamburg, den 4. Jan. 1944

Gerichtsvollzieher Hammerich
Eing.: 17. JAN. 1944
Hamburg Nr. 1126/43

Verfügung

Auf Grund des § 1 des Gesetzes über die Einziehung kommunistischen Vermögens vom 26. Mai 1933 — RGBl. I S. 293 — in Verbindung mit dem Gesetz über die Einziehung volks- und staatsfeindlichen Vermögens vom 14. Juli 1933 — RGBl. I S. 479 —, der Verordnung über die Einziehung volks- und staatsfeindlichen Vermögens im Lande Österreich vom 18. 11. 1938 — RGBl. I S. 1620 —, der Verordnung über die Einziehung volks- und staatsfeindlichen Vermögens in den sudetendeutschen Gebieten vom 12. 5. 1939 — RGBl. I S. 911 — und der Verordnung über die Einziehung von Vermögen im Protektorat Böhmen und Mähren vom 4. Oktober 1939 — RGBl. I S. 1998 — wird in Verbindung mit dem Erlaß des Führers und Reichskanzlers über die Verwertung des eingezogenen Vermögens von Reichsfeinden vom 29. Mai 1941 — RGBl. I S. 303 —

das gesamte Vermögen ~~des~~ — der Angèle Marguirete Sara Mumssen

geborene Bonne, geboren am 22.8.1873

in Läcken / Brüssel

zuletzt wohnhaft in Hamburg

Blumenstr. ~~Straße/Platz~~ Nr. 14.

zugunsten des Deutschen Reiches eingezogen.

Der Reichsstatthalter in Hamburg Staatsverwaltung

Im Auftrage

Abb. 46 Dokument der Enteignung von „Angéle Marguirete *Sara* Mumssen“
(mit verunstaltetem Namen)
zum Zeitpunkt ihrer Einlieferung nach Theresienstadt,
am 4.1.1944 ausgestellt vom Amt des Hamburger Reichsstatthalters

Abb. 47   Postkarte an Tochter Irene aus Theresienstadt (Sept. 1944)
mit versteckter Nachricht über die nach Auschwitz deportierte Anna Hertz
und Ernst Rudolf Reis

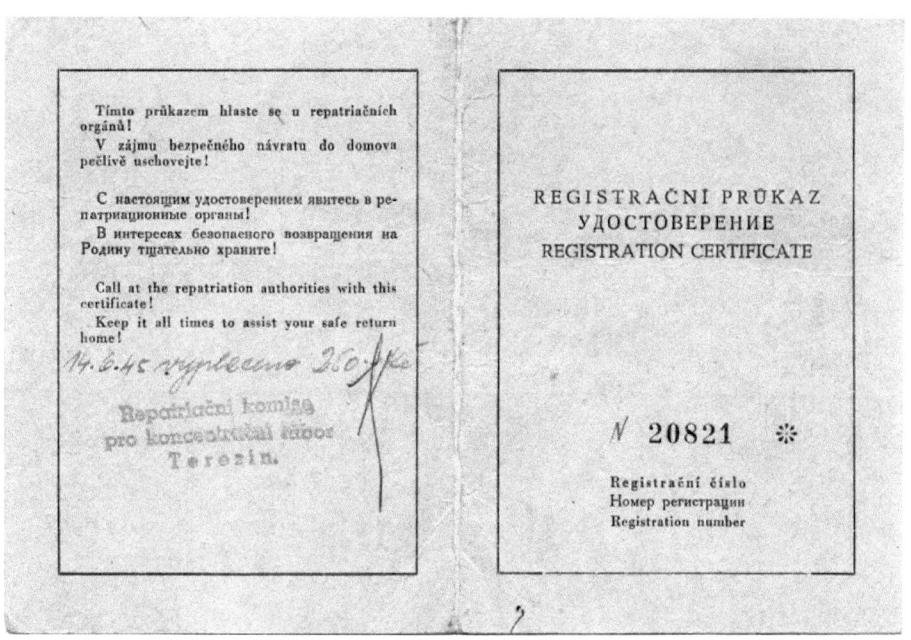

Abb. 48 Tschechisches Registrierungsdokument vom 14.6.1945
zu Angèles Rückführung nach Hamburg

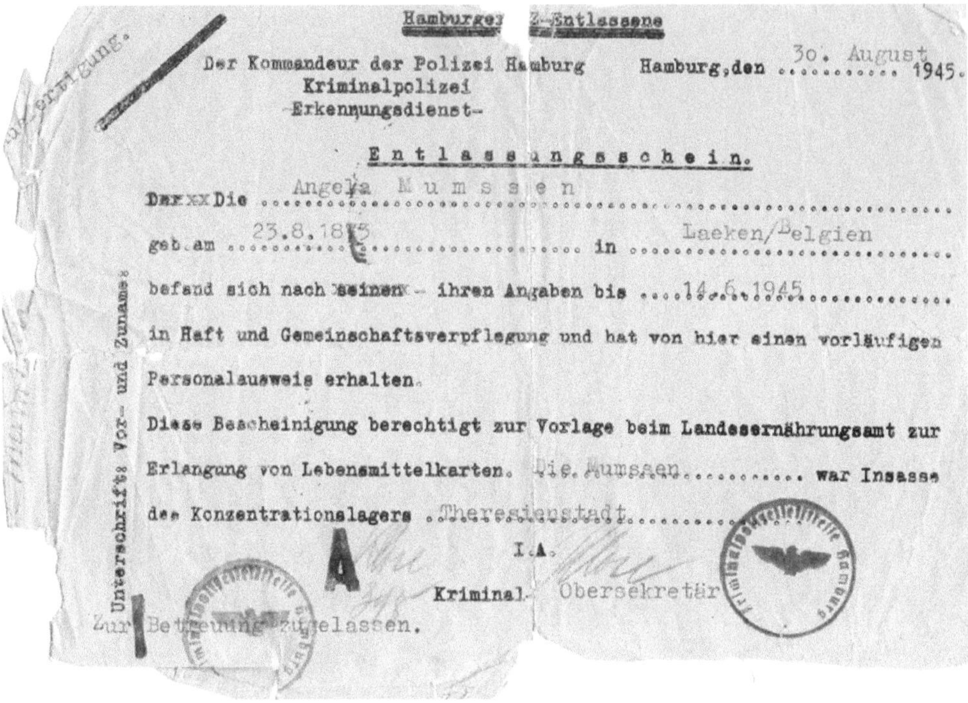

Hamburger KZ-Entlassene

Der Kommandeur der Polizei Hamburg   Hamburg, den 30. August 1945.
Kriminalpolizei
-Erkennungsdienst-

Entlassungsschein.

DerxxDie Angela Mumssen

geb. am 23.8.1875 in Laeken/Belgien

befand sich nach seinen - ihren Angaben bis 14.6.1945 in Haft und Gemeinschaftsverpflegung und hat von hier einen vorläufigen Personalausweis erhalten.

Diese Bescheinigung berechtigt zur Vorlage beim Landesernährungsamt zur Erlangung von Lebensmittelkarten. Die Mumssen war Insasse des Konzentrationslagers Theresienstadt.

I.A.
Kriminal-Obersekretär

Zur Betreuung zugelassen.

Unterschrift: Vor- und Zuname:

Abb. 49 Entlassungsschein für „Die Mumssen“, am 30.8.1945 ausgestellt durch die Hamburger Kriminalpolizei (Stempel jetzt ohne Hakenkreuz!)

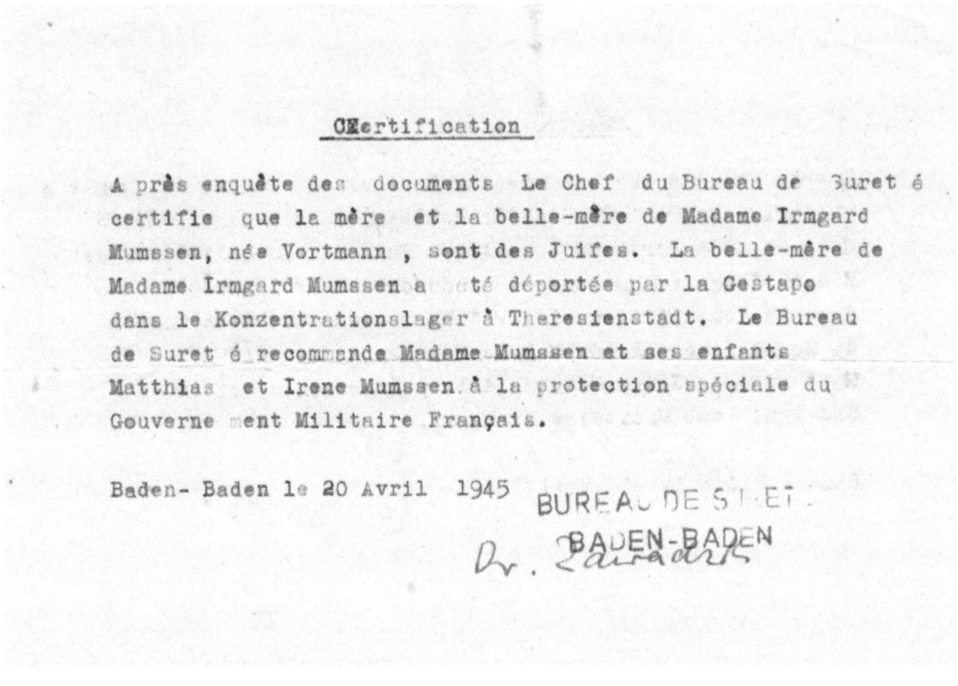

Certification

A près enquête des documents Le Chef du Bureau de Suret é certifie que la mère et la belle-mère de Madame Irmgard Mumssen, née Vortmann , sont des Juifes. La belle-mère de Madame Irmgard Mumssen a été déportée par la Gestapo dans le Konzentrationslager à Theresienstadt. Le Bureau de Suret é recommande Madame Mumssen et ses enfants Matthias et Irene Mumssen à la protection spéciale du Gouvernement Militaire Français.

Baden- Baden le 20 Avril 1945

BUREAU DE SURETE
BADEN-BADEN
Dr. Zaradzk

Abb. 50 Schutzbrief für Schwiegertochter und Enkelkinder nach französischer Besetzung von Baden-Baden im April 1945 (Grund: Deportation von Angèle nach Theresienstadt), ausgestellt durch das französische Bureau de Sureté

Zehn Jahre nach dem Krieg: Familienleben

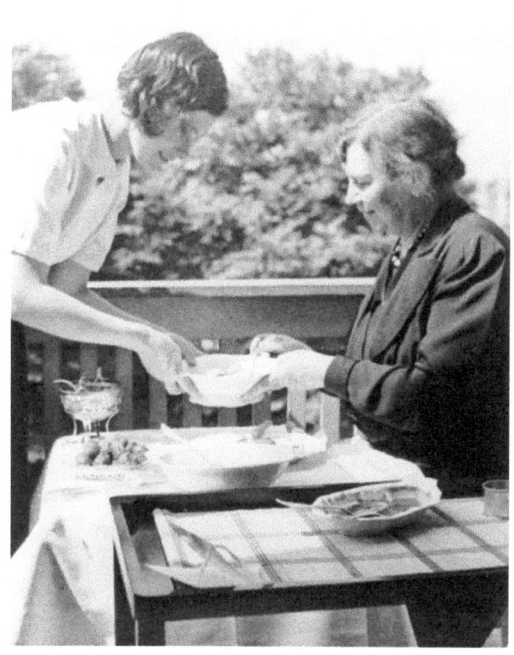

Abb. 51 Angèle mit Tochter Irene
auf dem Balkon ihrer Wohnung
in der Blumenstraße 14
(ca. 1955)

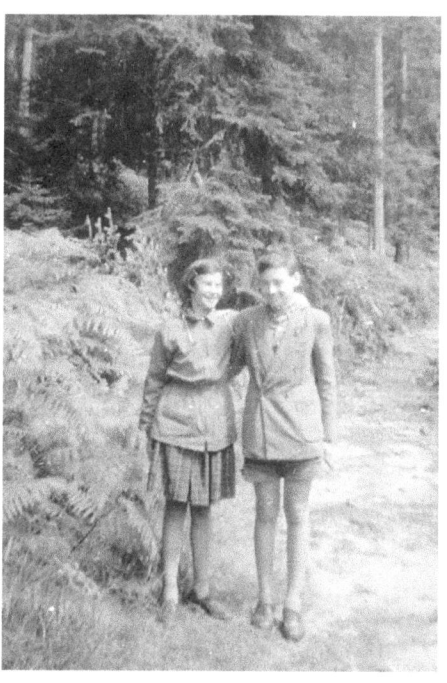

Abb. 52 Die Enkel Irene und Matthias
im Schwarzwald 1953
(aus einem Fotoalbum von Irene
zum 80. Geburtstag der Großmutter)

28. März 1954

Als letztwillige Verfügung und im Vollbesitz meiner geistigen Kräfte, vermache ich, im Falle meines Todes, meinem Enkel Matthias Mumssen, mein von ihm und mir heissgeliebtes Radio, nebst Verlängerungsschnur.

Den Termin für die Ausführung dieses Vermächtnisses vermag ich noch nicht festzusetzen.

Sollte, wider Erwarten, mein Enkel bis dahin erwachsen sein und aus der Schule seines verehrten Vorbildes Dr Conrad Adenauer, hervorgegangen, als Diplomat in der fernen Türkei fungieren, so sollen alle Transportkosten aus meinem sonstigen Nachlass entnommen werden.

Angèle Mumssen
geb. Bonne

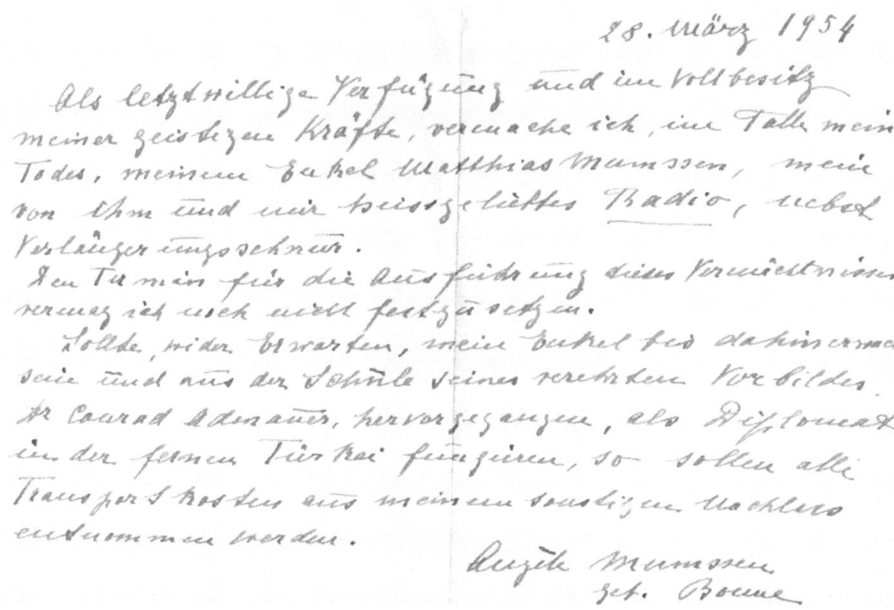

Abb. 53 Vermächtnis von Angèle Mumssen von 1954 für ihren 15-jährigen Enkel
[Matthias Mumssen war ein großer Freund von Musik, aber nicht von Adenauer;
er arbeitete, wie sein Vater Erwin, bei einem Versicherungsmakler]

V. Anhang

Lebensdaten von Angèle Marguerite Mumssen, geb. Bonne
1873 – 1964

22.8.1873	Geburt in Laeken bei Brüssel
1874	Tod der Mutter (Gasvergiftung)
1874 - 1897	Leben bei Onkel und Tante Goldmann in Luxemburg („Meine Kindheit")
1889 - 1891	Leben im Pensionat und beim Vater in Brüssel
1894 - 1896	längere Besuche bei den Großeltern Hertz in Hamburg, Begegnung mit Gustav Mahler („Sternstunde des Seins")
1898	Taufe in Hamburg und Heirat mit Dr. Max Mumssen in Luxemburg; Wohnung: Hamburg, Heilwigstr. 42 (Abb. 34)
1899 - 1908	Geburt von 4 Kindern (die beiden ältesten sterben 1903 und 1919)
1895 - 1909	Max Mumssen: Rechtsanwalt, Syndikus bei der HAPAG
1909 - 1919	Max Mumssen: Hamburger Senator, Militärdienst (1918)
1919 - 1933	Max Mumssen: Direktor der Hamburger Hochbahn AG Bürgerliches Leben im Haus in Hamburg, Blumenstr. 14 (Abb. 36) Reisen (Abb. 38), Erziehung der Kinder, Beschäftigung mit Literatur, Korrespondenz
1933	Nationalsozialistische „Machtergreifung" schwere Folgen für die Familie
1935	Heirat des Sohnes Erwin mit Irmgard Vortmann (Abb. 40) Tod von Max Mumssen Nürnberger Gesetze
1939	Geburt des Enkels Matthias Emigration nach Luxemburg, um Verfolgung zu entgehen Kriegsausbruch
1940	Deutsche Besetzung von Luxemburg
1941	Rückkehr nach Hamburg auf Antrag (Abb. 45) ihres Sohnes Erwin
1942	Geburt der Enkelin Irene
1943	Bombenangriffe auf Hamburg zerstören die Wohnung des Sohnes Erwin in der Heilwigstraße 81, er zieht zu Angèle in die Blumenstraße 14 Irmgard und Enkelkinder ziehen nach Baden-Baden (Abb. 41)
1944	Enteignung (Abb. 46)
1944 - 1945	Deportation nach Theresienstadt („Wie ich Theresienstadt erlebte"), dort: Treffen mit Angehörigen der Familien Hertz und Ladenburg (Abb. 42-44)
April 1945	Befreiung, Entlassung aus Theresienstadt (Abb. 48-49), Familie in Baden-Baden unter französischem Schutz (Abb. 50)
Juni 1945	Heimkehr nach Hamburg
ab 1945	Leben mit Kindern und Enkeln in der Dachwohnung ihres Hauses in der Blumenstraße 14 (Abb. 51-53)
1955	Tod des Sohnes Erwin
1959 – 1960	Abfassung ihrer Erinnerungen
1964	Angèle Mumssen stirbt im Alter von 91 Jahren
2009	Tod der Tochter Irene
2012	Tod des Enkels Matthias, an den die Memoiren in Briefform gerichtet sind

Personenverzeichnis, Biographisches

zitiert sind die Lebensdaten, soweit bekannt, und Abbildungen
kursiv: Jahr des Todes ausgelöst durch Nazi-Verfolgung
römische Zahlen: Kapitel, in denen die Person erwähnt ist

1. Engste Familie

Angèle Mumssen, geb. Bonne, „Dodi" (22.8.1873 - 28.10.1964), Autorin: I-III
Dr. Max Mumssen (1871-1935), Ehemann: II, Abb. 30, 34, 38
Marguerite Adele Mumssen (1900-1919), Tochter: III
Irene Mumssen (1908-2009), Tochter: III, Abb. 51

Dr. Erwin Mumssen (1904-1955), Sohn, Jurist, Versicherungsmakler: III, Abb. 40
Irmgard Mumssen, geb. Vortmann (1909-1999), Schwiegertochter: III, Abb. 40, 41
Matthias Mumssen (1939-2012), Enkel, Adressat: I-III, Abb. 41, 52 und vor Seite 5
Irene Sieveking, geb. Mumssen (1942), Enkelin: III Abb. 41, 52

2. Familie Bonne

Eugène Bonne (1846-1922), Angèles Vater, Leinenfabrikant in Brüssel (Anderlech):
    I, Abb. 3, 9, 22, 23

Isaak Leib Bonn(e) (1810-1891), Großvater (aus Waldwize/Frankreich), Fabrikant in
    Belgien und Luxemburg (Larochette): I, Abb. 16
Esther Bonne, geb. Sichel (1812-1884), Großmutter (aus Arlon/Belgien): I, Abb. 15

Louise („Detsie") Goldmann, geb. Bonne, (1838-?), Luxemburger Tante,
    Schwester des Vaters: I, Abb. 4, 9, 11, 17
Louis („Licod") Goldmann, 1838-?), Louises Ehemann, Fabrikant in Luxemburg:
    I, Abb. 5, 11, 17
 Tilly, Nichte von Louis Goldmann, lebenslange Freundin (Berlin, später Hamburg): II

Eulalie Kahn, geb. Bonne (1836-1912), Tante, Schwester des Vaters: I, Abb. 9, 13
Leopold Kahn (1829-1906), Eulalies Ehemann, Fabrikant in Luxemburg: I, Abb. 12

Berthe Fribourg, geb. Kahn (1869-?), Cousine (Arlon, Belgien),
    Tochter von Eulalie und Leopold Kahn: I
Edgar Kahn (1867-1930), Vetter, Sohn von Eulalie und Leopold Kahn, Fabrikant: I
 Raymond Kahn (1904-1985), Neffe, Sohn von Edgar Kahn, Fabrikant: I
 Odette Laroque, geb. Kahn (1906-1984), Nichte, Tochter von Edgar Kahn (KZ)
Stella Schwartz, geb. Kahn (1861-1939), Cousine (Paris),
    Tochter von Eulalie und Leopold Kahn: I
 Helene Schwartz (1887-*1942, Auschwitz*), Nichte (Arlon, Belgien),
    Tochter von Stella Schwartz: I, III
 Alice Hamburg, geb. Schwartz (1886-*1942, Auschwitz*), Nichte (Mainz),
    Tochter von Stella Schwartz: I, III
 Leopold Hamburg (1874-*1938, Buchenwald*), Alices Ehemann (Mainz): III

Valentine Kahn, geb. Bonne (ca. 1842-?), Tante, Schwester des Vaters: I, Abb. 9
Adolf Kahn (ca. 1835-1921), Valentines Ehemann (Bruder von Leopold Kahn),
    Kaufmann in Frankfurt: I, II, Abb. 8
  Irma, Elvire und Jenny Kahn, Cousinen, Töchter von Valentine und Adolf Kahn: I

3. Familie Hertz

Marie Bonne, geb. Hertz (1851-1874), Angèles Mutter (aus Hamburg): I, Abb. 1, 2
Daniel Hertz (1819-ca.1910), Großvater, Hamburg, Inhaber der Maklerfirma
    Hertz und May: I, II, Abb. 17, 25
Helene Hertz (ca. 1825-1905), Großmutter (gebürtig in Polen): I, II, Abb. 17, 26
Hermann Hertz (1857-1937), Onkel, Kaufmann in Firma Hertz und May: II, Abb. 28

Adele Marcus, geb. Hertz (1854-1926), Hamburger Tante, Freundin von Gustav Mahler:
    II, Abb. 27 (s. Anmerkung 1)
Toni Bruck, geb. Marcus (1876-1942), Cousine, Tochter von Adele (später Spanien): II

Richard Daniel Hertz (ca. 1860-1924), Hamburger Onkel
Anna Hertz, geb. Seligmann (1876-*1944, Auschwitz*), Ehefrau von Richard Daniel Hertz,
    enge Hamburger Freundin (Theresienstadt): III
Arthur Hertz (1901-ca.1970), Vetter, Sohn von Anna und Richard Daniel Hertz
    (Theresienstadt): III
Elisabeth („Lieschen") Liebrecht, geb. Hertz (1903-*1942, Selbstmord*), Cousine,
    Tochter von Anna und Richard Daniel Hertz: III
Heinrich F. Liebrecht (1897-1989), Elisabeths Ehemann, Berlin
    (Theresienstadt, Auschwitz): III, (s. Anmerkung 2)
Reha Liebrecht (1942-*1944, Auschwitz*), Tochter von Heinrich und Elisabeth Liebrecht
    (Theresienstadt): III

4. Familie der Schwiegertochter Irmgard Mumssen, geb. Vortmann (Ladenburg)

Olga Vortmann, geb. Ladenburg (1874-1946), Irmgards Mutter
    (1945, Einberufung zur Deportation nicht befolgt): III, Abb. 39
Oskar Vortmann (1865-1951), Irmgards Vater, Kaufmann in Hamburg: III, Abb. 39)

Hedwig („Hedi") Vortmann (1899-1986), Irmgards Schwester,
    redigierte Angèles „Theresienstadt": III

Martha Wingenroth, geb. Ladenburg (1877-1963), Irmgards Tante, Baden-Baden
    (Theresienstadt): III, Abb. 43
Dr. Ernst Wingenroth (1874-1914), Marthas Ehemann
Maria Vierling, geb. Ladenburg (1880-1948), Irmgards Tante, Baden-Baden
    (Theresienstadt): III, Abb. 44
Dr. Hubert Vierling (1876-1938), Marias Ehemann
Gertrud Katz, geb. Ladenburg (1887-1962), Irmgards Tante, Baden-Baden,
    beherbergte die Familie Mumssen (Theresienstadt): III, Abb. 42
Hans Katz (1884-1929), Gertruds Ehemann, Fabrikant aus Baden-Baden
Leonore („Nona") Meyer-Katz (1912-1988), Irmgards Nichte, Baden-Baden,
    Tochter von Gertrud und Hans Katz: III

5. Weitere Personen

Nelly Krains, Gabrielle, Alice, Jugendfreundinnen von Angèle: I
Nini (Jeanne Fribourg) und Deeken (Marthe), Louisette, Jugendfreundinnen: I, Abb. 18
Jeanne Brasseur, geb. de Saint Hubert (1873-1959), Jugendfreundin: I, Abb. 19
Aline Mayrisch de Saint Hubert (1874-1947), Schwester von Jeanne, Jugendfreundin: I

Gustav Mahler (1860-1911), Komponist: II, Abb. 29
Justine Mahler (1868-1938), Schwester von Gustav Mahler: II
Emma Mahler (1875-1933), Schwester von Gustav Mahler: II
Alma Mahler-Werfel (1879-1964), Gustav Mahlers spätere Ehefrau,
    Korrespondenz mit Angèle (Abb. 31): II

Elisabeth („Lischen") Lazarus, geb. May, (1873-*1943, Auschwitz*), enge Hamburger
    Freundin (Theresienstadt): III (s. Anmerkung 3)
Marie („May") Reis, geb. Lazarus, (1895-*1944, Auschwitz*), Tochter von Elisabeth und
    Rudolf Lazarus, Freundin von Angèles Tochter Marguerite (Theresienstadt): III
Ernst Rudolf Reis (1927-*1945, Auschwitz*), Sohn von Marie Reis (Theresienstadt) : III
Ingeborg Reis (1925-*1944, Auschwitz*), Tochter von Marie Reis: III

Paul Wohlwill (1870-1972), Richter, Hamburger Freund,
    seine Familie nahm Mumssens nach Bombenangriffen 1943 auf: III
Sophie Wohlwill (1872-*1944*), Hamburger Pianistin (Theresienstadt): III
    Schwester der Malerin Gretchen Wohlwill
Helene Heinichen, geb. Friedberg (1876-), Hamburger Freundin,
    Zeichnungen von Theresienstadt: III, Abb. 32, 35
Dr. Arthur Goldschmidt (1873-1947), Hamburger Richter und Jugendfreund,
    evangelischer Prediger in Theresienstadt: III

Dr. Otto Stargardt (1874-), Berliner Richter,
    Briefzensor und evangelischer Prediger in Theresienstadt: III
Edith Stargardt, geb. Wolff (1880-1967), Otto Stargardts Ehefrau (Theresienstadt): III
Johann Friedländer (1882-*1944*), österreichischer General,
    katholischer Prediger in Theresienstadt (Auschwitz): III
(Herbert?) Ledermann (1890-?), „Bodenältester" in Theresienstadt: III
Leo Baeck (1873-1956), Rabbiner (Theresienstadt): III
James Simon (1880-*1944, Auschwitz*), Pianist (Theresienstadt): III

Abbildungsverzeichnis

(die mit * bezeichneten Abbildungen wurden von Angèle eingefügt und beschriftet)

Abb.		Seite
	Die Autorin: Angèle Mumssen, geb. Bonne	6
	Der Adressat: Enkel Matthias Mumssen (ca. 1955)	6
1*	Meine Mutter und ich (1874)	7
2*	Meine Mutter (ca.1870)	8
3*	Mein Vater (ca. 1870)	8
4*	Tante Louise Goldmann (ca. 1870)	9
5*	Onkel Louis Goldmann (ca. 1870)	9
6*	Dodi vierjährig (1877)	10
7	Briefkopf der Firma Bonne-Sichel	12
8	Onkel Adolf Kahn (ca. 1900)	13
9*	Die vier Geschwister Valentine, Louise, Eulalie und Eugène (ca. 1900)	14
10	Der Garten zu Larochette/Luxemburg (1935)	15
11*	Louis und Louise Goldmann (ca. 1865)	17
12	Onkel Leopold Kahn (ca.1880)	19
13	Tante Eulalie Kahn, geb. Bonne (ca. 1880)	19
14*	Dodi dreizehnjährig (1886)	21
15	Großmutter Bonne-Sichel (ca. 1870)	22
16	Großvater Bonne (ca. 1870)	22
17*	Dedsie, Großpapa Hertz, Großmama Hertz, Licot, Dody (ca. 1885)	24
18	Vier Freundinnen im Park von Teroneren (Brüssel) 1925	28
19	Freundin Jeanne (ca.1888)	31
20*	Dodi, fünfzehnjährig (1888)	33
21*	Dodi, sechzehnjährig (1889)	36
22*	Der Onkel-Papa (ca. 1890)	37
23*	Vater Eugène Bonne im Alter (ca. 1905)	38
24*	Dodi als junges Mädchen (ca. 1893)	40
25	Großvater Daniel Hertz (ca. 1890)	41
26	Großmutter Helene Hertz (ca. 1890)	41
27	Tante Adele Marcus, geb. Hertz (ca. 1920)	42
28	Onkel Hermann Hertz (ca. 1925)	42
29*	Gustav Mahler (ca. 1895)	49
30	Max und Angèle Mumssen (ca.1898)	50
31	Karte von Alma Mahler Werfel (1951): Wohnzimmer mit Bild von Gustav Mahler	52
32*	Theresienstadt, Kirche (Bleistiftzeichnung von Helene Heinichen)	60
33*	Gettogeld	68
34*	Unser Haus, Heilwigstraße 42, Gratulation zur Senatswahl März 1909	78
35*	Hinterhof in Theresienstadt (Buntstiftzeichnung von Helene Heinichen)	94
36	Blumenstraße 14 (Mumssen)	121
37	Geffckenstaße 8 (Vortmann)	121
38	Postkarte aus Weimar (1925): Max und Dodi an Elisabeth Lazarus	121
39	Oskar und Olga Vortmann, geb. Ladenburg (ca.1897)	121
40	Erwin und Irmgard Mumssen, geb. Vortmann (ca. 1935)	122
41	Schwiegertochter Irmgard mit Enkelkindern Matthias und Irene in Baden-Baden (1943)	122
42	Hans Katz und Gertrud, geb. Ladenburg (1920)	123
43	Ernst Wingenroth und Martha, geb. Ladenburg (1911)	123
44	Hubert Vierling und Maria, geb. Ladenburg (1912)	123
45	Antrag von Erwin Mumssen auf Angèles Rückkehr nach Hamburg (1941)	124
46	Dokument der Enteignung von Angèle (1944)	125
47	Postkarte an Tochter Irene aus Theresienstadt (Sept. 1944)	126
48	Tschechisches Rückführungsdokument (Juni 1944)	127
49	Entlassungsschein der Hamburger Kriminalpolizei (August 1945)	128
50	Schutzbrief für Schwiegertochter und Enkelkinder in Baden-Baden (April 1945)	128
51	Angèle mit Tochter Irene (1955)	129
52	Enkelkinder Irene und Matthias Mumssen (1953)	129
53	Vermächtnis von Angèle Mumssen von 1954	129

Anmerkungen

1. Franz Willnauer beschreibt in seinem Buch „Gustav Mahler, Die Hamburger Jahre" (Hoffmann und Campe, 2011) Mahlers Kontakt mit der Familie Hertz und besonders die Beziehung zu Adele Marcus im Kapitel „Eine veritable Liaison?".

   Die brüske Reaktion der Tante Adele auf die Avancen Mahlers gegenüber Angèle ist wohl auch von Eifersucht getragen.

2. Das Schicksal der Familie Hertz in Theresienstadt und Auschwitz ist ausführlich und eindringlich beschrieben im Buch von Heinrich F. Liebrecht: „Nicht mitzuhassen, mitzulieben bin ich da – Mein Weg durch die Hölle des Dritten Reiches" (Herder Verlag, 1990).

3. Familie Lazarus-Reis wohnte in Hamburg in der Abteistraße 24, wo jetzt „Stolpersteine" ihre Lebensdaten dokumentieren. Elisabeth Lazarus hatte noch zwei früh verstorbene Söhne, Ernst (gefallen 1918) und Max Rudolf (gest. 1919), zu deren Bestattung Max Mumssen Gedächtnisreden hielt.

   Vor der Zwangsversteigerung ihres Hauses und vor ihrer Deportation im Jahre 1942 hat Elisabeth Lazarus ihrer Freundin Angèle zwei Ölgemälde geschenkt, die noch erhalten sind.

Dank der Herausgeberin

Meinen Cousinen Renate Buschert, geb. Meyer-Katz, und Monika Wingenroth, ebenfalls Enkelinnen nach Theresienstadt deportierter Großmütter, danke ich für ergänzende Daten zur Familiengeschichte.

Ebenso danke ich meinem Neffen 4. Grades, Jean-Paul Rey (Paris, Bremen), für eine Fülle von Informationen und Lebensdaten aus der Familie Bonne-Kahn. Seine Großmutter, Odette Laroque, Tochter von Edgar Kahn und 1920 kurz befreundet mit meinem Vater, Erwin Mumssen, wurde aufgrund ihrer Tätigkeit in der französischen Résistance in das Konzentrationslager Schlieben bei Buchenwald deportiert und überlebte.

Besonders danke ich unserem Lektor und Korrektor Moritz Päffgen für zahlreiche fachkundige Vorschläge, kritische Anmerkungen und die geduldige Durchsicht der verschiedenen Fassungen, vor allem aber für viele intensive Gespräche bei gleichbleibendem Interesse.